MACHT
WORT

CHRISTINE BAUER-JELINEK

MACHT WORT

Angst, Wut und Ohnmacht überwinden
Klarer denken und entscheiden
Widerstandskraft stärken

ueberreuter

1. Auflage 2016

ISBN 978-3-8000-7657-4

Covergestaltung: Saskia Beck, s-stern.com
Lektorat: Arnold Klaffenböck
Satz: Hannes Strobl, Satz·Grafik·Design, Neunkirchen
Druck und Bindung: Finidr s.r.o.

www.ueberreuter-sachbuch.at

INHALT

VORWORT

Publikationen zum Umgang mit Angst und Wut überschwemmen den Buchmarkt. Auch in Magazinen und im Internet, hochwissenschaftlich oder alltagstauglich erklärt man uns, wie diese *negativen Gefühle* entstehen und was wir dagegen tun können. Ich beabsichtige daher mit diesem Buch nicht, die Fülle dieser Ratgeberliteratur noch weiter zu vergrößern. In meinen Beratungen und Seminaren hat sich gezeigt, dass den Menschen nicht die Information fehlt, sondern die *Orientierung:* Es wird zunehmend schwieriger, sich in der Menge der Angebote zurechtzufinden und auszuwählen, welche Methode zu welchem Zeitpunkt hilfreich sein könnte.

Wir benötigen also nicht noch mehr Details, sondern eine *Bedienungsanleitung für das Gehirn.* Dieses hochkomplexe Organ ist unser einziges Werkzeug, das uns zur Bewältigung von Problemen zur Verfügung steht, und doch widmen wir ihm meist nur wenig Aufmerksamkeit. Wir stellen zwar unser Auto zum Service in die Werkstatt, aktualisieren das Antivirenprogramm auf unserem Computer und nehmen uns ständig vor, unseren Körper mit Essen und Ausgleichssport gesund zu erhalten. Unser Gehirn hingegen wird die längste Zeit sträflich vernachlässigt, weil wir einfach davon ausgehen, dass es von selbst funktioniert. Erst knapp vor seinem altersbedingten Verfall beginnen wir, es mit „Gedächtnistrainings" noch möglichst lange „fit" zu halten. Das ist zwar besser, als auch dann nichts tun, es würde jedoch unser Leben – und das Zusammenleben mit unseren Mitmenschen wie auch in der gesamten Gesellschaft – sehr erleichtern und bereichern, wenn wir unser Gehirn laufend pfleglich behandelten. Dazu zählt nicht nur, es regelmäßig zu „entschlacken" und jene Bereiche zu trainieren, über die wir bereits verfügen, sondern auch, seine ungenützten Potenziale zu heben. In unserem *mental-emotionalen System* schlummern ungenutzte Fähigkeiten, die wir entdecken und entwickeln können.

Dafür stelle ich eine alltagstaugliche Methode vor, für die ich über Jahrzehnte die Erkenntnisse aus der Psychotherapie, den Seminaren und dem Coaching zusammengetragen, die Techniken geprüft und zu einem überschaubaren System geordnet habe. Daraus wurde eine *Schule der*

Vernunft, die diesen Zugang für möglichst viele Menschen erschließen soll. Den theoretischen und methodischen Unterbau bezeichne ich als *Psychosophie*®, weil die Wurzeln gleichermaßen in der Psychologie wie der Philosophie liegen. Der Begriff soll aber auch eine „neue Sophia", eine Wiederentdeckung der Weisheit beschreiben, eine Bewusstwerdung des Geistes oder, wenn man so will, der Seele.

Dieser Arbeit liegt die Überlegung zugrunde, dass ein Modell zwar notwendig sein kann, um Erkenntnisse zu erleichtern und Entwicklungen zu unterstützen, es aber dennoch immer nur eine Hilfskonstruktion bleibt. Ein Modell kann keinen Anspruch auf Dauer erheben, denn Denkgebäude, Theorien und Ideologien bewegen sich ständig weiter und verändern in ihrer komplexen Vielfalt immerzu ihre Form. Methoden entstehen, helfen bestenfalls bei der Bewältigung der jeweils aktuellen Probleme, werden unbrauchbar und geraten wieder in Vergessenheit.

Mit der Entwicklung einer *Meta-Vernunft* gelingt es uns besser, eine realistische, gesunde Weltsicht zu entwickeln: Wir lernen, unsere Wahrnehmung zu schärfen, mit unseren *negativen Gefühlen* konstruktiv umzugehen, bessere Entscheidungen zu treffen und Manipulation zu durchschauen. Allerdings verspricht dieser Ansatz kein Leben OHNE Ängste. Anstatt die Illusion zu nähren, dass irgendwann alle nur noch „glücklich" sind, dass man die „Erlösung" erlangen könnte, werden wir erkennen, wie wir mit den Umständen besser zurechtkommen, diese gegebenenfalls aber auch ändern können, ohne sich selbst und seine Umgebung allzu sehr zu belasten. Diese Fähigkeit erleichtert die Einsicht, dass wir weiterhin mit schwierigen Situationen konfrontiert sein werden und Schicksalsschläge verkraften müssen.

Dafür benötigt man nach der *Erforschung der Gefühle* und der Ausbildung der *Denk-Systeme* auch die entsprechenden *Machtinstrumente*. Bereits in meinen früheren Büchern habe ich aufgezeigt, wie man sich auch gegen massiven Widerstand auf verantwortungsvolle Weise durchsetzt – also seine Macht-Kompetenz stärken kann. Die Grundlagen für die friedlichen und die kämpferischen Formen der Macht habe ich in meinem ersten Buch „Die helle und die dunkle Seite der Macht – Wie Sie Ihre Ziele erreichen, ohne Ihre Werte zu verraten"[1] dargelegt. Erkenntnisse über den Wertewandel unserer Gesellschaft – von der Sozialen Marktwirtschaft zum heute dominierenden Marktfundamentalismus – sowie die daraus folgenden notwendigen Veränderungen des Verhaltens finden sich in „Die geheimen Spielregeln der Macht – und die Illusionen der Gutmenschen“[2] sowie in „Business-Krieger – Überleben in Zeiten der Globalisierung“.[3]

Im vorliegenden Buch geht es darum, die Botschaft der *negativen Gefühle* wie Angst, Wut und Ohnmacht zu verstehen und ihre Energien zu nutzen, anstatt sie zu unterdrücken. Dies sehe ich als Grundvoraussetzung, um alle unsere *etablierten Denk-Systeme* ohne emotionale Blockaden einsetzen und sich vor Manipulation schützen zu können.

Im ersten Teil analysiere ich die gesellschaftliche Entwicklung aus Sicht der interessierten Bürgerin, die ihre Informationen aus den deutschsprachigen Leitmedien sowie der entsprechenden Fachliteratur bezieht und sich dazu ihre eigenen Gedanken macht. Ich gehe da und dort einer Frage oder einem Zweifel nach und recherchiere genauer, um meine Meinung abzuklären. Jedoch habe ich – so wie die meisten Menschen – nicht die Zeit, zu jedem relevanten Thema alle Aspekte und wissenschaftlichen Positionen abzuwägen. Das betrachte ich auch weder als meine Aufgabe, noch wäre es bei der Komplexität der Fragestellungen überhaupt möglich. Wenn daher vieles als subjektive Behauptung erscheint, so ist das durchaus beabsichtigt. Hier finden Sie eine Zusammenfassung der aktuellen Gründe für den hohen *Angst-und-Wut-Pegel* unserer Gesellschaft.

Im zweiten Teil behandle ich die Frage von „Kopf oder Bauch“, wer von beiden der bessere Ratgeber ist und warum man klarere Entscheidungen trifft, wenn man seine alten Überzeugungen überprüft hat. Wer die *Meta-Vernunft* der Situation entsprechend einsetzen kann, wird eine deutliche Verbesserung seiner Kommunikation und damit seiner sozialen Beziehungen wie auch seiner Verhandlungsergebnisse erreichen.

Der dritte Teil zeigt Wege auf, wie man sich vor Desinformation und Manipulation schützt: Das *Mind-Security-System*®, eine Analogie aus der Welt der vernetzten Computer, weist darauf hin, dass wir unser *mental-emotionales System* selbst besser absichern müssen. Mit *bewusster Skepsis* und *erhöhter Wachsamkeit* können wir die schädliche Wirkung der *viralen Dialektik* erkennen und Ohnmacht in Gestaltungsmacht verwandeln.

Ich möchte Sie, liebe Leserin, lieber Leser, dabei unterstützen, Ihr persönliches Leben zufriedener zu gestalten und – wenn Sie das wünschen – auch an der Gestaltung einer menschlicheren Gesellschaft mitzuwirken. Ich verspreche Ihnen keine Wunder und keine Erlösung von allen Problemen, aber es ist sehr wahrscheinlich, dass Sie nach der Lektüre gerüstet sind, mit Niederlagen und Enttäuschungen besser umzugehen und Ihre Erfolgschancen realistischer einzuschätzen.

Meine „Tipps aus dem Coaching" sollen auch ohne persönliche Beratung die Umsetzung in die Praxis erleichtern. Mit der Bereitschaft zur Selbstbeobachtung und dem Einsatz des gesunden Menschenverstandes ist jeder Mensch in der Lage, seine *Meta-Vernunft* zu entwickeln, um persönliche und gesellschaftliche Situationen zu analysieren und geeignete Strategien zur Lösung oder Veränderung zu finden. Somit wünsche ich Ihnen viele anregende Erkenntnisse beim Lesen sowie viel Freude und Erfolg bei der Anwendung.

PS: Ein Hinweis zur Methodik

Das Buch ist so geschrieben, dass man keine einschlägige Vorbildung benötigt, um die Aussagen zu verstehen. Ich habe weitgehend die „Wir-Form" für die Beschreibung der Zustände gewählt, weil ich aus dem „Arroganz-Modus" ausbrechen möchte. Analysen von Experten sind derzeit maßgeblich an der Verschärfung der innergesellschaftlichen Konflikte beteiligt, weil sie unter dem Aspekt der Spaltung stattfinden: *Ich* stehe darüber und beobachte *die* anderen. Damit ist der Beobachter der Teilhabe enthoben und die Beobachteten werden zu Objekten degradiert (worauf diese zunehmend mit Protest bis hin zur Gewalt reagieren). Mit dem *Wir* möchte ich zur Selbstreflexion anregen: *Wir* sind zwar nicht an *allen* beschriebenen Phänomenen beteiligt und nicht *jede* empfohlene Überlegung passt für *alle.* Wahrscheinlich sind wir jedoch zu einem größeren Teil betroffen, als wir vermuten. Vielleicht gelingt es, anstelle von Abwehrreflexen („Ich doch nicht!") die Frage als Grundhaltung zu etablieren: „Was hat das mit mir zu tun?"

Zur Problematik der geschlechtergerechten Sprache habe ich einen pragmatischen Zugang gewählt: Ich bin einerseits sehr wohl der Meinung, dass Frauen auch in der Sprache repräsentiert werden sollen, jedoch lehne ich persönlich Texte ab, die durch lückenloses „Gendern", den ständigen Gebrauch von Binnen-I, Schrägstrich und neuere Varianten wie Sternen und Unterstrichen nahezu unlesbar geworden sind. Daher verwende ich über weite Strecken das im Deutschen übliche „generische Maskulinum", das nichts über das Geschlecht der Objekte aussagt, füge jedoch fallweise die weiblichen Formen hinzu.

Bei Begriffen, die *kursiv* gesetzt sind, handelt es sich meist um eigene Wortschöpfungen, welche die Methodik der *Psychosophie* beschreiben. Da ich bewusst anstelle von wissenschaftlichen Termini die Alltagssprache gewählt habe, wurden sie auf diese Weise gekennzeichnet.

PPS: Verschwiegenheitserklärung
Alle Ähnlichkeiten mit konkreten Personen sind rein zufällig. Wenn sich Leserinnen und Leser in den Beispielen wiederfinden, so liegt es ausschließlich daran, dass diese für unsere Zeit typisch sind. Ich habe aus vielen Einzelschicksalen die Erkenntnisse zusammengefasst und die Beispiele zur Gänze neu konstruiert, mit dem Ziel, möglichst vielen Menschen eine Anregung zu bieten. Die Verschwiegenheit über konkrete Informationen meiner Klientinnen und Klienten sowie der Seminarteilnehmer bleibt mein oberstes Gebot.

PPPS: Hinweis für meine treuen Leserinnen und Leser
Ihnen, die meine Arbeit seit vielen Jahren verfolgen und meine früheren Bücher aufmerksam gelesen haben, mag die eine oder andere Überlegung in diesem Buch bekannt vorkommen. Dafür ersuche ich um Nachsicht: Einerseits musste ich wegen des besseren Verständnisses auf frühere Aspekte zurückgreifen, andererseits habe ich einige Gedanken bereits früher kurz angerissen, die ich erst jetzt ausführlich behandeln kann. Ich versichere Ihnen, dass Sie auch in diesem Buch wieder viele neue Einsichten und Anregungen finden werden.

Dank
Mein herzlicher Dank gilt allen Menschen, die mir ihr Vertrauen geschenkt haben und bereit waren, mit großer Offenheit über ihr Leid, ihre

Ängste und ihre Sehnsüchte zu sprechen. Durch sie durfte ich so tief in die menschliche Seele blicken und die beschriebenen Erkenntnisse gewinnen.

Ich danke meinem Partner, meinen Kindern und meinen Freunden, die mir geholfen haben, meine eigenen Krisen zu bewältigen und mich stets ermutigen, meine persönlichen Erkenntnisse für andere zugänglich zu machen – und die während der Zeit des Schreibens besonders viel Verständnis für mich aufbringen.

Ein großes Dankeschön richte ich an

- meine Testleserinnen und Testleser, die mir ihre Zeit geschenkt und mit ihren engagierten Rückmeldungen und Anregungen sehr zur Verständlichkeit des Textes beigetragen haben;
- Florian Bauer, Inhaber der Agentur webfeuer, der für das Konzept *Mind-Security* mein IT-Wissen erweitert und die Analogie in der „Sandbox“ getestet hat;
- meine Assistentin Susanne Zauchner für ihren besonderen Einsatz bei der Recherche und ihre Geduld;
- meine Nachbarin Irma, die mich immer um Punkt zwölf Uhr mit einem Mittagessen versorgt hat.

Und nicht zuletzt bedanke ich mich sehr herzlich bei meinem Lektor Arnold Klaffenböck, mit dessen Professionalität es dann am Ende immer noch gelingt, die Zeitvorgaben einzuhalten – und bei Birgit Schott, der Geschäftsführerin meines neuen Verlags, für ihr Vertrauen und ihre Flexibilität.

Wien, im Herbst 2016 — Christine Bauer-Jelinek

Alle Dinge,
die nicht differenziert abgehandelt werden,
kommen später vulgär zurück!

Werner Schwab

TEIL I: DIE AUSGANGSLAGE

VERUNSICHERUNG
SPALTUNG
OHNMACHT

Die ganze Kunst der Sprache
besteht darin,
verstanden zu werden.

Konfuzius

MACHTWORT ODER MÄCHTIGE WORTE?

Manchmal würden wir wohl gerne ein *Machtwort* sprechen: am Arbeitsplatz, wenn der Chef, die Kollegen oder die Kunden nerven; in der Familie, wenn die Partnerin oder der Partner ständig mit denselben Vorwürfen kommt oder die Kinder schon wieder nicht ihr Zimmer aufgeräumt haben. Irgendwann wollen wir nicht mehr diskutieren und den Ärger auch nicht mehr hinunterschlucken. Mit einem *Machtwort*, so hoffen wir, könnten wir eine quälende Situation beenden und jede Widerrede im Keim ersticken. Wenn wir uns so hilflos fühlen, wollen wir nur noch eines: Der andere soll endlich schweigen. Er soll einfach tun, was wir erwarten.

So geht es uns aber nicht nur mit realen Gesprächspartnern, sondern im *inneren Dialog* auch mit uns selbst: Wenn wir eine lästige Aufgabe wieder einmal nicht erledigt haben, wenn wir mit dem Rauchen nicht aufhören können oder das Abnehmen nicht klappen will, dann würde ein Teil von uns auch gerne ein *Machtwort* sprechen – und hoffen, dass wir dann unsere Vorhaben umsetzen können und dass auch in unseren Gedanken Ruhe einkehrt.

Damit wird auch schon ersichtlich, was wir unter einem *Machtwort* verstehen: Wir möchten damit eine Auseinandersetzung sofort und möglichst eindeutig zu unseren Gunsten klären. Es ist „Schluss mit lustig!" – „Jetzt reicht es!" – „Ende der Debatte!" Diese Reaktion entsteht vor allem dann, wenn wir uns in die Enge getrieben fühlen, wenn wir keine anderen Möglichkeiten mehr sehen oder vom Zorn übermannt wurden.

War es früher (und ist es in anderen Kulturen heute noch) erlaubt oder zumindest toleriert, auf eine Bedrohung mit einem Faustschlag, einem Degen oder einer Pistole zu reagieren, ist das hier und heute (Gott sei Dank) verboten und verpönt. Stattdessen sind wir angehalten, das *Wort* zu verwenden. Es werden die meisten Menschen wohl als einen gesellschaftlichen Fortschritt betrachten, wenn sich eine Gesellschaft vom Faustrecht zu einem Rechtsstaat entwickelt, dem das Gewaltmonopol übertragen wird. Doch damit ist keineswegs die Gewalt aus dem Alltag verschwunden – sie tritt nur subtiler, als *psychische Gewalt*, in Erscheinung.

Wir müssen also das *Machtwort* in die Kategorie der „scharfen Waffen" einordnen und sollten daher nicht leichtfertig damit umgehen. Um uns im Alltag durchzusetzen, stehen uns differenzierte Möglichkeiten offen: die *mächtigen Worte*. Diese feineren Instrumente muss man allerdings auch richtig bedienen können. Sprache erweitert unseren Denk- und Handlungsspielraum und auch die Möglichkeiten unserer sozialen Beziehungen. Mit Worten kann man (fast) jede Empfindung ausdrücken: Wut und Trauer, Liebe und Hass; Wünsche äußern und Grenzen setzen; Informationen weitergeben, schwierige Verhandlungen und offene Streitgespräche führen. Wir können mit Worten aber auch subtil Einfluss nehmen, manipulieren und verletzen – wir können Frieden stiften und Kriege anzetteln.

Worte wirken immer

Meistens sprechen wir spontan, das heißt, wir folgen einem inneren oder äußeren Impuls, der uns nicht bewusst wurde, und überlegen nicht ausreichend, welche Auswirkungen unsere Worte haben könnten. Oft genug wundern wir uns dann über die heftigen Reaktionen des Gegenübers. Ebenso unbewusst nehmen wir auch die meisten Informationen auf und merken kaum, wie sie uns beeinflussen. Wir lassen uns manipulieren. Wir bekommen nicht mit, wie sich durch den ständigen Strom der öffentlichen Kommunikation unsere Werte, unsere Einstellungen subtil, aber nachhaltig verändern und wie vielleicht auch unsere eigene Sprache im Alltag aggressiver wird.

In vielen anderen Bereichen sind wir schon schlauer: Wir prüfen die Lebensmittel auf ihre Zusatzstoffe, kennen deren schädliche Wirkungen und weichen so weit wie möglich auf gesündere Alternativen aus. Gelingt uns eine solche Prüfung auch in der Kommunikation? Würden wir etwa erkennen, dass das Kind nur deshalb besonders folgsam ist, weil es etwas angestellt hat? Erlauben wir uns, skeptisch zu sein, wenn der Chef oder die Chefin in einer „Sonntagsrede" eine erfolgreiche Zukunft der Firma verspricht, die Verkaufszahlen aber rückläufig sind? Worte können die tiefsten Wahrheiten ausdrücken, sie können aber genauso gut für Halbwahrheiten und Unwahrheiten verwendet werden. In jedem Fall üben sie einen Einfluss sowohl auf den Sprecher als auch den Empfänger aus. Die Techniken der psychologischen Beeinflussung sind heute überall zu finden: in der Werbung, im Verkaufsgespräch, in der Mitarbeiterführung, in der Politik, in den Medien – aber natürlich auch in unseren privaten Beziehungen. Wenn wir unser Wohlbefinden und die Qualität des Zusammenlebens verbessern wollen, müssen wir die geheime Macht der Worte – doch auch ihre Grenzen – erkennen können. Wir müssen unterscheiden, ob etwas „einfach nur so dahingesagt wird", ob jemand vielleicht nur ungeschickt seine Gefühle ausdrücken will oder ob gezielt Einfluss genommen werden soll – selbst wenn es sich nicht um ein offensichtliches *Machtwort* handelt.

Vom Höhenflug der Sprache

„Worte statt Waffen" galt als große Hoffnung der Nachkriegsgenerationen. Nachdem die verheerenden Auswirkungen der Propagandafeldzüge des Nationalsozialismus und des Stalinismus ersichtlich worden waren, setzte man in Europa auf die „Abrüstung der Sprache", auf Kommunikation im positiven Sinn. Diese Entwicklung wurde zunächst als große Befreiung erlebt: weg vom Befehlston und den Repressionen der schwarzen Pädagogik; weg vom wortlosen Leid in den Beziehungen; weg von der Verdrängung der Kriegserlebnisse. Sich zu äußern, seine Meinung zu sagen und auch über Gefühle zu reden, in politischen Diskussionen aufzutreten, wurde als emanzipatorischer Akt erlebt, als eine Form der Selbstermächtigung. Der gekonnte Einsatz der Sprache sollte die körperliche Gewalt in der Familie einschränken, den Führungsstil der Vorgesetzten partnerschaftlicher machen, politische Gegner zivilisiert verhandeln lassen und den Frieden zwischen den Staaten sichern.

Seither weitet sich die Menge der Information, die man aufnehmen muss, um über das Geschehen im eigenen Land und in der Welt mitreden zu können, ständig aus: von der Verbreitung der Radiogeräte in den 1950er-Jahren, die tägliche – oder zumindest sonntägliche – Lektüre *einer* Zeitung über das Fernsehen, das wachsende Angebot an Tageszeitungen, politischen Magazinen, Fachzeitschriften und Buchtiteln bis zum World Wide Web und den Sozialen Medien.

Verbale Kommunikation erlebt einen gigantischen Höhenflug und bestimmt unser Leben in einer Weise, die wir kaum ermessen können: die Verhandlungskünste der Diplomaten, die Deals der Wirtschaftsbosse, die Analysen der Journalisten – überall Worte. Ansprachen der Politiker, Talkrunden im Fernsehen, Meetings und Mitarbeitergespräche, Beziehungs- und Erziehungsgespräche, Mailings und Postings: überall Worte. Lange wurde vor der manipulativen Macht der Bilder in den Medien gewarnt, doch der Einsatz der Sprache ist professioneller und subtiler geworden und hat inzwischen deutlich aufgeholt. Und auch wir selbst haben ja im Alltag vor allem Worte als wirksamstes Instrument des Ausdrucks unserer Gedanken und Gefühle wie auch der Verfolgung unserer Interessen zur Verfügung.

Heute zählt Sprachkompetenz in all ihren Facetten zu den entscheidenden Erfolgskriterien: Wenn der Jugendliche bei Mädchen eine Chance haben möchte, reicht es nicht mehr, dass er gut aussieht oder eine Vespa fährt, er muss auch über eine Sammlung der besten Flirtsprüche verfügen. Der nachdenkliche, introvertierte Typ ist aus der Mode gekommen und folgt damit dem Schicksal des wortkargen Westernhelden. Der Bauarbeiter muss beim Vorstellungsgespräch seinen Lebenslauf gekonnt präsentieren und überzeugend erklären, warum man ihn und nicht den nächsten Bewerber nehmen soll. Die Sachbearbeiterin kann nicht damit rechnen, dass ihr übergroßes Engagement durch den Vorgesetzten registriert und automatisch auch belohnt wird – sie muss vielmehr selbst aktiv werden und eine professionelle Gehaltsverhandlung führen.

Und selbst der Umgang der (Mittelschicht-)Eltern mit ihren Kleinkindern hat sich drastisch verändert: Babysprache und Einwortsätze sind verschwunden, die Kinder wachsen von Beginn an mit komplexen Sätzen auf. Sie werden nicht mehr vor vollendete Tatsachen gestellt, sondern häufig, wenn nicht sogar ständig um ihre Entscheidungen gefragt: „Möchtest du Brei oder Suppe? Willst du heute das T-Shirt mit dem Ball oder mit dem Bären anziehen?" Wenn das kleine Kind die Straße überqueren will, genügt nicht mehr ein einfaches „Stopp!" oder es wortlos zurückzuhalten. Es wird ihm ausführlich erklärt, wie traurig die Mama wäre, wenn es von einem Auto angefahren würde und ins Krankenhaus gebracht werden müsste.

Die Vorteile einer differenzierten Sprache sind offensichtlich, denn sie bietet mehr Möglichkeiten, sich auszudrücken, seine Interessen durchzusetzen, sich abzugrenzen. Kinder, mit denen von Beginn an in ganzen Sätzen gesprochen wird, verfügen über einen größeren Wortschatz und verstehen Zusammenhänge besser. Möglicherweise werden aber jene Kinder, die nicht mit einer besonderen Sprachbegabung ausgestattet sind, von der Menge der Worte und der Komplexität der Sätze überfordert und reagieren darauf mit Aggression und Trotz. Worauf sie wieder mit Worten zurechtgewiesen werden und sich resigniert zurückziehen oder Verhaltensauffälligkeiten zeigen. Mitarbeiter, die präsentieren und verhandeln können, sind effizienter und sympathischer – alles Erfolgskriterien in unserer westlichen Leistungsgesellschaft.

Doch wie vieles im Leben hat auch dieser Fortschritt seine Schattenseiten: Menschen, die weniger sprachbegabt sind, müssen mit starken Nachteilen rechnen. Die Bewerbungsverfahren filtern nicht immer den besten Bewerber für eine Aufgabe heraus, sondern eher den besten Selbstdarsteller. Introvertierte, bescheidene oder schüchterne Personen werden nicht als das erkannt, was sie oft sind: fleißige, korrekte und loyale Mitarbeiterinnen und Mitarbeiter. Fördermaßnahmen des Arbeitsmarktservice nehmen absurde Züge an, wenn einfache Hilfskräfte angehalten werden, in Anzug und Krawatte oder im Kostüm zum Vorstellungstermin zu gehen und in gehobenem Deutsch zu sprechen.

Auch in der Politik, den Medien und der Werbung wurde in den letzten Jahrzehnten die Kunst der Beeinflussung auf ein neues Niveau gehoben: Hoch bezahlte Spezialisten bewegen uns mit Worten in jene Richtung, die von ihren Auftraggebern gewünscht wurde.[4] Und auch intelligente und belesene Menschen können diese Mechanismen oft nicht gleich durchschauen.

Von den Grenzen der differenzierten Sprache

Viele Menschen vertraten die Überzeugung, dass eine gehobene verbale Ausdrucksfähigkeit für alle erstrebenswert und auch möglich wäre – unabhängig von ihrer sozialen und geografischen Herkunft. Nun werden sie vermehrt von Zweifeln befallen, ob der ausschließliche Fokus auf die Sprache ein richtiger Ansatz ist. Rückblickend muss man sich fragen, ob es sich womöglich von Anfang an um eine Illusion der Aufsteigerinnen und Aufsteiger handelte, die aus den unteren Schichten über ein – für wenige Jahrzehnte durchlässiges – Bildungssystem in den Mittelstand gelangen konnten. Andere waren von dieser Idee gar nicht so überzeugt: Der alte Adel und die eingesessenen Bildungsbürger betrachteten die Sprachförderung für alle stets mit vornehmer Zurückhaltung und verfolgten mittels Abgrenzung still und leise weiterhin ihre eigenen Interessen.

An den bildungsfernen Schichten, die ja das Subjekt der emanzipatorischen Bestrebungen waren, ging der Anspruch auf eine Verbalisierung ihres Alltags weitgehend vorüber: Trotz aller öffentlichen Appelle sprechen sie weiterhin nur Dialekt oder gebrochenes Deutsch.

Dass sich das Sprachniveau großer Teile der Bevölkerung offensichtlich nicht weiterentwickelt, betrachten viele als eine schwere Niederlage. Hatte man doch große Hoffnungen darauf gesetzt, dass die Gesellschaft toleranter und friedlicher werden würde, wenn alle Schichten Zugang zu höherer Bildung bekämen. Nun muss man freilich erkennen, dass diese Erwartungen durch mehrere Einflüsse gebremst werden.

Migration

Seit den Migrationswellen in den 1960er-Jahren nimmt die Anzahl der Menschen mit nichtdeutscher Muttersprache kontinuierlich zu und erreicht jetzt einen neuen Höhepunkt. Auch von jenen Migrantinnen und

Migranten, die schon lange im Land und gut integriert sind, verfügen nur wenige über eine differenzierte Sprache, nämlich jene, die sich insgesamt eine höhere Schulbildung erarbeitet haben. Die meisten können in mehr oder weniger schlechtem Deutsch gerade einmal ihre persönlichen Angelegenheiten regeln, und viele Junge bleiben auf dem Niveau „Alder, gemma Park" stecken.

Daraus hat sich eine Kunstsprache aus Türkisch und Deutsch entwickelt, derer sich auch deutschsprachige Jugendliche bedienen:[5] „Willst du Problem, oder was? Isch rufen Bruder!" Einerseits, weil sie mit dieser Kurzsprache die Erwachsenen provozieren wollen, und andererseits, weil mit Jugendsprachen die Zugehörigkeit zur Gruppe gezeigt wird. Auf diesen Trend haben bereits Ende der 1990er-Jahre auch die Entwickler von Kabarettprogrammen reagiert und beispielsweise mit der erfolgreichen Fernsehserie „Was guckst Du?" von Kaya Yanar das Genre der „Ethno-Comedy" begründet, das seinen Reiz aus der kreativen Verstümmelung der Sprache bezieht.

Zu der Gruppe mit nichtdeutscher Muttersprache zählen nicht nur Migrantinnen und Migranten im engeren Sinn, sondern auch jene – meist sehr gut ausgebildete – Menschen, die für einige Zeit in den Unternehmenstöchtern transnationaler Konzerne oder in internationalen Organisationen arbeiten. Unabhängig von ihrer Muttersprache und vom aktuellen Aufenthaltsort kommunizieren sie nahezu ausschließlich in der vorgegebenen Firmensprache – und diese ist meist Englisch oder Französisch –, die durchsetzt ist von Fachbegriffen aus dem Management. War man früher noch bemüht, vor Auslandsaufenthalten die Landessprache zu erlernen, so genügt heute aufgrund des häufigen Wechsels ein Crashkurs in Alltagskommunikation und Verhaltensregeln, um die Sozialkontakte zu gestalten. Auch diese Personen bewegen sich trotz ihres intellektuellen Niveaus meist nur an der Oberfläche der deutschen Sprache.

Internet

Der Zugang zum Internet hat für Menschen jeglicher Herkunft und jeglichen Bildungsniveaus die Möglichkeit eröffnet, in ihrer verbalen Komfortzone verweilen zu können. Es besteht wenig Anreiz, sich mit schwierigen Gesprächen abzumühen, weil jedem die benötigten Informationen auf dem passenden Niveau und in der gewünschten Fremd- oder Bildsprache ständig zur Verfügung stehen. Auch muss man sich keine neuen Freunde suchen, weil man jederzeit mit seinen alten Freunden und Verwandten in der Muttersprache „skypen" kann, unabhängig davon, wo auf der Welt sie sich aufhalten.

Darüber hinaus informieren Gratiszeitungen mit vielen Fotos und nur kurzen Texten, sodass bei weniger gut ausgebildeten Menschen auch durch das Lesen kein Zuwachs an Kompetenz zu erwarten ist. Das wiederum hat zur Folge, dass auch jene, die durchaus einer differenzierten Sprache mächtig sind, in der Kommunikation mit einem sprachlich einfach ausgestatteten Gegenüber auf eine simple, ja auch grammatikalisch falsche Sprache zurückgreifen, weil sie meinen, sonst nicht verstanden zu werden: „Du müssen anrufen Chef."

Auch die Kommunikation über die Sozialen Medien, wie Twitter, Facebook, WhatsApp, Instagram oder Snapchat, führt besonders bei Jugendlichen zu einer Vereinfachung der Sprache, indem sie in ihren Chats Abkürzungen wie LOL (laughing out loud) verwenden oder lautmalerische Beschreibungen für Gefühle wie „*grrr" für Angst oder „blah" für Sinnlosigkeit verwenden. Oft werden nur noch Bilder anstelle einer verbalen Schilderung verwendet, seien es Emoticons wie das bekannte Smiley ☺ oder Zeichen der Zustimmung wie das Like 👍 sowie Selfies und kurze Videos auf Snapchat. Damit können sich „Eingeweihte" auch ausreichend mitteilen und unterhalten, bloß jene Menschen, die ausschließlich auf die gehobene verbale Sprache setzen – und damit auch ihren sozialen Status dokumentieren –, sind davon ausgeschlossen.

Sparkurs

Ein weiterer Grund, warum die differenzierte Sprache an Bedeutung verliert, liegt darin, dass die Politik zwar ständig betont, wie entscheidend ein hohes Bildungsniveau sowohl für den Einzelnen als auch für die Gesellschaft wäre, dann jedoch aufgrund der verschärften Sparprogramme kein ausreichendes Budget für dringend notwendige Förderprogramme zur Verfügung stellt. Die bestehenden Maßnahmen werden eher gekürzt – auch wenn zurzeit von Aufstockung die Rede ist, decken sie bei Weitem nicht den Bedarf, weder für Kinder mit Deutsch noch für jene mit einer anderen Muttersprache. Das hat zur Folge, dass erschreckend viele Schüler, aber auch nicht wenige Erwachsene kaum noch sinnerfassend lesen können. Eine Trendumkehr ist derzeit nicht in Sicht.

Kinderbetreuung

Im Zusammenhang mit den Gründen für stagnierende oder sogar schwindende Sprachkompetenz muss auch ein Tabu angesprochen werden: Seit Jahren fordern Politik und Institutionen mit Nachdruck eine deutliche Steigerung der Erwerbstätigkeit von Frauen. Mütter sollen Auszeiten wegen der Kinder und Teilzeitphasen so kurz wie möglich halten, um finanzielle Unabhängigkeit vom Partner zu erlangen und eine entsprechende eigene Pension zu erwirtschaften. Die bessere Vereinbarkeit von Beruf und Kindern will man dadurch herstellen, indem man die Betreuungsplätze für Kleinstkinder von einem halben bis zum dritten Lebensjahr laufend ausbaut und auch einen Rechtsanspruch darauf etabliert. Dies hat zur Folge, dass sich in den größeren Städten die Anzahl der fremd betreuten Kleinstkinder innerhalb der letzten fünf Jahre nahezu verdoppelt hat. Der Eintritt in die Einrichtungen erfolgt immer früher und die täglich darin verbrachten Zeiten werden länger.

Diese Entwicklung ist allerdings nicht nur eine Folge der Gleichstellungspolitik, sondern entspringt auch der harten wirtschaftlichen Realität vieler Familien: Wenn Eltern ihren Lebensunterhalt nicht mehr bestreiten und keinen bescheidenen Wohlstand erwirtschaften können, dann sehen sie sich gezwungen, die Erwerbsarbeitszeiten auf Kosten der Kindererziehungszeiten aufzustocken: Männer machen noch mehr Überstunden und Frauen steigen von Teilzeit- auf Ganztagsbeschäftigung um. Da auch Großeltern in geringerem Maße zur Verfügung stehen, weil sie entweder auch noch berufstätig sind oder nicht am selben Ort wohnen, wird die institutionelle Betreuung als einzige Lösung beworben. Die Politik deklariert sie als Erfolg versprechende Bildungsoffensive mit den Argumenten, dass Kleinstkinder in der Krabbelstube wesentlich besser gefördert würden, als es ihre (bildungsfernen) Familien leisten könnten, und dass Kinder am besten von anderen Kindern lernen würden.

Kritische Expertinnen und Experten aus dem Bereich der Pädagogik und der Psychologie beobachten bei früh fremdbetreuten Kleinstkindern allerdings das Gegenteil: eine verzögerte Sprachentwicklung, hohe Stressbelastung und eine Zunahme an Verhaltensauffälligkeiten.[6] Wenn sie ihre Bedenken jedoch öffentlich äußern, so laufen sie Gefahr, eines veralteten Familienbildes bezichtigt und umgehend in die politisch rechte Ecke gestellt zu werden. Am Paradigma der Fremdbetreuung von Kleinstkindern darf nicht gerüttelt werden. Aus diesem Grund ist auch die wissenschaftliche Forschung über die Qualität der Betreuung wie auch über deren Auswirkungen auf die weitere Entwicklung der Kinder mangelhaft.

Tatsache ist jedoch, dass die versprochenen Standards nur in teuren Privateinrichtungen halbwegs gehalten werden (können). Auf der Website einer Kinderkrippe wird beispielsweise versprochen, dass qualifizierte Pädagoginnen einer möglichst geringen Anzahl von Kindern über Jahre als verlässliche Bezugspersonen zur Seite stehen. In der Praxis findet man jedoch einen hohen Anteil an fremdsprachigen Betreuerinnen – oft Hilfskräfte –, die gebrochenes Deutsch oder eines mit starkem Akzent sprechen. Wesentliche Kriterien wie die Kontinuität der Bezugspersonen können häufig nicht eingehalten werden, da Letztere aufgrund von Krankenständen, Urlauben, Mutterschutz und beruflichen Veränderungen (verständlicherweise) den Arbeitsplatz wechseln.

Pädagogik und Psychologie verfügen heute über gesichertes Wissen darüber, dass das Erlernen der Muttersprache (oder auch von zwei Muttersprachen) die wichtigste Voraussetzung für alle weiteren Bildungsschritte ist, und auch darüber, wie ein förderliches Umfeld aussehen muss: Die Grundlage für den Erwerb der Erstsprache wird ab der Geburt bis zum dritten Lebensjahr durch eine enge und verlässliche Bindung an nahestehende Bezugspersonen gelegt. Dabei handelt es sich – entgegen heute weit verbreiteter Meinung – im ersten Lebensjahr am besten um die Mutter, die im engen Körperkontakt, im Idealfall durch das Stillen, auf alle Regungen des Kindes empathisch antwortet. Engagierte Väter und einige wenige weitere Personen können sich von Beginn an nach ihren Möglichkeiten einbringen. Wesentlich für die Sprachentwicklung ist, dass die Bezugspersonen vertraut sind und dass sie die Laute des Kindes ständig wiederholen. Nur wenn seine Sprechversuche in jeder Phase freundlich bestätigt werden, können sich Sprache und Intelligenz gut entwickeln.

Nun wissen wir, dass Eltern dieser Anforderung in unterschiedlichem Ausmaß gewachsen sind. Das Spektrum reicht von Überbehütung bis zur Überforderung. Doch abgesehen von schwerer Verwahrlosung, die möglichst durch die Fürsorge des Gemeinwesens ausgeglichen werden muss, entsteht eben durch diese Unterschiede die Individualität des Menschen – mit allen Vorzügen und Nachteilen, die wir durch unsere Biografie erwerben. Die Beziehung zu den frühen Bezugspersonen ist prägend und entscheidend für unser ganzes weiteres Leben.

Noch so gut ausgebildete und engagierte Kleinkindpädagoginnen und -pädagogen können beim besten Willen nicht ein derart notwendiges persönliches und intimes Verhältnis zu den Kindern herstellen. Wenn sie Gruppen von bis zu zehn Einjährigen betreuen, die noch gewickelt und gefüttert werden müssen, bleiben einfach zu wenig Zeit und Kraft für ausreichende Zuwendung. Diesen Mangel kann man nicht den Betreuungspersonen vorwerfen, sondern man müsste sich mit dem Widerspruch im System beschäftigen: Bildung und Spracherwerb werden von der Politik für ganz wesentlich erachtet, die Methoden dafür sind jedoch nicht zielführend und eine Korrektur steht nicht zur Debatte. (Und dass Psychologen und die Kindergartenpädagoginnen selbst nicht aufschreien, zeigt, wie fundamentalistisch diese Einstellung ist.) Dass die Form der heute üblichen institutionellen Betreuung von Kleinstkindern nicht ideal ist, lässt sich auch daran ablesen, dass jene Familien, die es sich auch nur halbwegs leisten können, ihre Kinder in diesen ersten Jahren selbst erziehen oder auf private Betreuung setzen, deren Qualität sie persönlich kontrollieren können.

Informationsflut und Informationsfilter

Alle diese Phänomene weisen jedenfalls nicht darauf hin, dass sich das Sprachniveau für die Mehrheit der Bevölkerung verbessern würde. Vielmehr entsteht eine Spaltung zwischen Menschen, die sich verbal ausdrücken können, und jenen, die andere Wege suchen müssen, um sich zu verständigen und ihre Interessen durchzusetzen. Diese Kluft ist mitverantwortlich für eine große Anzahl an Konflikten, die wir in Beziehungen, im Beruf und in der Gesellschaft zurzeit erleben. Daher sind wir aufgerufen, uns damit auseinanderzusetzen und persönliche wie auch gesellschaftliche Lösungen dafür zu finden.

Wir sehen uns mit einer Situation konfrontiert, in der zwar die Menge der Informationen, der Fakten und der Argumente ständig steigt, die Anzahl jener Menschen, die diese auch verarbeiten können, offensichtlich jedoch nicht zunimmt. „Mündige" Bürgerinnen und Bürger, die in der Lage sind, unterschiedliche Aspekte einer Angelegenheit zusammenzutragen, sie zu ordnen und zu bewerten und sich erst danach eine eigene Position zu erarbeiten, scheinen bald eine Minderheit zu sein.

Das liegt daran, dass jene, die einer differenzierten Sprache mächtig sind, neben den unzähligen beruflichen Besprechungen und privaten Auseinandersetzungen immer seltener die Zeit aufbringen, sich durch die Fülle der Medienberichte und der politischen Botschaften wie auch der Sitzungsprotokolle und E-Mails zu kämpfen. Wir werden von unterschiedlichen Informationen überflutet und können die für uns wichtigen Aspekte nicht mehr vom „Müll" unterscheiden. Das führt zu einer willkürlichen Selektion, sozusagen zu einer paradoxen „Zensur durch Überangebot". Es bleibt mehr oder weniger dem Zufall überlassen, welche Elemente zu uns durchdringen. Die Folge davon ist: Der kritische Geist kollabiert und wird anfällig für Manipulation.

Wenn uns Experten in den Talkshows und Politiker in ihren Ansprachen mit vorgefertigten Sprachhülsen langweilen, wenn sie durch mangelnde Gesprächskultur und den gekonnten Einsatz von Kampfrhetorik neue Erkenntnisse verhindern, wenn in den Medien für jede Studie umgehend eine Gegenstudie präsentiert wird, welche die eben getroffenen Aussagen widerlegt, dann wissen wir oft nicht mehr, woher wir die Zeit und die Kraft nehmen sollen, um uns eine eigene Meinung zu erarbeiten.

Wir beobachten in unserem Bekanntenkreis, dass sich durchaus gebildete und ehemals politisch interessierte Menschen resigniert vom Tagesgeschehen zurückziehen. Sie sehen keine Nachrichten mehr, lesen keine Tageszeitung und wenden sich schöneren und überschaubareren Dingen zu: ihren Familien, ihren engsten Freunden und ihren Freizeitaktivitäten. Andere übernehmen unhinterfragt jene Argumente, die ihren politischen Überzeugungen entsprechen, ohne diese auf die aktuelle – doch sehr veränderte – Lage abzustimmen und zu überprüfen. Sie reagieren aus dem Reflex heraus in stets gleicher Weise und werden in ihren Aussagen immer engstirniger. Jene, die nicht resigniert haben, vertreten ihre Meinung oftmals mit missionarischem Eifer und mit verletzender Verachtung gegenüber Andersdenkenden. So kommt es, dass selbst unter Freunden ein gesellschaftspolitischer Diskurs zunehmend seltener praktiziert wird, worunter die Schärfung der Wahrnehmung und die eigene Positionierung leiden.

Medien

Zurückgeworfen auf uns selbst bleibt uns nur, die eigenen Gewohnheiten der Informationsverarbeitung unter die Lupe zu nehmen. Die Generation der über 50-Jährigen versucht immer noch die alte Regel für politisch Interessierte anzuwenden: Um sich eine eigene Meinung zu bilden, hatte man zumindest zwei Tageszeitungen und politische Magazine zu lesen, wobei eines aus der eher linken und das andere eher aus der konservativen Sphäre stammen sollte. Als abendlicher Pflichttermin kam noch die Nachrichtensendung eines öffentlich-rechtlichen Fernsehsenders dazu. Damit war das Spektrum der Sichtweisen weitgehend erfasst.

Diese Strategie ist inzwischen nicht mehr zielführend, denn der Informationsgehalt der einzelnen Medien weist immer weniger Unterschiede auf, die Positionierungen sind unscharf geworden. Manchmal findet man in unterschiedlichen Zeitungen gleiche oder sehr ähnliche Formulierungen, um sie dann im Fernsehen noch einmal zu hören. Man könnte meinen, dass alle vom selben Redakteur ausgewählt wurden.

Ein unsichtbarer Filter – manche würden sagen, eine Zensur – hat sich über die meisten Leitmedien gelegt: Besonders im aktuellen Teil betreiben sie „Alarmismus", indem sie Ereignisse übertrieben darstellen und zu drohenden Katastrophen hochspielen. Darüber hinaus unterdrücken oder entschärfen sie Berichte über brisante Ereignisse und wirklich strittige Themen, weil sie die Öffentlichkeit irritieren und Eigentümer oder Anzeigenkunden vergrämen könnten. Viele Chefredakteure steuern die

Auswahl der Berichte danach, ob sie Interventionen von Pressesprechern der politischen Parteien, von den Kommunikationschefs der Konzerne oder von Funktionären der Interessenvertretungen befürchten müssen. Dies missfällt nicht nur Leserinnen und Lesern, sondern auch den vielen noch an Fakten und Zusammenhängen interessierten Journalistinnen und Journalisten, die ihre gut recherchierten Berichte an die „Blattlinie" anpassen müssen.

Es wird kaum noch etwas aufgedeckt, denn der sogenannte investigative Journalismus, mit dem manche Magazine ihren guten Ruf erworben hatten, ist in dem Maße zahnlos geworden, wie Kommunikationsspezialisten sich professionalisieren konnten: Public Relations-, Litigations- und Reputationsmanager, Spin Doctors, Lobbyisten und Wahlkampfstrategen sind hoch spezialisierte Fachleute, die durch gezielte Beeinflussung der Pressearbeit jeglichen Schaden von ihren Klienten – die Finanzen oder das Image betreffend – abwenden sollen. Diese hoch bezahlte Dienstleistung wird sowohl von Einzelpersonen als auch Unternehmen, Institutionen und Parteien, ja sogar von Staaten in Anspruch genommen, um die Hebel der Meinungsbildung in ihrem Sinne zu bedienen.

Die Information, die uns erreicht, wird auch dadurch gefiltert, dass sich einzelne Journalisten und Moderatoren zunehmend selbst eher als „Meinungsmacher" verstehen denn als „Faktenvermittler". Sie haben ihre Aufgabe, komplexe Zusammenhänge möglichst von vielen Seiten zu beleuchten und zu erklären, durch ein Sendungsbewusstsein ersetzt, das sie teilweise mit missionarischem Eifer ausleben. Die vormals hochgehaltenen Prinzipien des Journalismus, Reportagen mit möglichst gut recherchierten Fakten zu untermauern und persönliche Meinungen deutlich als Kommentare auszuweisen, scheinen nicht mehr zu gelten. Ansichten und Informationen werden vermischt.

Dass der Druck des Boulevards, die Interessen der Eigentümer und die Bedeutung der Anzeigenkunden für den Fortbestand der Medien eine wesentliche Rolle spielen, ist inzwischen kein Geheimnis mehr. Zu Recht werden daher besorgte Diskussionen über die Unabhängigkeit der Presse geführt. Aber während der „Qualitätsjournalismus" sich noch um eine Neupositionierung bemüht, nutzen politisch rechte Bewegungen diese Schwäche umgehend für ihre Propaganda, indem sie die Leitmedien pauschal als „Lügenpresse" denunzieren. Solchermaßen schwer bedrängt, geraten diese in Rechtfertigungszwänge und verlieren weiter an Glaubwürdigkeit.

Politik und Medien sind eine symbiotische Verbindung eingegangen, bei der man kaum noch feststellen kann, wer wen dominiert: Müssen die Politiker sich so verhalten, weil die Macht der Medien so groß ist – oder ist die Politik am Gängelband der Wirtschaft, die ihre eigenen verschlungenen Wege der Beeinflussung geht? Die sichtbare Vertrauenskrise betrifft jedenfalls zurzeit Politik und Medien in gleichem Maße, die bisher eher unsichtbaren Zweifel am Wirtschaftssystem und an der Europäischen Union drängen nun auch massiv an die Oberfläche.

Damit bekommt das *Machtwort* eine über die persönliche Ebene hinausgehende Bedeutung: Wer sich die „Macht der Worte" aneignet, ohne dass es die anderen bemerken, kann damit seine Herrschaft absichern – was mit einem Fachbegriff als Hegemonie und in der Alltagssprache als „die Lufthoheit über den Stammtischen" bezeichnet wird. Wenn wir nicht Gefahr laufen wollen, aufgrund von zu viel oder zu wenig Information das Geschehen um uns herum nicht mehr beurteilen zu können, müssten wir uns neue Wege der Informationsbeschaffung erschließen.

Wer nun denkt, dass logischerweise das World Wide Web die Lösung für eine ungefilterte Informationsbeschaffung wäre, der irrt. Natürlich bietet das Internet nahezu unendliche Möglichkeiten für den raschen Zugriff auf Wissen und erleichtert auch den Ausdruck von persönlichen Meinungen und Emotionen jeglicher Art. Die meisten Menschen nutzen es inzwischen nahezu für alle Bereiche: Hier kann man Nachforschungen betreiben, Wissenslücken schließen, Handlungsanleitungen für beinahe jede Aufgabenstellung bekommen und Kommentare abrufen. Jeder kann seine persönliche Wahrheit, seine Sicht der Dinge zu jedem nur erdenklichen Thema auch „in Echtzeit" selbst kundtun. Auf den Kanälen der Sozialen Medien wird getwittert, gepostet und geliked, werden Meinungen unter Hashtags gesammelt, wird mit dem Handy gefilmt und ins Netz gestellt.

Mit dem Zugang zum World Wide Web hat sich eine neue und sehr effiziente Möglichkeit der Einflussnahme auf die Meinungsbildung aufgetan. Eben noch haben wir an einer hochkarätigen Expertenkonferenz teilgenommen und finden uns mit dem nächsten Klick in einem virtuellen Forum wieder, wo sich eine explosive Mischung von Halbwissen und Wut zusammenbraut. Jeder – sowohl Einzelpersonen als auch Institutionen, Unternehmen und politische wie religiöse Bewegungen – kann einerseits wertvolle Fakten und Analysen unter die Leute bringen, aber andererseits auch gefälschte Bilder, Gerüchte, gezielte Falschinformationen bis hin zu Hasstiraden und Aufrufen zur Gewalt.

Das Wissen aus dem weltweiten Netz ist nur scheinbar rasch und einfach zugänglich. Um überhaupt die richtigen Fragen stellen und danach die Ergebnisse einordnen, bewerten und nutzen zu können, bedarf es vor allem einer gediegenen Allgemeinbildung – und wieder viel Zeit. Darauf reagieren die Anbieter im Internet und entwickeln immer „intelligentere" Tools und Portale, die uns die Arbeit des Sammelns, Vergleichens und Gewichtens abnehmen und uns in Sekundenschnelle die besten Antworten oder Angebote liefern sollen – und das (scheinbar) gratis. Doch damit geben wir wieder einen Teil der Entscheidungsmacht ab. Wir haben zwar den Eindruck, in unserer Auswahl völlig autonom zu sein, können aber tatsächlich noch viel weniger die Qualität der Nachrichten beurteilen, als dies schon bei traditionellen Medien der Fall ist. Für den Einzelnen ist es nahezu unmöglich – und sogar für Behörden äußerst aufwendig –, die im Internet kursierenden Informationen auf ihren Wahrheitsgehalt hin zu überprüfen.

Zu den inhaltlichen, undurchschaubaren Filtern kommt auch noch ein sozialer: Die Kommunikation in den Sozialen Medien findet noch häufiger in *homogenen* Gruppen statt als im „Real Life". Facebook-Freunde und Twitter Follower werden vor allem danach ausgesucht, ob sie mit der eigenen Meinung übereinstimmen. Wer widerspricht oder nervt, kann ohne weitere Begründung aus der Gruppe ausgeschlossen werden. Man muss sich mit ihm oder ihr nicht auseinandersetzen, keinen Konflikt befürchten – klick und weg. Dieser Akt ist sozusagen ein „virtuelles *Machtwort*": Ende der Diskussion. Die Stimmung in der „Bubble" ist wieder ungetrübt, wir bestätigen einander in unseren Ansichten und können auf diese Weise etwas von einem Gemeinschaftsgefühl gewinnen, für das wir im wirklichen sozialen Umfeld oft nicht mehr die Zeit und die Kraft haben. Dass diese virtuelle Community zwar unterhaltsam sein kann, ihre emotionale Bindung jedoch wenig verlässlich ist, merken viele oft erst relativ spät. Es zählt zu den schmerzhaften Einsichten, dass reale Freunde mit ihren Widersprüchen mühsam sind und wir Geduld für Auseinandersetzungen aufbringen müssen, wenn wir tragfähige Beziehungen in unserem Leben haben wollen. Das gilt übrigens auch für die Debatten-Kultur in einer Demokratie.

Die Veränderung der Kommunikationsgewohnheiten, die das Internet und die Sozialen Medien ausgelöst haben, wird von vielen Seiten beklagt und sogar als gefährlich betrachtet. Man muss den Kulturpessimismus aber nicht teilen, denn das Gehirn des Menschen ist durchaus in der Lage, sich relativ rasch neuen Gegebenheiten anzupassen. So waren beispielsweise die indianischen Ureinwohner Amerikas zur Zeit der Erschließung des Kontinents durch die Eisenbahn davon überzeugt, dass bei einer Reise mit diesem Dampfross die Seele nicht zur gleichen Zeit ankommen könne wie der Körper. Sehr bald hat sich diese Sorge jedoch gelegt und heute sind sie selbstverständlich auch in der Lage, nicht nur die Bahn, sondern auch ein Flugzeug zu benützen. Oder auch in unseren ländlichen Regionen hatte man noch vor 60 Jahren die Sorge, dass das Lesen von Büchern den Kindern – besonders den Mädchen – ernsthaft schaden würde. Man bekäme davon schlechte Augen und schwache Beine – und würde keinen Ehemann finden. Heute wären die meisten Eltern froh, wenn ihre Kinder mehr lesen würden, und sehen dieselben Gefahren beim Surfen im Internet.

Es sind also nicht nur die Medien, die für das Unbehagen mit der Sprache verantwortlich zu machen sind, sondern – wie bei allen Instrumenten – liegt es an unserem Umgang damit. Und dieser weist einiges Potenzial zur Verbesserung auf.

Beruf und Beziehungen

Die Überflutung durch Informationen im Beruf ist längst bekannt: E-Mails werden noch in der Nacht, vor dem Frühstück oder sonntagnachmittags gelesen, damit man für den Montag vorbereitet ist. Die meiste Zeit verbringt man in Meetings, dazwischen wird man von Kollegen oder Mitarbeitern „zugetextet", denn man hält sich an die Kommunikationspolitik „der stets offenen Tür" moderner Unternehmen. Oder man sitzt ohnedies in einem Großraumbüro oder ist in Räumen mit gläsernen

Wänden ständiger Beobachtung ausgesetzt; man ist per Smartphone stets und überall erreichbar und es wird auch sofortige Reaktion erwartet.

Auch Familie und Freunde können jederzeit Kontakt aufnehmen oder man ist ohnedies für jedermann sichtbar auf Foursquare eingeloggt. Auf die Fragen „Wo bist du gerade?" oder „Was machst du gerade?" wird umgehende Antwort erwartet – und will man Verdacht und Vorwurf vermeiden, so tut man gut daran, dem auch zu entsprechen, selbst wenn man lieber seine Ruhe hätte.

Experten befürchten eine emotionale Verarmung unserer Gesellschaft, weil die Freunde aus den sozialen Netzwerken echte Kontakte nicht ersetzen könnten. Diese Art der Kommunikation würde wesentliche Aspekte von Beziehungen ausblenden. Doch auch auf diesem Gebiet kann sich unser Gehirn weiterentwickeln und das richtige Maß an persönlichen und virtuellen Kontakten finden. Selbst wenn die Facebook-Postings eines zukünftigen Nobelpreisträgers wahrscheinlich nicht dieselbe Bedeutung erlangen werden wie der Briefwechsel zwischen Goethe und Schiller, so bezweifelt doch niemand, dass tiefe Freundschaften auch auf Distanz möglich sind. Inzwischen legen wir auf unseren Reisen viel größere Strecken zurück, als die Ureinwohner Amerikas sich jemals vorstellen konnten – und die Seele ist spätestens nach dem Jetlag auch vor Ort.

Was tun?

Reflektierende Menschen sehen die beschriebenen Phänomene vielleicht genauso, doch dann erhebt sich die Frage: Was soll man jetzt tun? Wie kann ich als Einzelperson Lösungen finden? Die auf den ersten Blick vielleicht wenig erfreuliche Erkenntnis lautet: Für die tief greifenden Veränderungen unserer Gesellschaft – deren Auswirkungen wir in der Arbeit und im Privatleben deutlich spüren – gibt es leider keine schnellen und einfachen Antworten. Psycho-Schnäppchen sind leere Versprechungen und „Quick Wins" entpuppen sich als Illusionen. Der Aufwand gleicht jenem, welchen man benötigt, um eine neue Sportart oder eine Fremdsprache zu lernen. Wer nicht untergehen will, ist gezwungen, seine Gesamtpersönlichkeit, seine Denkprozesse, seine Lebenseinstellungen wie auch seine Kommunikationsmuster einer grundlegenden Revision zu unterziehen. Wie bei einem Computer genügt es auf Dauer nicht, regelmäßige Updates für die einmal installierten Programme vorzunehmen, wir müssen ihn neu aufsetzen, von versteckter Malware und von Viren säubern sowie den Arbeitsspeicher erweitern, damit alle notwendigen Funktionen wieder optimal zusammenspielen können. Wie man dieses Service für das Denken vornehmen kann, sodass wir mächtige Worte finden können, ohne gewaltsame *Machtworte* zu benötigen, dafür liefern die folgenden Kapitel praktische Anleitungen. Einige Maßnahmen kann man sofort umsetzen.

Meine Tipps aus dem Coaching: Zeit gewinnen für Stille

Bei unseren Überlegungen zur Lösung der drängenden Fragen geraten wir meist schon bei den ersten Versuchen zur Umsetzung an eine nahezu unüberwindbare Barriere: Wir haben keine Zeit. Was immer wir als notwendig und richtig erkannt haben, bleibt oft im Stadium der guten Vorsätze stecken, weil immer irgendetwas anderes dringender zu sein scheint. Wir haben bereits einige Ratgeberbücher aus dem Bereich der Selbstorganisation gelesen, Prioritäten gesetzt und Energie-Vampire identifiziert. Dann aber haben wir die gewonnene Zeit gleich wieder mit neuen Aktivitäten gefüllt und standen danach vor demselben Problem. Das hat also nicht wirklich viel gebracht.

Und so lautet die Empfehlung, die durch mühsame Aktionen gewonnene Zeit von Anfang an gut abzusichern: Wenn wir durch unser geändertes Verhalten im Umgang mit Informationen mentale Freiräume gewinnen, so müssen wir diese vor jeglichen Eindringlingen schützen – durch einen virtuellen Cerberus oder eine imaginäre Alarmanlage.

Informations-Detox

Erfassen Sie eine Woche lang, wann und wie viel Zeit Sie mit der *Aufnahme* von gesellschaftspolitischer Information verbringen, die Sie über ein Medium abrufen, egal welches. Das Experiment beginnt am Morgen mit den ersten Blicken auf die Wettervorhersage, die Online-News,

Frühstücksfernsehen oder die Tageszeitung wie auch auf Facebook oder Twitter. Es geht weiter über Nachrichten während des Autofahrens, die Internetrecherchen, Fach- oder Lifestyle-Magazine, Newsletter, Werbeprospekte, Reports und Statistiken, die Abendnachrichtensendung, die politische Talkshow, die Kultur- oder Sportberichte. Und dann werden Sie feststellen, dass immer noch der Stapel mit ungelesenen Zeitungen und gespeicherten Sendungen auf Ihre Aufmerksamkeit wartet. Doch so viel Sie auch wegarbeiten, es kommt immer noch mehr nach.

Ziehen Sie sich dann zur Reflexion zurück und fragen Sie sich: Welche wesentlichen Informationen habe ich in dieser Zeit erhalten? Steht der Nutzen in einem positiven Verhältnis zum Zeitaufwand? Meist ist die Antwort: Nein. Wenn Ihr Ergebnis in diese Richtung geht, dann folgt der nächste (nicht einfache, aber sehr effiziente) Schritt: Reduzieren Sie Ihren Medienkonsum! Entscheiden Sie sich für *ein* Mainstream-Medium, das Ihrer politischen Überzeugung, Ihrer Weltanschauung oder einfach Ihren Vorlieben am ehesten entspricht. Ob Print, Internet, Radio oder Fernsehen spielt dabei keine Rolle. Auch die Unterscheidung Qualitätsmedium oder Boulevard ist für unsere Überlegungen nicht wesentlich. Entscheidend ist, dass man vor der Auswahl darüber Klarheit gewinnt, welche *Interpretation* der Ereignisse und Fakten dieses Medium aufgrund der Abhängigkeit von seinen Eigentümern und seiner politischen Ausrichtung liefert. Widerstehen Sie dann eine Woche lang konsequent jeglicher weiteren Versuchung, doch noch schnell mal online zu gehen oder den Fernseher einzuschalten. Sie werden feststellen, dass alle notwendigen Informationen und auch Kommentare bei Ihnen angekommen sind.

Wundern Sie sich nicht, wenn Sie bei diesem Experiment erst einmal in Panik geraten. Oft weiß man einfach nicht gleich, was man mit der gewonnenen Zeit anfangen will. Der automatische Griff zum Smartphone oder zur Fernbedienung ist für viele von uns ein fixer Bestandteil des Tagesablaufs geworden. Das Entschlackungsprogramm für das Gehirn führt durch eine „Reinigungskrise", wie man sie auch vom Fasten kennt. Da muss man durch, wenn man den Erfolg erleben möchte.

Für unser Ziel, die Herrschaft über die Zeit zurückzugewinnen, ist es nicht wichtig, ob wir „gute" oder „schlechte" Medien konsumieren – es geht vor allem einmal um die Menge. Weniger bekannt ist, dass Informationssucht auch altehrwürdige Medien wie Bücher betreffen kann. Daher ist bei der Selbstbeobachtung auch darüber eine ehrliche Bestandsaufnahme geboten.

Was zählt, ist die gesunde Mischung der Medien sowie die Entscheidung über die Menge der Lebenszeit, die Sie dafür zur Verfügung stellen wollen. Diese gilt es ganz bewusst zu begrenzen und sich mit Disziplin daran zu halten.

Den Freiraum verteidigen

Als Nächstes setzen Sie Maßnahmen, die verhindern, dass die gewonnenen Freiräume umgehend wieder von neuen unnötigen Worten zugemüllt werden: Bringen Sie Stille in Ihr Leben.

Wenn die Sprache im Leben einen so großen Raum einnimmt, wie dies in modernen Gesellschaften der Fall ist, geht viel verloren: die Fähigkeit und die Bereitschaft, rasch zu handeln, sich durch Taten auszudrücken, durch feinsinnige Gesten, ja auch durch Schweigen. Wortlose Präsenz findet heute kaum noch Aufmerksamkeit.

Doch die Gegenbewegung hat vielleicht schon eingesetzt. Auch wenn das Angebot an Seminaren und Fachbüchern für Rhetorik, für Schlagfertigkeit, für Verhandlungstechniken, für gewaltfreie Kommunikation wie auch für lustvolles Streiten laufend noch weiter wächst, so kann man daneben eine neue Sehnsucht nach Stille beobachten: Rückzug ins Kloster, Meditation und Kontemplation, Yoga und Qigong, Schweige-Retreats, Sensibilitäts- und Achtsamkeitsübungen in der Natur finden immer mehr Zuspruch.

Manche Menschen schaffen es, täglich eine halbe Stunde lang einfach ruhig dazusitzen und ihren Atem oder ihre Gedanken zu beobachten oder in der Natur zur Ruhe zu kommen. Andere suchen aus der Vielfalt der Methoden die passenden aus, die ihnen dabei helfen, der ständigen Überreizung zu entfliehen, ihren Körper und ihre Bedürfnisse wieder zu spüren. Wer die gelesenen, gehörten und gesprochenen Worte reduziert, wird eher in der Lage sein, seine Gefühle wahrzunehmen und zu ordnen. Stille ist die wichtigste Voraussetzung für klare Gedanken, gute Entscheidungen und machtvolle Worte. Wenn man diese sprechen kann, muss man sich nicht mehr nach einem *Machtwort* sehnen.

Gegen den Strom der Zeit
kann zwar der Einzelne nicht schwimmen,
aber wer Kraft hat, hält sich
und lässt sich von demselben nicht mit fortreißen.

Johann Gottfried Seume

EPOCHE DER ANGST

Wenn wir geistige Freiräume geschaffen haben, kann es sein, dass wir die Stille nicht nur als angenehm empfinden. Möglicherweise werden wir uns dann erst unserer Gefühle bewusst, die wir durch Betriebsamkeit zugedeckt hatten. Handelt es sich dabei um Angst und Wut, so macht uns das oft sehr zu schaffen, weil wir nicht wissen, wie wir damit umgehen sollen, obwohl diese Emotionen ausgiebig beforscht und beschrieben wurden. Im Internet finden sich über eine Million Einträge zum Thema „Angst überwinden" und laufend erscheinen weitere Publikationen mit unterschiedlichen Ansätzen: von wissenschaftlichen Theorien und Studien über psychologische, soziologische, esoterische oder spirituelle Erklärungsmodelle bis zu praktischen Ratgebern. Es werden Unterscheidungen zwischen „gesunder", „begründeter" und „unbegründeter" Angst, zwischen Panik und Phobien getroffen. Auch über den Zusammenhang von Angst und Ärger, Zorn, Wut oder Hass existieren ausreichende Informationen. Den meisten Theorien und Behandlungsmethoden ist jedoch die Auffassung gemeinsam, dass man sich von diesen Gefühlen befreien muss.

In unseren Überlegungen werden wir Angst und Wut immer gemeinsam behandeln, weil sie in einer engen, ohnedies nicht genau definierbaren Verbindung stehen. Wir werden sie als *negative Gefühle* bezeichnen, einfach, weil wir sie im Allgemeinen als unangenehm empfinden. Wie stark jemand emotional reagiert, hängt einerseits von seinem Charakter ab – ob er eher cholerisch oder phlegmatisch ist –, andererseits von jener Lebensphase, in der er sich befindet, und von der Situation, durch die das Gefühl ausgelöst wurde – und vor allem davon, welche Meinung er über die *negativen Gefühle* hat. Wir werden hier den Ansatz verfolgen, dass diese lebensnotwendig sind und dass deren gänzliche Überwindung oder Vermeidung erstens gar nicht möglich und zweites auch nicht anstrebenswert wäre.

Die meisten Menschen verbrauchen zu viel Zeit und Kraft für die Abwehr von Angst und Wut. Es ist jedoch möglich, zu lernen, wie man ohne allzu großen Aufwand im Alltag deren Botschaft erkennen und ihre Energie für die Selbstentwicklung des *mental-emotionalen Systems* nutzen kann. Voraussetzung dafür ist die schonungslose Analyse der aktuellen Situation in der äußeren Welt sowie die Überprüfung der persönlichen Überzeugungen.

Nur keine Emotionen zeigen

Angstmechanismen laufen automatisch ab, weil sie auch beim Menschen als Überlebensreflex angelegt sind und es sich dabei um ein äußerst festsitzendes biologisches Erbe handelt. Deshalb sind sie auch vorerst nicht willentlich zu kontrollieren: Wir ergreifen die Flucht wie ein aufgeschrecktes Reh oder verfallen in „Schreckstarre" wie das Kaninchen vor der Schlange, sind „vor Angst gelähmt"; stellen uns tot wie ein Käfer; wir „stecken den Kopf in den Sand" wie der Vogel Strauß und hoffen, dass die Gefahr verschwunden ist, wenn wir die Augen öffnen.

Oder aber wir reagieren mit Aggression: Wir könnten „zum Mörder werden", „die Pumpgun nehmen", „alle in die Luft sprengen", „jemanden umhacken" oder dem Nächstbesten „ins Gesicht springen" – oder wir stürzen uns in Aktivitäten, die uns davon ablenken sollen.

Wenn wir die Angst nicht bewältigen können, verzweifeln wir an uns selbst oder an der Welt, es verlässt uns der Mut oder wir verfallen in Depressionen. Dieses stille Leiden wird in den meisten modernen Gesellschaften mehr akzeptiert als Wut und Aggression. Die Norm lautet, „sich zivilisiert" zu verhalten, und meint damit, möglichst angepasst, unauffällig und vor allem leise zu sein. Man fällt niemandem zur Last, man leidet lieber still, und wenn es gar nicht mehr geht, nimmt man die entsprechenden Medikamente. Diese Vorgabe ist – neben der Tatsache, dass das Leben der meisten Menschen wesentlich komplizierter geworden ist – mitverantwortlich, dass sich die Depression in den letzten Jahrzehnten zu einer Volkskrankheit entwickelt hat und dass der Begriff „Lähmung" immer häufiger für die Zustandsbeschreibung der Gesellschaft herangezogen wird.

Wir können mit offen gezeigten Emotionen meist nicht besonders gut umgehen, selbst wenn diese eigentlich positiv sind: Wer zu laut lacht oder gar vor Freude hüpft, läuft Gefahr, als verrückt betrachtet zu werden. Wer öffentlich weint, erweckt nicht etwa Mitgefühl, sondern eher Verachtung wegen seiner Schwäche – besonders wenn es sich um einen Mann handelt. Wenn Menschen streiten oder jemand lautstark seinem Ärger Luft macht, zücken wir schon das Mobiltelefon, um die Polizei zu rufen. Doch dann sind wir blockiert: Soll ich mich überhaupt einmischen? Was aber, wenn doch etwas passiert und ich hätte zu spät reagiert? Wir sind verängstigt und verunsichert, weil wir nicht einschätzen können, ob die Situation eigentlich harmlos ist oder ob nun gleich Gewalt ausbricht. Wir sind von Gefühlsausbrüchen meist unangenehm berührt, weil sie an den Toren rütteln, hinter denen wir unsere eigenen Emotionen fest verschlossen halten.

Wenn Hassparolen und unflätige Beschimpfungen in den Sozialen Medien kursieren, gehen Empörungswellen durch die Wissenschaft, die politischen Talkshows und die Kommentare der Qualitätsmedien. Sofort treten Experten und Politiker auf, die darüber nachdenken, wie man dieses Phänomen durch Kontrolle und Strafe verhindern könnte. Dieser Ausdruck wird nicht etwa als ein sinnvolles Ventil für Frustration eingestuft, das eine relativ ungefährliche Druckentlastung ermöglicht, sondern als bedrohliche Verrohung der Gesellschaft. Dabei wird außer Acht gelassen, dass es in allen Gesellschaften Rituale für aufgestaute Aggressionen gegeben hat und gibt – angefangen von Schmähungen der Gegner im Wirtshaus über die Rauferei am Kirchtag bis zu sportlichen Wettbewerben, man denke nur an Fußballturniere. In der Empörung wird nicht ausreichend unterschieden zwischen verbaler Entlastung – die eben keine eingeschlagenen Zähne oder einen Nasenbeinbruch nach sich zieht, diese möglicherweise sogar verhindert – und den Vorstufen zu tätlicher Gewalt.

Man ist vielleicht heute auch deshalb über verbale Äußerungen des Hasses derart alarmiert, weil man diese im Internet so ungestört betrachten und statistisch erfassen kann. Für eine solche Feldforschung mussten die Beobachter früher persönlich in die „Niederungen" der Gesellschaft hinabsteigen, um die Hassbotschaften auf den schäbigen Häuserwänden in den Armenvierteln zu suchen – oder auf öffentlichen Toiletten, die nicht umsonst „Bedürfnisanstalten" genannt werden. Es fehlen daher vergleichbare Daten, um feststellen zu können, ob nicht vieles von den Medien als „Hass" bezeichnet wird, was „nur" der Ausdruck von Frustration oder Gedankenlosigkeit ist. Abgesehen von dieser strittigen Frage müssen reale Gewaltdelikte selbstverständlich konsequent verhindert und verfolgt werden.

Der „Angst-und-Wut-Pegel" in der Gesellschaft

Die individuellen Auslöser für die *negativen Gefühle* sind uns weitgehend bekannt und nachvollziehbar: Probleme in der Familie, mit Partnern, Kindern und Eltern; Konflikte am Arbeitsplatz mit Kollegen, Vorgesetzten oder Kunden; Ärger über Beleidigungen, ungerechte Behandlung oder aggressives Verhalten; Angst vor Krankheit oder Tod, vor Trennungen oder Jobverlust. Diese Ereignisse können jeden treffen und lösen individuell unterschiedliche Reaktionen aus. Sie existieren mehr oder weniger in jeder Gesellschaft.

Das Ausmaß, in dem wir mit *negativen Gefühlen* konfrontiert sind, hängt jedoch nicht nur vom individuellen Schicksal ab, sondern auch von der allgemeinen Grundstimmung, die in einer Gesellschaft vorherrscht, ihrem „Angst-und-Wut-Pegel". Ist dieser aufgrund von äußeren Umständen deutlich erhöht, so steigt der Pegel auch im Individuum: Wir reagieren auf persönliche Konflikte schneller mit starken Gefühlen, wir bewegen uns gereizt durch den Alltag; wir empören uns, wenn jemand nicht rasch genug Platz macht; werden schneller aggressiv, wenn uns eine

Verkäuferin unfreundlich behandelt oder sich ein Kollege über zu viel Arbeit beklagt. Dadurch schaukelt sich die negative Stimmung weiter auf, bis wir dann auch für Meinungsverschiedenheiten in der Familie und für die Sorgen der Freunde keine Geduld mehr aufbringen können.

Nach relativ entspannten Jahrzehnten steigt der „Angst-und-Wut-Pegel" in unserer Gesellschaft wieder an: Finanzkrise, Eurokrise, Demokratiekrise, Flüchtlingskrise, humanitäre Katastrophen, Terroranschläge mitten in Europa und Kriege, die wir nicht ignorieren können, hinterlassen ihre Spuren. Die Schreckensmeldungen, mit denen wir täglich konfrontiert sind, zeigen deutliche Auswirkungen bei Individuen, Familien und Belegschaften wie auch in den Gesellschaften Europas. Wenig verwunderlich, dass Kommentatoren in den Medien diese Zeit bereits als eine „Epoche der Angst" bezeichnen und dass diese immer öfter in Leitartikeln, Polittalks oder Ansprachen eine Hauptrolle spielt.

Analysen, in denen die Entstehung von Angst und Wut ausschließlich den persönlichen Umständen zugeschrieben wird, greifen zu kurz. Der Umgang mit *negativen Gefühlen* hat sich sowohl in der Gesellschaft als auch bei den Individuen deutlich verändert. Wir sollten die Hintergründe durchschauen und unsere eigene Einstellung überprüfen, um unsere mentale Gesundheit zu sichern.

Wer hat Angst?

„Wir müssen die Ängste der einfachen Menschen ernst nehmen, die Ängste des Volkes verstehen, den Bürgerinnen und Bürgern die Ängste nehmen …": Solche und ähnliche Appelle der Politikerinnen und Politiker sollen Verständnis für die Befindlichkeit der Wählerinnen und Wähler signalisieren. Je öfter diese Floskeln jedoch wiederholt werden, desto weniger glaubwürdig klingen sie. Da ist von *vermeintlichen*, von *unbegründeten* und übertriebenen Ängsten die Rede, während man zugleich spüren kann, dass auch die Akteure Angst haben, diese jedoch verdrängen: „WIR wollen EUCH verstehen." „WIR (die wir keine Angst haben) bemühen uns ja, EURE (wenn auch nur eingebildeten) Ängste zu verstehen."

Gelassene „Eliten" und ängstliches „Volk"

Ein Riss geht durch unsere Gesellschaft: Da stehen auf der einen Seite jene, die sich als die politischen und intellektuellen Eliten verstehen. Sie bemühen sich, Sicherheit und Tatkraft auszustrahlen, indem sie uns ständig vermitteln, dass sie selbst überhaupt keine Ängste haben. Auf der anderen Seite des Grabens befindet sich das „Volk" – gerne auch als „die Menschen" bezeichnet –, das Angst hat und wütend ist. Damit entsteht eine neue Zweiklassengesellschaft in Bezug auf den Umgang mit der Angst: Zur *Oberklasse* zählen jene, die ihre Ängste verbergen – vor der Öffentlichkeit, oft auch vor ihren engsten Freunden und sogar vor sich selbst. Politiker, Journalisten, Wissenschaftler, Intellektuelle, Manager sowie Menschen, die politisch eher links oder grün orientiert sind, positionieren sich als der souveräne Teil der Gesellschaft. Sie blicken im besten Fall mit Verwunderung, aber durchaus auch mit Verachtung auf die Menschen der besorgten *Unterklasse*, die ihre Ängste ausdrücken, und verorten sie pauschal als ungebildet und politisch rechts stehend.

Experten und Kommentatoren zeigten sich allerdings sehr verwundert, als offensichtlich wurde, aus welchen sozialen Milieus die Teilnehmerinnen und Teilnehmer an Pegida-Demonstrationen sowie die Wählerinnen und Wähler der AfD oder der FPÖ kommen. Es handelt sich keineswegs nur um sogenannte Wohlstandsverlierer mit niedriger Schulbildung, deren Angst darin besteht, mit Asylwerbern und Migranten um Jobs und Sozialhilfen konkurrieren zu müssen. Der Zustrom wird auch von Menschen mit bürgerlichem Hintergrund gespeist. Sie haben einen großen Anteil am Aufschwung der rechten Parteien, obwohl viele sich nicht offen dazu bekennen und sich eigentlich gar nicht als „Rechte" verstehen. Viele vertreten sogar andere Weltanschauungen und gesellen sich nun aus unterschiedlichen politischen Lagern zur ängstlichen Unterklasse, obwohl sie durchaus nicht der traditionellen Unterschicht angehören. Sie haben sich den Aufruf der legendären Massendemonstration, die 1989 in Leipzig den Fall der Mauer eingeleitet hat, zu Eigen gemacht: „Wir sind das Volk!"

Unterschiedlichste Gruppierungen fühlen sich von der Politik nicht verstanden: Unternehmer wegen der ausufernden Bürokratie, Vermögende wegen der hohen Steuern, Frauen wegen ihrer Benachteiligung,

Umweltbewusste wegen der Zerstörung der Natur. Kaum jemand sieht sich noch in seinen Interessen vertreten. Äußerst beunruhigend ist für viele auch, wie sich das Verhältnis der wahlwerbenden Parteien sowie der zivilgesellschaftlichen Bewegungen entwickelt: Diese zeichnen sich kaum noch dadurch aus, WOFÜR sie stehen, welche Lösungen sie für die drängenden Probleme vorschlagen. Meist kann man nur noch hören, WOGEGEN sie sind. Sie reden einerseits offiziell (noch) von Kooperation, doch flackert in ihren Reden bereits offener Hass auf, und zwar von allen Seiten: gegen den jeweiligen politischen Gegner, gegen die Nazis und Rassisten oder gegen die Sozis und Kommunisten.

In Deutschland wirft die politisch linke und grüne Seite den politisch Rechten vor, die Demokratie untergraben zu wollen, ein „autoritäres" System anzustreben, wie unter anderem der SPD-Fraktionschef Thomas Oppermann 2014 in der Regierungserklärung zum Europäischen Rat sagte: „Die Drahtzieher von PEGIDA sind keine Patrioten, das sind Nationalisten und Rassisten, die Ängste der Menschen schüren und die Gesellschaft spalten wollen."[7]

Die politisch Rechten kontern mit dem Vorwurf einer „... rot-grünen-68er-Verseuchung Deutschlands und einem übertriebenen, letztlich neurotischen Humanitarismus, der das Fremde über das Eigene stelle und die sich mit ihrer Willkommenskultur zum Knecht von Einwanderern mache", wie Marc Jongen, der philosophische Kopf der AfD, in einem Interview in der Wochenzeitung „Die Zeit"[8] ausführt. Die Beschwörungsformel von Bundeskanzlerin Angela Merkel „Wir schaffen das!" erzeugte zuerst Hoffnung und motivierte viele Menschen zur Willkommenskultur. Heute meinen immer mehr: Wir schaffen das nicht. Was wieder jene triumphieren lässt, die es „immer schon gewusst haben".

Auch die Entwicklung in Österreich gibt wenig Anlass für Optimismus: Seit 2014 das Magazin „profil"[9] in einer Titelgeschichte „Politikverdrossenheit: Unbegründetes Misstrauen gefährdet die Politik" dieses Phänomen ausführlich analysiert hat, ist die Stimmung nicht besser geworden.

Dass in einer Demokratie verschiedene Meinungen nebeneinander bestehen, liegt in ihrem Wesen begründet und ermöglicht die erwünschte Vielfalt. Wenn wir erleben, dass ihre Vertreter miteinander nicht gerade freundlich umgehen, so nehmen wir das als „Wahlkampf" zur Kenntnis. Was nun vielen Menschen wirklich Sorgen macht, ist, dass nicht mehr die Positionen der Parteien angegriffen werden, sondern man deren Wählerinnen und Wähler wegen ihrer Ansichten verachtet und beschimpft. Das haben sich die meisten Menschen nicht unter Demokratie vorgestellt, auch wenn es um den politischen Gegner geht.

Dieses Phänomen verstärkt unsere ohnedies bereits vorhandene Verunsicherung und gibt uns nicht das Gefühl, dass noch irgendjemand weiß, was er oder sie tut, oder dass noch brauchbare Lösungen entwickelt werden können. Die politischen Eliten wirken vielfach hilflos, von Umfragen getrieben, nur am eigenen Machterhalt und nicht am Wohle der Bevölkerung interessiert. So gesellt sich zu Angst und Wut auch noch die Ohnmacht und wir ertappen uns bei grundsätzlichen Fragen, auf die wir keine Antwort haben: Wen soll ich denn wählen? Welche Initiative kann ich setzen? Wo will ich mich engagieren? Zunehmend entsteht der Eindruck, dass der Karren ohnedies komplett verfahren und der Niedergang nicht mehr aufzuhalten wäre.

„Gute" Intellektuelle und „böse" Wut-Bürger

Experten und Journalisten dürfen in Talkrunden und im Feuilleton der Zeitungen durchaus auch emotional über Ursachen und Lösungsmöglichkeiten der drängenden Probleme diskutieren. Wenn jedoch Bürgerinnen und Bürger ihre Gefühle zur Lage äußern, dann nimmt die etablierte Politik umgehend eine Abwehrhaltung ein. Wir hören Ansagen wie: WIR haben ALLES richtig gemacht, nur leider kommt es bei den Menschen nicht an. Wir „Menschen" verstehen im Subtext: Weil wir eben dumm sind. Wenn dann Entscheidungsträger als logische Folge ihrer Überlegungen Sätze sagen wie: Wir müssen unsere Visionen/Ideen/Programme/Maßnahmen nur besser *verkaufen,* dann verlieren auch treue Partei- oder Belegschaftsmitglieder ihr Vertrauen und fühlen sich bloß noch als „Zielgruppe" von Marketing-Strategien oder – wie der neu bestellte österreichische Bundeskanzler Christian Kern (SPÖ) uns in einer seiner ersten Reden bezeichnete: „Wir stehen vor einem bunten *Wählermarkt …*"[10]

Wenn Reformen angekündigt werden, dann folgt anstelle von spürbaren Erleichterungen, wie deutliche Lohn- oder Pensionserhöhungen, oder Entlastungen der kleinen Unternehmen oft nur eine nächste teure Studie oder Werbekampagne. In großen Lettern prangen dann Schlagworte wie „Sicherheit", „Gerechtigkeit", „Freiheit", „Menschlichkeit" oder „Leistung" auf Plakaten und in Anzeigen. Dann steigt auch in geduldigen Bürgerinnen und Bürgern die Wut hoch und viele äußern diese nicht nur am – von den Eliten stets mit Verachtung belegten – „Stammtisch", sondern zunehmend auch in der Öffentlichkeit.

Immer mehr Menschen erkennen oder spüren, dass sie keine differenzierten Informationen mehr bekommen. Wenn wir allerdings unsere Unzufriedenheit mit vernünftigen Argumenten ausdrücken möchten, so stellt sich die Frage, an wen wir uns wenden sollen. Und haben wir meist mit viel Mühe jemanden gefunden – sei es einen Parteienvertreter, eine Beratungsstelle, den Betriebsrat oder auch nur die Service-Hotline des Telefonanbieters –, so entsteht der Eindruck, dass wir nicht wirklich gehört werden. Falls jemand doch zuhört, hat er keine Möglichkeit zu helfen. Wir werden vertröstet oder möglichst rasch mit Ausreden abgefertigt, und weil wir nicht so viel Kraft in jedes einzelne unserer Anliegen investieren können, bleibt der Eindruck zurück, dass sowieso „alles sinnlos" ist.

Wenn man aber über längere Zeit seine Bedürfnisse nicht mit Worten durchsetzen kann, wenn Ehrlichkeit häufig zum eigenen Nachteil gereicht, dann ziehen sich die einen resigniert zurück und andere werden mit dem Aufsteigen ihrer Wut konfrontiert. Diese richtet sich vorerst in Gedanken oder in Diskussionen – abhängig von der eigenen Lebenssituation und der politischen Einstellung – entweder ganz allgemein gegen *den* Kapitalismus, *die* Reichen, *die* Politikerinnen und Politiker, *die* Arbeitslosen, *die* „Sozialschmarotzer" oder *die* Flüchtlinge. Nicht selten entlädt sich die Aggression aber auch ohne direkten Anlass über ein Familienmitglied, den Nachbarn, eine Berufskollegin, einen fremden Autofahrer – oder in Form von Autoaggression gegen sich selbst.

Andere ergreifen die Initiative und wählen dazu die Mittel der Zivilgesellschaft. Die Aktionen beginnen meist moderat: Man organisiert Versammlungen und Demonstrationen, unterschreibt Petitionen oder kauft keine Produkte von „bösen" Firmen. Protestaktionen verhelfen uns zwar zu einer kurzen Erleichterung – man hat etwas zu planen, zu besprechen, durchzuführen und auf die Ergebnisse zu warten –, meist bleiben sie jedoch wirkungslos: Die Autobahn wird trotzdem gebaut, die Pensionen werden gekürzt, die Sportschuhe sind weiterhin nur durch Kinderarbeit so billig zu haben.

Wieder andere nehmen aus Protest ihr Wahlrecht nicht mehr wahr. Manche wählen schräge Populisten und Politclowns oder sie wählen rechte Parteien – oft nicht einmal aus Überzeugung, sondern nur, um ein starkes Zeichen zu setzen: die schallende Ohrfeige. Sie soll den Mächtigen wehtun und sie verunsichern.

Menschen, die ihrem Unbehagen lautstark Luft machen, müssen sich umgehend von den Medien als „Wut-Bürger" oder als „Wut-Oma" abstempeln lassen. Auch der Sieg des FPÖ-Kandidaten beim ersten Wahlgang für das Amt des österreichischen Bundespräsidenten (April 2016) wurde von den Kommentatoren umgehend einer „Wut-Wahl" zugeschrieben. Die Motivation ist offensichtlich: Wenn die etablierte Politik unzufriedene Menschen mit Ablehnung, Verachtung und Ausgrenzung behandelt, muss sie sich nicht mehr ernsthaft mit den Inhalten ihrer Proteste beschäftigen.

Worauf sich die Akteure wieder nicht ernst genommen fühlen und entweder aufgeben oder noch drastischere Maßnahmen ergreifen. Wer nichts mehr zu verlieren hat, wer verzweifelt nach Orientierung sucht, dessen Kontrollmechanismen werden schwächer. Er oder sie wird anfälliger für Ideologien, die Gewaltanwendung propagieren oder zumindest tolerieren, wird zum Aktivisten oder lässt sich einfach nur mitreißen: Wir lesen von Ausschreitungen bei Demonstrationen, von Schlägereien unter Jugendlichen, von brennenden Autos in den Armenvierteln und Angriffen auf Unterkünfte von Asylanten – und wir sind entsetzt: Wie konnte es so weit kommen, wer ist schuld, was kann man dagegen tun? Und je mehr sich die Experten in den Medien und in der Fachliteratur mit ihren Interpretationen überschlagen, desto größer wird der Zorn jener, die sich zum Objekt der Beobachtung degradiert fühlen – beforscht und analysiert wie ein Krankheitserreger.

Dieses neue und auch unbekannte „Volk" macht den politischen und moralischen „Eliten" insgeheim große Angst, denn sie können sich nie sicher sein, wer sich als „Volk" versteht und wie viele es sind. In einem verzweifelten Abwehrreflex erklärt die etablierte Politik den „Menschen", dass ihre Meinung falsch wäre und was sie richtigerweise denken und fühlen *sollten*. Sie betrachtet die Wählerinnen und Wähler als „verführt", will sie aus den „Fängen der Rechten" befreien oder sie diesen nicht in „die Arme treiben". Wir hören wieder die Untertöne: Sie sind einfach zu dumm, um „das Richtige" zu tun. Oder wie der Wiener Bürgermeister, Michael Häupl, beim Parteitag der SPÖ (2016) in seiner Rede sagte: „Die mieselsüchtigen Grantler, die Sorgenvollen, die Verängstigten wählen die FPÖ." Optimisten würden hingegen die SPÖ wählen.[11] Auf diese Weise wird die Spaltung von jenen, die sie eigentlich verhindern sollten, weiter vorangetrieben, denn es ist sehr unwahrscheinlich, dass sich in solcher Art beschimpfte Wähler von der Sozialdemokratie zur Rückkehr eingeladen fühlen. Anstatt Lösungen für reale soziale Probleme anzubieten – was die eigentliche Aufgabe der etablierten Parteien wäre –, scheint ihr einziges Ziel die Verhinderung von rechtspopulistischen Bewegungen wie der FPÖ oder der AfD zu sein. Damit erreichen sie jedoch genau das Gegenteil, denn jetzt wissen wirklich alle, wo die Achillesferse des politischen Establishments ist und was man tun muss, um sie empfindlich zu treffen.

Das Ventil für Angst und Wut hat sich nicht nur in Österreich jetzt einmal nach rechts geöffnet. Linke Parteien können in vielen Ländern Europas die Lage nicht für sich nutzen – obwohl eigentlich die soziale Frage zu ihren wichtigsten Anliegen zählt oder zählen sollte. Sie bleiben distanziert und intellektuell, sie haben kein mitfühlendes Verständnis für Angst und Wut und finden keine Sprache, die „das Volk" erreichen würde. Ihre moralisierenden Aufrufe an die Solidarität, die Menschlichkeit, die Menschenrechte erzeugen nicht nur bei Teilnehmerinnen und Teilnehmern an Pegida-Demonstrationen Ablehnung. Sie führen auch bei vielen anderen zu einer allgemeinen Vorsicht bei der Äußerung von Meinungen: Man möchte sich nicht der Gefahr aussetzen, bereits für harmlose Überlegungen oder einen unbedachten Ausdruck von Ärger als „Rechter" eingestuft und dementsprechend herablassend behandelt zu werden. Immer öfter bekommt man von Kollegen oder Freunden zu hören: „Das sage ich jetzt nur dir unter vier Augen." Dann folgt jedoch nicht etwa eine Geschichte über eine pikante Affäre, sondern einfach eine persönliche

Ansicht über ein politisches Thema. Diskussionen und Divergenzen werden zunehmend nur noch im engsten Vertrauenskreis ausgetragen. Und man wundert sich, was mit unserer Gesellschaft passiert ist.

Die Spaltung in Gute/Gebildete und Böse/Dumme zeigt Wirkung. Jede Fraktion beansprucht für sich das Gutsein, indem sie hehre Ziele verfolgt: Durchsetzung der individuellen Freiheit, der Vielfalt, der Menschenrechte, der Weltoffenheit auf der einen Seite; die Rettung der christlichen Werte, des Abendlandes, der Ordnung, der Familie, der Heimat, der regionalen Traditionen auf der anderen. Die Parole lautet jeweils: „WIR sind die Guten!" Jeder, der anders denkt oder auch nur Bedenken anmeldet, vielleicht auch nur diskutieren will, wird zu den Bösen gezählt, abgewertet, verachtet und beleidigt – und das alles im Namen des Wahren, Guten und Schönen.

Und spätestens jetzt sollten wir innehalten, denn dieses Muster könnte uns doch aus dem Geschichtsunterricht bekannt vorkommen: Wenn es einer Gruppe gelingt, sich über eine andere moralisch zu erheben, wenn die Herrschenden den Bezug zu weiten Teilen der Bevölkerung verlieren und abgehobene Entscheidungen treffen, so markiert dies nicht selten den Anfang vom Ende einer Gesellschaft und ihrer Kultur.

Relativ sicher oder potenziell bedroht

Die Front verläuft heute nicht mehr zwischen Proletariat und Bourgeoisie, ja nicht einmal zwischen Armen und Reichen. Es ist auch nicht so sehr die aktuelle finanzielle Lage der Personen, die Angst und Wut entstehen lässt, sondern es sind vielmehr die *Perspektiven*, die jemand für sein Leben sieht: Auf der einen Seite stehen jene, die ihre Existenz *bedroht* sehen, während auf der anderen Seite jene eher flexibel und gelassen bleiben können, die sich *relativ sicher* fühlen. Diese Spaltung löst auch die ursprüngliche Vorstellung der Klassengesellschaft auf.

Ältere soziologische Modelle beschreiben eine Gesellschaft aus Schichten bestehend, die ursprünglich durch den *Stand* definiert waren. In diesen wurde man hineingeboren und blieb auch meist sein ganzes Leben dort, wie man an einem alten Auszählreim noch ablesen kann: „Kaiser, König, Edelmann – Bürger, Bauer, Bettelmann." Mit der Demokratisierung wurde für die Unterscheidung vor allem der Lebensstandard herangezogen: die Unterschicht oder das Proletariat und eine relativ kleine Oberschicht. Dazwischen existierte eine breite Mittelschicht, die man dementsprechend auch als das Rückgrat einer Gesellschaft bezeichnete, weil ihre Mitglieder vielfältige Leistungen erbrachten und die höchsten Beiträge in Steuer- und Sozialsysteme einzahlten.

Das Modell der relativ konstanten Schichten hat heute seine Bedeutung verloren, weil die Menschen ihre Zugehörigkeiten rasch und mehrmals wechseln und nur noch wenige ihr ganzes Leben in derselben Schicht verbringen. Er oder sie kann sich beispielsweise aus kleinen Verhältnissen kommend hochgearbeitet haben und dann durch Konkurs oder Scheidung wieder ganz unten landen oder es kann ein verarmter Adeliger in einem wenig angesehenen Beruf tätig sein. Die Art und Weise, wie wir auf Probleme oder Schicksalsschläge reagieren, hängt jedoch nicht nur von unseren persönlichen Umständen und individuellen Charaktereigenschaften ab. Entscheidend für unsere Gefühle ist, wie wir die *Chancen* auf Besserung bewerten.

Jobverlust, Scheidung, Krankheit und sonstige drastische Veränderungen lassen sich leichter ertragen, wenn man abgesichert ist oder hofft, die Situation rasch in den Griff bekommen zu können. Dieses Sicherheitsgefühl hängt allerdings viel weniger von der Höhe des Einkommens oder des Vermögens ab, als man vermuten könnte. Im Gegenteil, oft erweist sich auch der Reichtum als Quelle für *negative Gefühle.* Doch auch die Umkehrung, dass arme Leute glücklicher wären, die unter dem Sprichwort „Lieber arm und gesund als reich und krank" gerne herangezogen wird, zählt zu den sozialen Mythen. Gerne wird es daher abgewandelt in „Lieber reich und gesund als arm und krank". Die Statistik beweist: Wer arm ist, ist auch eher krank und hat die schlechteren Chancen auf gute Behandlung.

Wie auch immer diese Entwicklung der sozialen Schichten von der Wissenschaft bezeichnet wird, wollen wir für unsere Betrachtungen den Begriff *Gruppierungen* wählen und eine neue Sichtweise auf die subjektive Befindlichkeit anhand von zwei Typen eröffnen: die *relativ Sicheren* und die *potenziell Bedrohten.*

Relativ sicher sind jene Menschen, die sich um ihren – wenn auch vielleicht bescheidenen – Lebensunterhalt so gut wie keine Sorgen machen müssten. Dazu zählen mittlere Beamte und Angestellte, die durch Kündigungsschutz abgesichert sind, Pensionisten über der Armutsgrenze sowie all jene, die über Vermögen und Besitz verfügen, sofern diese entsprechend risikoarm angelegt sind.

Die erste Sprosse der *relativen Sicherheit* erklimmt, wer für seine Wohnung keine Miete zahlen muss, wer also sein Eigenheim bereits abbezahlt hat und nur noch die Betriebskosten erwirtschaften muss. Weiter aufwärts steigt auf der Leiter, wer so viel verdient hat, dass er über die laufenden Kosten hinaus etwas zur Seite legen konnte und seine Ersparnisse oder sein Erbe (halbwegs) sicher angelegt hat: in Sparformen, die zwar zurzeit kaum Ertrag bringen, aber mit wenig Risiko behaftet sind; in den Erwerb von Wohn- oder Geschäftsräumen, die vermietet werden können; in Unternehmen in sicheren Märkten und mit klaren Entscheidungsstrukturen. Ganz oben auf der Skala befinden sich jene, die über so viel Vermögen verfügen, dass sie keiner Erwerbsarbeit nachgehen müssen und dass selbst riskante Anlagen und Teilverluste ihren Status kaum tangieren. Am unteren Ende der Skala könnten sich auch jene *relativ sicher* fühlen, die in Sozialwohnungen leben, deren Miete sie sich auch bei Arbeitslosigkeit, von Hartz-IV-Bezügen oder von einer Mindestsicherung noch leisten können.

Wer sich nach Prüfung der persönlichen Umstände zu dieser Gruppierung der *relativ Sicheren* zählen kann, müsste sich seiner Situation nur bewusst werden, um relativ rasch eine ausgeglichene Gefühlslage zu erreichen und auch dauerhaft zu behalten. Es wäre leichter, dem Alarmismus der Medien zu trotzen und sein Leben halbwegs zu genießen.

Zu den *potenziell Bedrohten* zählt heute der Großteil der Bevölkerung, unabhängig von ihrem sozialen Status: nämlich jene Menschen, die aus guten Gründen gemeint haben, die Vorfinanzierung eines höheren Lebensstandards über Kredite mit gutem Gewissen verantworten zu können. Die einen trafen diese Entscheidung, weil sie aufgrund ihrer Ausbildung und ihrer Leistungsbereitschaft an ihre persönlichen Aufstiegschancen glaubten. Andere vertrauten darauf, dass ihre einfachen Jobs im Handel oder in der Industrie bis zu ihrer Pensionierung sicher wären. Und wieder andere ließen sich von den Versprechungen auf hohe Renditen für ihre Ersparnisse zu riskanten Vermögensanlagen verlocken.

Sie alle haben nun Schulden, finanzielle Verpflichtungen an Banken, Tilgungsträger oder Versicherungen, die sie bei einer Veränderung ihrer Einkommenssituation nicht mehr bedienen könnten. Nun haben sich aber Wirtschaft und Arbeitsmarkt in den letzten 15 Jahren drastisch verändert. Die meisten Voraussetzungen, auf denen ihre Lebensplanung aufgebaut war, gelten nicht mehr. Und jemand, der seine Entscheidungen sehr wohl mit Verantwortung durchdacht hat oder dem Rat von Experten in gutem Glauben gefolgt ist, steht nun als der Dumme da. Er oder sie wird von den *relativ Sicheren* als leichtgläubig oder als gierig bezeichnet und dafür verachtet. Die allgemeine Floskel dafür lautet: „Er hat eben über seine Verhältnisse gelebt." Die eigene *Sicherheit* wird hingegen ausschließlich der eigenen Klugheit zugeschrieben. Glück und Zufall, die in vielen Fällen einen erheblichen Anteil daran haben, werden ausgeblendet.

Das obere Segment der *relativ Sicheren* fühlt sich als die neue Elite, welche die *potenziell Bedrohten* pauschal und völlig unkorrekt als die „einfachen Leute" bezeichnet. Sie sind meist zutiefst davon überzeugt, dass an der Zunahme des „Angst-und-Wut-Pegels" ausschließlich „die anderen" beteiligt sind, während sie selbst immer schon vernünftig, tolerant und friedfertig waren und es auch unter Belastung weiterhin bleiben werden. Es hat sich eine Form der Überheblichkeit unter den *relativ Sicheren* breitgemacht, die sich durch die Ansprachen der Politiker, durch die Medien und oft auch durch unsere eigenen Diskussionen zieht.

Doch diese Einstellung hat einen wesentlichen Anteil am problematischen Umgang mit *negativen Gefühlen*. Überheblichkeit und Arroganz sind nicht nur menschlich unangenehme Verhaltensweisen, sie sind auch für uns selbst auf Dauer nicht hilfreich. Die Psychologie zählt sie zu den unbewussten Abwehrstrategien von unerwünschten oder unerlaubten Gefühlen. Indem wir uns über die anderen stellen, uns als grundsätzlich „besser" betrachten, können wir die eigene Angst sowie aggressive Impulse verdrängen. Die Spaltung, die in der Gesellschaft zu sehen ist, findet dann auch im Einzelnen statt: Man hat energiegeladen, optimistisch und erfolgreich zu sein – Angst und Wut dürfen nicht gezeigt werden. Die Unterdrückung funktioniert jedoch nur mittelfristig, sie ist sowohl beim Individuum als auch in Gesellschaften nicht nachhaltig wirksam und führt zu einer weiteren Verschlechterung des Zustands.

Wer sich diesen Erkenntnissen nicht stellen will, läuft Gefahr, beispielsweise nach Job- oder Vermögensverlust ganz plötzlich mit dem ganzen Ausmaß seiner verdrängten Ängste konfrontiert zu werden. Menschen, die sich eben noch über die Wut der *potenziell Bedrohten* empört oder belustigt haben, sehen sich auf einmal selbst damit konfrontiert.

Böses Erwachen

Die kontinuierliche Zunahme von Angst und Wut in der Bevölkerung ist besonders für jene Generationen ein Schock, die in Wohlstand, Frieden und Selbstbestimmung aufgewachsen sind. Die Untervierzigjährigen sind bereits mit dieser neuen Gesellschaftsordnung der permanenten Konkurrenz und der Unsicherheit auf allen Ebenen groß geworden. Sie wundern sich oft über die Erzählungen der Eltern oder Großeltern, wie das Lebensgefühl noch vor kurzer Zeit für die meisten Menschen gewesen ist, als jeder studieren und mit einem guten Job rechnen konnte.

Die aus jener Zeit der Zuversicht kommen, erkennen hingegen oft erst spät, dass sie selbst aufgrund der Veränderungen der Rahmenbedingungen nicht mehr zur Gruppierung der *relativ Sicheren*, sondern inzwischen auch zu den *potenziell Bedrohten* gehören. Die meisten wollen diese Realität nicht wahrhaben, weil sie immer noch überzeugt sind, es würde sich alles weiterhin zum Besseren entwickeln, Krieg und Armut wären endgültig überwunden. Vollbeschäftigung und Sozialstaat unterstützten lange Zeit das hoffnungsvolle Lebensgefühl. Und jetzt soll das alles nicht mehr gelten? Sollten diese Jahrzehnte nur ein kleines Mondfenster in der Geschichte der Ungerechtigkeiten, vielleicht sogar eine Illusion gewesen sein?

Gesellschaft ohne Idealisten?

Der Abbau der sozialen Sicherheiten ging schleichend vor sich. Nach den Jahren des Aufschwungs und der positiven Zukunftsperspektiven bis in die 1980er-Jahre kamen die ersten Einschnitte: Den Zusammenbruch des Ostblocks sowie die Golf- und Balkankriege der 1990er-Jahre wollten viele nur als eine kurze Irritation begreifen.[12] Die Errichtung der Europäischen Union wurde – nach anfänglichen Zweifeln – von vielen begrüßt, sollte sie doch Frieden und Wohlstand dauerhaft absichern. Wer Bedenken äußerte, wurde als Schwarzmaler und Pessimist belächelt.

Doch nun kommen wir nicht mehr zur Ruhe: die Folgen der deutschen Wiedervereinigung, der Osterweiterung der EU, der Einführung des Euros, der Maastricht-Kriterien, der Pensionsreformen, der Agenda 2010, die Verschärfungen der Zumutbarkeitsgrenzen beim Bezug des Arbeitslosengeldes – plötzlich muss überall gespart werden mit deutlichen Auswirkungen für den Großteil der Bevölkerung. Und kaum hatte man sich – zwar mit Mühe, aber doch – zurechtgefunden, folgte mit der Finanzkrise 2008 der nächste Schock: Verluste von Ersparnissen, Kündigungswellen bei Banken und Konzernen, das Diktat der „schwarzen Null" in den Staatshaushalten, die Rettung der Banken unter weiterer Belastung des Mittelstandes, die Rücknahme von Sozialleistungen, die Schuldenbremse, die Rettungsschirme.

Hatte früher kaum jemand darüber nachgedacht, dass Staaten, ja sogar Bundesländer und Kommunen bankrottgehen könnten, so gibt es nun Diskussionen darüber am laufenden Band – von Griechenland über Kärnten bis Berlin –, gefolgt von weiteren Spardiktaten aufgrund einer ständig verschärften Austeritätspolitik.

Die Diskrepanz zwischen den Entscheidungen für Milliarden, die im Rahmen der europäischen Fiskalpolitik in den Geldkreislauf gepumpt werden, und dem realen Erleben, dass das Geld nirgendwo ankommt, ist für die meisten Menschen nicht mehr nachvollziehbar. Weiterhin muss überall gespart werden – außer bei den Vermögenden. „Häuselbauer" und kleine Betriebe hingegen bekommen kaum noch Kredite. Sie fühlen sich in ihrem Handlungsspielraum behindert, während Finanz- und Freihandelsabkommen (CETA, TTIP) sowie Steuerbegünstigungen in erster Linie den internationalen Konzernen und den Vermögenden nützen.

Wir hatten einmal verstanden, dass es die Aufgabe des Staates ist, für seine Bürgerinnen und Bürger auch in Krisen zu sorgen, und zwar für alle, einschließlich jener, die – warum auch immer – nicht zu den „Fleißigen und Tüchtigen" gehören. Es war Konsens, dass in einer Sozialen Marktwirtschaft die Politik die Aufgabe hat, die Kapriolen eines wild gewordenen Kapitalismus einzuschränken, weil dadurch Wirtschaftswachstum und sozialer Friede weitgehend gesichert werden können. Dann wurde Ende der 1990er-Jahre die „neoliberale Wende" für alle sichtbar. Plötzlich wird von einem Staat gesprochen, als wäre er ein Unternehmen: Er müsse „ausgeglichen bilanzieren" und dürfe keine Schulden machen. Seither müssen alle sparen, sparen und nochmals sparen. Und damit es auch jene verstehen, die nicht über finanztechnische Kenntnisse verfügen, brachte der deutsche Finanzminister Wolfgang Schäuble das Bild von der „schwäbischen Hausfrau" ins Spiel, die das Geld zusammenhalten kann.

Eine Zeit lang konnte dafür das Verständnis der Bevölkerung gewonnen werden, weil Sparsamkeit für die meisten Menschen ein hoher Wert ist und volkswirtschaftliches Wissen über die Bedeutung der Staatsausgaben nicht vorausgesetzt werden konnte. Doch bald lernten wir, dass der Begriff „Reformen" für das tägliche Leben der meisten Menschen nichts verbessert, sondern nur als Alibi für Einschnitte in das Sozialsystem verwendet wird: Kürzungen der Arbeitslosengelder, erschwerter Zugang zu Früh- und Invaliditätspensionen, Einschränkung der Leistungen der Krankenkassen, Abbau der Angestellten im öffentlichen Dienst, Schließung von regionalen Krankenhäusern, von Kleinschulen, von Polizeidienststellen, von Postämtern, von Bahn- und Autobuslinien, Reduzierung der Förderungen von Kunst und Kultur, Verzögerungen der öffentlichen Investitionen wie Wohnbau, Straßen- und Brückensanierung, drastische Einsparungsvorgaben für alle Ministerien und vieles mehr.

Und als die Kommunen in bester Absicht ihre finanziellen Mittel ganz nach dem neoliberalen Motto „Lassen Sie Ihr Geld für sich arbeiten" aufbessern wollten und dabei beträchtliche Summen an Steuergeldern auf den Finanzmärkten verspekuliert hatten, waren wir über das Ausmaß der Unwissenheit und Leichtgläubigkeit der Politikerinnen und Politiker entsetzt.

Dann der nächste Schock: In dieses instabile System, in dem sowohl Bürger als auch Institutionen schon seit Jahren starken Belastungen ausgesetzt waren, bricht Mitte 2015 ein unkontrollierbarer Strom an Flüchtlingen und Migranten aus dem arabischen und afrikanischen Raum über Europa herein, von dem vor allem Griechenland, Italien, Österreich, Deutschland und Schweden betroffen sind. Nun werden wir zerrissen zwischen Mitleid und Hilfsbereitschaft angesichts der Menschen in Not, der schrecklichen Bilder aus ihren Heimatländern und rationalen Überlegungen zur Machbarkeit der Integration. Mühsam versuchen wir uns eine Meinung zu bilden im Spannungsfeld von verheißungsvollen Appellen an die Menschlichkeit und den Rufen nach Schließung der Grenzen aufgrund von Überlastung. Dabei werden wir laufend irritiert durch den Zickzackkurs der Regierungen und die Ankündigung einer großen Anzahl weiterer Schutzsuchender und Migranten, die sich Richtung Europa in Bewegung setzen.

Selbst jene, die von ihrer moralischen und politischen Grundhaltung hilfsbereit und solidarisch sind, plagen zunehmend Zweifel, wie die besonders betroffenen Länder die finanzielle und menschliche Belastung der Integration so vieler Menschen schaffen sollen. Ohnmachtgefühle sind die Folge. So wird auch die Kluft zwischen den Idealisten, die immer noch zuversichtlich in die Zukunft blicken, und den Pessimisten oder Realisten, die ihre Chancen auf den Erhalt des Lebensstandards schwinden sehen, ständig größer.

Gesellschaft ohne Mittelstand?

Auch die sogenannte Mittelschicht ist unter starken Druck geraten: Während die Inhaber von Top-Positionen auch bei dramatischen Misserfolgen mit einem „Golden Handshake", mit Abfindungen in Millionenhöhe, verabschiedet werden, gilt für die Angehörigen des traditionellen Mittelstands das Motto „up or out". Entweder man schafft es nach oben oder die Negativspirale beginnt sich zu drehen. Der Abstieg ist oft nicht mehr zu verhindern, wie sehr man sich dann auch anstrengt und die Hoffnung aufrechterhält.[13]

Die Gefahr, im harten Konkurrenzkampf den Job zu verlieren, den Traum vom Aufstieg aufgeben zu müssen, hängt wie ein Damoklesschwert über den Menschen, die keineswegs arm sind, aber auch nicht wirklich reich. Meist verdrängen sie die Angst davor und decken sie mit noch mehr Arbeit zu – so lange, bis sich die Furcht nicht mehr unterdrücken lässt. Ihr Leben war aufgebaut auf zwei Hauptverdiener mit einem ordentlichen Einkommen. Daher konnten die Kinder ihr Wunschstudium beginnen, wurde das Traumhaus mit Garten über großzügig gewährte (Fremdwährungs-)Kredite finanziert und konnte man sich teure Hobbys leisten. Dieser Lebensstandard ist nicht aufrechtzuerhalten, wenn auch nur einer seinen Job verliert und längere Zeit ohne Einkommen ist. Der Schock sitzt dann tief, und wenn auch die Ersparnisse aufgebraucht sind, werden nicht selten radikale Einschränkungen des Lebensstandards notwendig: Da muss das Haus verkauft werden, die Kinder müssen ihr Studium abbrechen und sich eine Arbeit suchen, die erfolgsverwöhnten und ehemals angesehenen höheren Angestellten müssen irgendeinen Job annehmen, um das nun bescheidene Leben zu finanzieren. Nicht selten geht dabei die Ehe zu Bruch und es bleiben nur wenige Freunde, denn der soziale Abstieg wirkt wie ein Stigma, eine ansteckende Krankheit.

Diese Menschen fallen durch alle Netze und leiden meist schweigend: Für Sozialleistungen besitzen sie zu viel, für die Überbrückung der oft lang dauernden Arbeitslosigkeit oder der Zeit nach einem Konkurs sind die Reserven zu gering. Sie haben auch kein Mitgefühl zu erwarten, weil sie ja nicht zu den wirklich Armen gehören. Für diese Schicksale interessieren sich weder die Forschung noch die Politik und auch nicht die Medien – obwohl die Zahl der Betroffenen ständig steigt. Viele melden sich nicht einmal beim Arbeitsamt, weil sie sich schämen und oft auch der Meinung sind, sie wären an ihrem Los ausschließlich selbst schuld, sie hätten versagt. Falls sie sich doch anmelden, müssen sie demütigende bis absurde Situationen aushalten: Da wird einem IT-Spezialisten ein „Fortbildungskurs" verpflichtend vorgeschrieben, dessen Trainer nur halb so viel weiß und der mit einer veralteten Programmversion arbeitet. Oder eine Geschäftsführerin, die Verantwortung für ein produzierendes Unternehmen mit Millionenumsätzen hatte, muss einen Basiskurs in Projektmanagement besuchen. Leistungsbereitschaft und Eigeninitiative der Arbeitssuchenden werden einerseits gefordert und andererseits zugleich als störend empfunden.

Junge und Ältere ohne Perspektive?

Ein großer Teil der jungen Erwachsenen kann von Erwerbsarbeit kaum noch Wohlstand erwirtschaften, weil das gesamte Gehalt für die Kosten des täglichen Lebens aufgewendet werden muss: In den Städten können sich viele die Miete für eine adäquate Wohnung nicht mehr leisten; und obwohl meist beide Partner berufstätig sind, bleibt der Wunsch nach einem Eigenheim auf Jahre unerfüllt. Etwas abgemildert wird die Misere nur noch durch Erbschaften von der wohlhabenden Elterngeneration. Wer da nicht wenigstens eine ausfinanzierte Eigentumswohnung zu erwarten hat, bleibt auf der unteren Stufe der Einkommenspyramide stehen. Dann haben die Menschen die Wahl, ob sie sich ein Auto *oder* regelmäßige Urlaubsreisen leisten wollen. Und wenn sie hören, dass sie bereits in jungen Jahren beginnen sollten, für die „dritte Säule" ihrer Pension durch Ansparmodelle vorzusorgen, befällt viele die blanke Wut: Wenn es nicht einmal zum Leben reicht, wovon soll ich denn noch sparen?

Menschen, die (noch) einen Arbeitsplatz haben, gehen aus Angst, ihn zu verlieren, nicht mehr auf Urlaub und möglichst nicht in den Krankenstand, um sich jederzeit verfügbar zu halten. Auch wenn viele Junge behaupten, das würde ihnen Spaß machen, sie würden diese Art der Herausforderung und Höchstleistungen lieben, zeigt sich dann anhand der Statistik über die Zunahme des Medikamentenkonsums, wie hoch der gesundheitliche und soziale Preis ist, den sie selbst und die Gesellschaft dafür bezahlen.

Auch das Versprechen, dass „Bildung" das Zauberwort gegen Arbeitslosigkeit wäre, glauben Menschen, die auch nur über etwas Kombinationsgabe verfügen, schon lange nicht mehr: Was soll eine Wirtschaft, in der die Jobs aller Voraussicht nach nicht mehr werden, mit all den Akademikern anfangen? Also bietet auch die Höherqualifikation keine Sicherheit, zumal der Einstieg ins Berufsleben gerade für Akademikerinnen und Akademiker immer später erfolgt. Nicht etwa, weil die Jungen ihre Studienzeit „verbummeln" würden, sondern weil sie nach dem Abschluss oft jahrelang von einem unbezahlten Praktikum zum nächsten wandern.

Deshalb ist es auch für viele Junge heutzutage keine Selbstverständlichkeit mehr, dass sie Familien gründen. Nicht nur, dass sie sich fragen, ob sie in solch unsicheren Zeiten überhaupt Kinder in die Welt setzen wollen, haben sie auch große existenzielle Sorgen: ob sie sich Kinder leisten können, wie sie Beruf und Familie vereinbaren sollen, ob man einen Kindergartenplatz findet, der den Anforderungen an Erziehung und frühkindliche Bildung auch gerecht wird – und ob man diesen dann finanzieren kann. Der junge Autor in „Die Zeit" schreibt über seine Wut, die ihn befällt, wenn Jugendforscher seiner Generation unterstellen, sie würde nicht rechtzeitig für ihre Renten vorsorgen, obwohl das Geld kaum zum Leben reicht: „Die Babyboomer hatten in unserem Alter schon Kinder, Autos und Häuser. Wir haben wechselnde Beziehungen, ein Fahrrad und den Dispo am Anschlag."[14]

Auch das Privatleben wird für die meisten immer anstrengender und komplizierter: Die Beziehungen zu (Ex-)Lebenspartnern, Kindern, Eltern und Freunden erfordern einen hohen Grad an Belastbarkeit und vor allem – Zeit. Doch davon haben alle immer weniger, weil wir immer mehr Stunden in der Erwerbsarbeit verbringen (müssen) und Verwandte und Freunde oft nicht mehr im selben Ort, ja nicht einmal auf demselben Kontinent leben. So wird auch der Zusammenhalt der Familie laufend schwächer. Freunde in allen Ländern der Welt zu haben und jederzeit mit ihnen skypen zu können oder auf Facebook viele Likes zu bekommen, wird dann als Ersatz herangezogen, kann jedoch die emotionalen Bedürfnisse nicht ausreichend befriedigen.

Dazu kommt die wachsende Zahl der Älteren, die zwar länger arbeiten sollten, jedoch bereits ab 45 Jahren keine adäquaten Jobs mehr finden. Zugleich bekommen wir in Fernseh-Dokumentationen glückliche 80-Jährige als Vorbilder vorgesetzt, die voll von Begeisterung und bei bester Gesundheit noch einen sinnvollen Beruf ausüben. Bei näherer Betrachtung realisieren wir, dass kein einziger von den gezeigten Personen ein Arbeiter oder eine Altenpflegerin ist, sondern dass es sich um selbstständige Freiberufler handelt – um Apotheker, Rechtsanwälte, Ärztinnen, Weinbauern oder Künstlerinnen –, die sich die Zeit selbst einteilen und ihre Ziele selbst setzen und daher keineswegs mit anderen Berufen vergleichbar sind. Wenn wir dann lesen, dass in den Konzernen und staatsnahen Betrieben wieder Tausende von qualifizierten Mitarbeitern über 50 Jahren abgebaut werden sollen, weil sie zu teuer sind, dann steigt die Wut hoch.

Doch damit nicht genug: Wenn wir gedacht haben, die Pensionen wären sicher, so müssen wir zähneknirschend zur Kenntnis nehmen, dass die Ersparnisse nicht nur keinen Ertrag mehr bringen, sondern Fehlspekulationen der Versicherungen und die kalte Progression diese sogar in der Substanz schrumpfen lassen. Somit können wir uns weder einen schönen Ruhestand noch ein gut geführtes Pflegeheim leisten. Und wenn der Sozialstaat weiter abgebaut wird, wächst die Angst vor dem Alleinsein und vor der Armut.[15] Dann steigt die Wut auf, weil man ein ganzes Leben hart gearbeitet, sich für „seine" Firma über das notwendige Maß hinaus engagiert hat – und jetzt aus dem System gefallen ist und ohne Sicherheiten dasteht.

Der österreichische Gesundheitsbericht weist auch 2016 wieder eine neue Höchstmarke für die Anzahl jener Tage aus, die Arbeitnehmerinnen und Arbeitnehmer aufgrund von psychischen Problemen im Krankenstand verbringen. Die Belastungen in der heutigen Konkurrenz- und Krisengesellschaft sind schon seit Jahren hoch und steigen immer noch weiter.

Während die Bezieherinnen und Bezieher der Mindestsicherung in Österreich noch halbwegs über die Runden kommen, ist die Problematik von Hartz-IV-Empfängern in Deutschland inzwischen hinlänglich bekannt: Minijobber und Mindestrentnerinnen führen zusammen mit gestrandeten Migranten und illegalen Zuwanderern in abgewohnten Siedlungen in den sozialen Brennpunkten der Städte ein Leben abseits der Wohlstandsgesellschaft. So verwundert es nicht, dass dort der „Angst-und-Wut-Pegel" besonders hoch ist.

Der Grad der Bedrohung wird neben der finanziellen Lage vor allem durch Aussichtslosigkeit und das Empfinden von Ungerechtigkeit bestimmt. Menschen können nach Naturkatastrophen, ja sogar nach Kriegen ungeahnte Kräfte für den Wiederaufbau mobilisieren, weil sie das Schlimmste hinter sich haben und nun nach vorne schauen können. Da gibt es etwas zu tun und meist ist auch ersichtlich, welche Entscheidungen und Aktivitäten Erfolg versprechen. Der wirtschaftliche Aufschwung war durch den Satz gekennzeichnet: „Meine Kinder werden es einmal besser haben." Nun schwindet diese Hoffnung: Eltern und Kinder sehen mit Sorge in die Zukunft und Großeltern unterstützen mit ihren guten Pensionen oft bereits zwei jüngere Generationen.

Ein angemessener Umgang mit Angst und Verzweiflung, mit Wut und Hass, mit Scham und Schuld sowie mit Ohnmachtgefühlen zählt für uns alle zu den Grundkompetenzen eines selbstbestimmten Lebens. In friedlichen Zeiten erleichtert er die Entscheidungsprozesse und die Kommunikation, in Krisen wird er überlebensnotwendig.

Was tun?

Die in vielen Ratgebern vorgeschlagene Einteilung von Ängsten in solche, die realistisch, und jene, die diffus oder irrational sind, ist in Krisenzeiten nicht mehr hilfreich. Niemand kann Wahrscheinlichkeiten angeben, mit denen Ereignisse eintreten, und entscheiden, ob Ängste und Wut begründet oder „nur" eingebildet sind, wie im Hollywood-Blockbuster „Fletcher's Visionen"[16]: Zuerst hält man den Hauptdarsteller für verrückt, um dann mit Beklemmung festzustellen, dass er der Einzige ist, der die Lage richtig einschätzt. Selbst seriöse Meinungsforschung, wissenschaftliche Studien und Statistiken vermögen heute kaum noch Sicherheit zu vermitteln: Wahlprognosen liegen immer öfter falsch, plausible Studienergebnisse werden durch die nächste ebenso plausible Publikation widerlegt, von eben noch geltenden Statistiken erfährt man, dass sie manipuliert wurden. Viele – auch der Rationalität verpflichtete – Entscheidungsträger greifen auf Astrologie oder Kartenlegen zurück, weil deren Fehlerquoten auch nicht größer sind.

Die Abgrenzung zu krankhaften Angststörungen, zu Phobien, zu Panikattacken ist allerdings unbedingt notwendig, denn diese behindern eine Teilhabe am „normalen" Leben und benötigen professionelle Behandlung durch Ärzte und Psychotherapeuten. Viele leichte bis mittelschwere Formen von Angst und Wut lassen sich aber (neben den später beschriebenen mentalen Techniken) kurzfristig durch praktische Maßnahmen zur Verringerung der realen Bedrohung reduzieren.

Meine Tipps aus dem Coaching: Handlungsspielräume ausloten

Wir können zwar die aktuelle gesellschaftliche Entwicklung nicht unmittelbar beeinflussen, und selbst wenn der Umschwung sichtbar wird, dauert es viele Jahre, bis der „Angst-und-Wut-Pegel“ sinkt. In der Zwischenzeit können wir einerseits sofort Maßnahmen ergreifen, die den persönlichen Druck verringern, und andererseits an der Entwicklung und Stärkung unseres *mental-emotionalen Systems* arbeiten.

Gesundheit: Werfen Sie Ballast ab

Anstatt sich durch Ehrgeiz, Lifestyle-Angebote, Diätvorschriften und unzählige Verhaltensregeln noch mehr zu stressen, werfen Sie lieber Ballast ab. Dazu muss man einfach nur *weniger* essen und sich *mehr* bewegen. Auch hilft es, die Anzahl der Gegenstände, die man besitzt, deutlich zu reduzieren, indem man sich von Kleidung, Büchern und was sonst noch die Räume füllt, radikal trennt.[17] In westlichen Industrienationen besitzt jede Person einige Tausend Gegenstände. Man muss ja nicht gleich – wie es Extremisten versuchen – mit 250 Gegenständen auskommen wollen, aber weniger Teile bedeuten weniger Arbeit für den Ankauf, für die Instandhaltung oder Aufbewahrung sowie für die Entsorgung – und daher weniger Stress.

Und wenn Ihnen wieder einmal alles zu viel geworden ist, machen Sie die *Zeitlupenübung*: Führen Sie jede Bewegung des Alltags halb so schnell aus wie sonst (dies klingt banal, hat aber große Wirkung bei geringem Zeitaufwand).

Beruf: Wählen Sie eine Doppelstrategie

Geben Sie die Illusion auf, dass Ihr Job sicher wäre, nur weil Sie kompetent und fleißig sind. Es gibt heute keine Garantien mehr auf kontinuierliche Erwerbstätigkeit. Anstatt sich permanent Sorgen zu machen, behalten Sie diskret Ihre Chancen auf dem Arbeitsmarkt im Auge. Lesen Sie die Stellenanzeigen, reden Sie mit Headhuntern und nehmen Sie sich Zeit, ein Netzwerk aufzubauen – sowohl firmenintern mit Kollegen als auch außerhalb. Und wenn Sie Ihren Job verloren haben, reden Sie mit Freunden darüber – es ist heute keine Schande mehr und die privaten Kontakte sind oft vielfältiger, als man vermutet hätte.

Bei Konflikten mit Vorgesetzten und Kollegen brauchen Sie eine dickere Haut – man muss nicht jedes Wort auf die Goldwaage legen. Auch wenn Sie verständlicherweise menschliche Anerkennung, eine gute Arbeitsatmosphäre, eine interessante Tätigkeit und Entwicklungsmöglichkeiten schätzen, so sollten Sie überlegen, ob sich der Aufwand für einen Wechsel lohnt. Denn erstens kommt man meist vom Regen in die Traufe, weil alle Unternehmen unter einem ähnlichen Druck stehen, und zweitens wird das Gehalt für eine vergleichbare Tätigkeit wahrscheinlich um bis zu 20 Prozent niedriger sein.

Setzen Sie Ihre Mehrarbeit und Ihre Loyalität in Szene, sonst wird man sie nicht wahrnehmen. Auch wenn Sie meinen, eine Prämie verdient zu haben, müssen Sie diese extra einfordern und durchsetzen, man wird sie Ihnen nicht automatisch geben. Dasselbe gilt für Gehaltserhöhungen, Dienstreisen, Urlaubstage, mehr Mitarbeiter – im Grunde genommen müssen Sie in Großorganisationen alles erkämpfen. Ausgenommen sind nur kleine und mittlere Unternehmen, in denen die Eigentümer noch selbst entscheiden und den Satz „Die Mitarbeiter sind unser höchstes Gut" auch wirklich umsetzen können.

Allgemein gilt die Empfehlung: Streben Sie weniger nach Selbstverwirklichung und beachten Sie verstärkt den Status und die *Position* der Beteiligten – auch wenn die offizielle Unternehmenskultur mit ihren flachen Hierarchien „Partnerschaftlichkeit" nahelegt. Prüfen Sie, ob Sie im Beruf zu viel „geliebt werden wollen", und verlagern Sie Ihre Bemühungen um Nähe, Offenheit und Vertrauen in Ihre privaten Beziehungen. Lernen Sie Leistungsbeziehungen von Herzensbeziehungen[18] zu unterscheiden und Kooperation, Kampf und Versöhnung im stetigen Wechsel zu akzeptieren. Wollen Sie Machtspiele gut parieren, benötigen Sie selbst mehr Macht-Kompetenz.[19]

Entscheiden Sie sich auch bei großer Unzufriedenheit pragmatisch für die Doppelstrategie *Bergwerk und Ehrenamt*: Machen Sie im Brotjob Ihre Arbeit so gut wie möglich, ohne sich dabei völlig zu verausgaben, nehmen Sie die „Lohntüte" in Empfang und suchen Sie den Sinn in einem freiwilligen sozialen oder politischen Engagement – oder in der Familie. Leben Sie Ihre *rebellischen Ambitionen* nicht im Job aus, denn der soll ihre Miete bezahlen. Dass Arbeit Spaß machen muss oder Berufung sein soll, ist ein veraltetes Konzept aus den Jahren der Vollbeschäftigung – und diese sind bekanntlich vorbei.

Geld: Sichern Sie sich für den Ernstfall ab

Haben Sie sich schon einmal mit dem Worst-Case-Szenario auseinandergesetzt, mit dem schlimmsten Fall, der in Ihrer finanziellen Situation eintreten könnte? Wie werden Sie beispielsweise leben, wenn der Hauptverdiener oder die Hauptverdienerin für längere Zeit ausfällt? Wie sehr müssen Sie Ihr Leben ändern, wenn es keine entsprechende Arbeit und kein gewohntes Einkommen mehr gibt?

Wer die dramatischsten Vorfälle schon im Vorfeld einmal durchdacht hat, den trifft der Schock dann möglicherweise nicht so hart, sollte etwas davon eintreten. Sie sollten das „Was wäre wenn" mit Ihrer Familie und Ihren besten Freunden durchgesprochen haben, bevor die Lage ernst wird und Panik das klare Denken behindert. Das Benennen von Ungeheuerlichkeiten macht wahrscheinlich im ersten Moment noch mehr Angst, es ist jedoch die Voraussetzung, um brauchbare Lösungen zu finden. Und man sollte nicht vergessen: Für den schlimmsten Fall vorgesorgt zu haben heißt noch lange nicht, dass dieser auch eintritt. Es ist sinnvoller, einen „Katastrophenplan" zu entwickeln, anstatt sich ständig weiter zu fürchten. Man kann ihn ja mit gutem Gewissen in die Schublade legen.

Eine besonders schwierige Frage in Krisenzeiten lautet: Wie soll ich Geldreserven anlegen und wie sicher ist mein Besitz? Anstatt ständig zu grübeln, machen Sie eine Bestandsaufnahme aller Ihrer Vermögenswerte: Aktien, Wertpapiere, Unternehmensanteile, Versicherungsverträge, Konten, Sparbücher, Bargeld, Gold, Antiquitäten, Kunst, Immobilien etc. Bewerten Sie die einzelnen Positionen nach dem Aspekt der Sicherheit. Das kann man natürlich nur nach dem heutigen Stand des Wissens einschätzen – Garantien gibt es ohnedies keine. Lösen Sie sich bei dieser Analyse gedanklich vom Wunsch nach der Vermehrung des Vermögens – was ja meist der ursprüngliche Grund für diese Anlageform war. Entscheiden Sie dann, welchen Anteil Sie für die Absicherung des Ernstfalles verwenden wollen.

Das Spektrum der Vorsorge reicht (abgesehen von einigen Extremisten, die sich mit Survival-Trainings auf ein Überleben in der freien Natur vorbereiten) vom Anstreben der völligen Autarkie bis zur Aufgabe jeglichen Sicherheitsdenkens. Im ersten Fall erwirbt man einen Bauernhof mit einer eigenen Quelle, stellt die Energieversorgung über Generatoren oder Sonnenkollektoren sicher, lagert Lebensmittel, Saatgut, Hygieneartikel und Medikamente ein, plant die Anreise zu diesem Ort auch nach dem Zusammenbruch der öffentlichen Verkehrsmittel, sorgt für unterschiedliche Zahlungsmittel wie Bargeld in Münzen und kleinen Scheinen sowie Goldmünzen in kleinen Stückelungen, erwirbt einen Waffenschein oder erlernt Selbstverteidigungstechniken. Zudem ist der „Fluchtrucksack“ mit den wichtigsten Dokumenten und den notwendigsten Utensilien stets fertig gepackt. Das mag vielleicht übertrieben klingen, doch die Verbraucherstatistiken dieser Artikel zeigen einen deutlichen Trend in diese Richtung auf.

Menschen mit weniger finanziellen Möglichkeiten folgen zumindest den allgemeinen Katastrophenschutzplänen der Regierungen und richten sich in ihrer Wohnung, in ihrem Garten so ein, dass sie diese im Falle einer plötzlichen Krise zumindest einige Tage nicht verlassen müssen. Anregungen dafür liefert Marc Elsberg in seinem realistischen Roman „Blackout – Morgen ist es zu spät.“[20]

Am wichtigsten ist jedoch die Auseinandersetzung damit, wie man ganz ohne materielle Sicherheiten leben könnte. Wir tun gut daran, die Vorstellung abzulegen, dass unser gewohnter Wohlstand und unsere Sicherheiten für immer garantiert sind, und uns mental darauf vorzubereiten, wie wir dann leben würden.

Viele Menschen haben in guten Zeiten ihre laufenden Kosten bis knapp unter oder oft auch über die Belastungsgrenze hinaufgeschraubt. Schon minimale Veränderungen der Lebenslage können das ganze System zum Kippen bringen. Nach einer Durchforstung des Haushaltsbudgets sollten die Fixkosten daher so gestaltet werden, dass sie bei Bedarf leicht zu reduzieren sind. Damit gerät auch die Frage ins Bewusstsein, worauf man keinesfalls verzichten möchte, was eigentlich lebensnotwendig ist.

Man kann aber auch zu dem Schluss kommen, dass es keinen Sinn macht, auf finanzielle Sicherheit zu setzen, und sich entscheiden, lieber jetzt das Leben zu genießen. Dann kann man mit gutem Gefühl erst recht konsumieren oder investieren. Wer nichts mehr besitzt, muss keine Angst mehr haben, es zu verlieren, und kann sich auf kreative Lösungen konzentrieren.

Gesellschaft und Weltlage: Engagieren Sie sich oder warten Sie bewusst ab

Die neuen Spielregeln in Wirtschaft und Gesellschaft haben Auswirkungen auf unsere Entscheidungen und die Art der Kommunikation. Persönliche und politische Machtstrategien unterliegen einem subtilen Wertewandel, den man durchschauen muss, wenn man sich richtig verhalten will. Man benötigt dafür Zeit für die Suche der entsprechenden Information und für eine Auseinandersetzung damit, um Manipulation von Fakten unterscheiden zu können. Machen Sie sich erst ein differenziertes Bild von der gesellschaftlichen und politischen Lage und entscheiden Sie erst dann, wofür Sie sich aktiv engagieren wollen: Treten Sie einer bestehenden Partei bei, gründen Sie eine neue oder eine zivilgesellschaftliche Initiative – ganz im Sinne des Bändchens „Empört Euch!" von Stéphane Hessel[21], das in kürzester Zeit zum Bestseller wurde. Oder betreiben Sie einen Blog wie beispielsweise Ken Jebsen, der nach seiner Entlassung als Journalist nun seine eigene Sichtweise kundtut.[22]

Wenn Sie sich nicht persönlich engagieren wollen, so genießen Sie möglichst die Annehmlichkeiten, die unser System noch bietet, denn die Entwicklung schreitet durch die Summe aller Aktivitäten auch ohne Sie voran. Wir sollten uns jedenfalls auf drastische Veränderungen unserer Gesellschaftsordnung einstellen und überlegen, wie wir damit zurechtkommen werden.

Büchergelehrsamkeit vermehrt zwar die Kenntnisse,
aber erweitert nicht den Begriff und die Einsicht,
wo nicht Vernunft dazukommt.

Immanuel Kant

TEIL II: PSYCHOSOPHIE – SCHULE DER VERNUNFT

FÜHLEN
DENKEN
ENTSCHEIDEN

Zorn, Abscheu, Wut, Angst
waren verronnen ...
in den Kämpfen der Seele
hat niemand schuld!

Robert Musil

1. KAPITEL: DIE BOTSCHAFT DER GEFÜHLE VERSTEHEN

Die komplexen Herausforderungen unserer Zeit verlangen eine höhere Kompetenz im Umgang mit unserem Denken und unseren Gefühlen, um die Vielzahl der Informationen richtig einordnen und unsere Reaktionen besser steuern zu können. Wie viele Menschen spüren wir zwar, dass eine Weiterentwicklung notwendig wäre, wir wissen jedoch meist nicht genau, wie wir diese anstoßen sollen. So mühen wir uns oft im Versuch-Irrtum-Verfahren oder suchen nach Vorbildern. Doch wer kann im persönlichen Umfeld, in Religionsgemeinschaften und in der Politik noch als Vorbild dienen?

Wollen wir das Leben selbstbestimmt gestalten, müssten wir Zeit und Kraft in die Entwicklung unseres *mental-emotionalen Systems* investieren, um unsere Entscheidungs- und Kommunikationsfähigkeit deutlich zu verbessern. Dazu benötigen wir allerdings eine *Bedienungsanleitung für das Gehirn*. Dieses hochkomplexe Organ ist das einzige Instrument, das uns zur Bewältigung von Problemen zur Verfügung steht, und doch widmen wir ihm meist nur wenig Aufmerksamkeit. Wir bringen zwar unser Auto zur Überprüfung in die Werkstatt, installieren Antivirenprogramme auf unserem Computer und gehen zur Gesundenuntersuchung, unser Gehirn hingegen wird die längste Zeit sträflich vernachlässigt, weil wir davon ausgehen, dass es von selbst funktioniert. Es würde jedoch unser Leben – und das unserer Mitmenschen, ja sogar der gesamten Gesellschaft – sehr erleichtern und bereichern, behandelten wir unser Gehirn sachgerecht. Die Kommunikationstrainerin Vera Birkenbiehl meinte in ihrem Klassiker „Stroh im Kopf?", wir müssten uns vom „Gehirnbesitzer zum Gehirnbenutzer" entwickeln.[23] Wir sollten unseren Denkapparat nicht nur regelmäßig „entschlacken" und trainieren, sondern auch seine schlummernden Potenziale wecken.

Auslöser für die Bereitschaft zur Weiterentwicklung ist entweder Neugier oder Leidensdruck. Es gibt Menschen, die leicht und gerne lernen – einfach aus Interesse. Wenn sie sich für eine neue Sportart, eine Fremdsprache oder ein Software-Programm interessieren, wählen sie ein Trainingsprogramm oder besuchen einen Kurs. Mit einiger Ausdauer und unter sachkundiger Anleitung verfügen sie bald über die neuen Fähigkeiten. Die meisten Menschen verändern ihr Verhalten allerdings erst durch Zwang oder leidvolle Erfahrungen.

Beide Varianten sind anstrengend – doch beim Lernen aus Verzweiflung bleibt das unangenehme Gefühl, ein Opfer der Umstände zu sein. Dadurch wird der Erfolg mitunter verhindert und der Schmerz unnötigerweise verlängert. Beim freiwilligen und vorausschauenden Lernen hingegen kann man die Anstrengung positiv empfinden und fühlt sich als aktiver Gestalter seines Lebens.

Die folgenden Anregungen zeigen, wie ein solcher Entwicklungssprung des *mental-emotionalen Systems* gelingen kann. Der theoretische und methodische Unterbau kommt gleichermaßen aus der Psychologie wie aus der Philosophie, weshalb er hier als *Psychosophie* bezeichnet wird. Wir lernen, unsere begrenzten *etablierten Denk-Systeme* auszubauen und zielgenauer einzusetzen. Doch wir verharren nicht bei den alten Dimensionen des Verstandes und auch nicht bei einer Vorstellung von Vernunft, die nur auf Anpassung ausgerichtet ist. Vielmehr versetzen wir uns in die Lage, die Botschaft *aller Gefühle* – auch der negativen – zu entschlüsseln und sie als *emotionale Energiequellen* zu nutzen. Damit erreichen wir eine neue Ebene der Entscheidungsfähigkeit, die wir hier als *Meta-Vernunft* bezeichnen wollen. Mit diesem Entwicklungssprung können wir unser Leben schöpferisch gestalten und sind nicht mehr von den Genen, der Erziehung oder der Bildung abhängig.

Gefühle wahrnehmen

Gefühle und Gewohnheiten werden in den meisten Theorien als Gegenspieler zum Verstand und auch zur Vernunft gesehen: Wer emotional ist, gilt auch gleich als unvernünftig, wer an Gewohnheiten hängt, als zwanghaft. Wir wissen heute jedoch, dass die Bereiche von Fühlen und Denken nicht so fein säuberlich zu trennen sind und dass es einen regen Austausch zwischen ihnen gibt. Diesen können wir bewusst nutzen, um unter anderem zu lernen, wie man negative Emotionen, sogar Vorurteile zur Grundlage für tragfähige Entscheidungen macht. Man muss Gefühle nicht unterdrücken und kann sie in eine sinnvolle Beziehung zum Verstand setzen, ohne sich von möglichen Widersprüchen irritieren zu lassen.

Psychologie und Psychotherapie haben in den letzten hundert Jahren ausreichende Erkenntnisse über Wirkung und Bedeutung der Gefühle geliefert. Auch wenn sich die wissenschaftlichen Schulen keineswegs in ihren Einschätzungen einig sind, so können wir dennoch für unseren Alltag daraus brauchbare Schlüsse ziehen:

Gefühle sind Reaktionen auf innere und äußere Auslöser. Einerseits nehmen wir Reize aus dem Körper wahr, was der Psychotherapeut Wilhelm Reich als „Organ-Empfindungen“[24] bezeichnet. Andererseits gelangen Signale aus der Außenwelt über unsere Sinnesorgane in unser Gehirn. Beide lösen entweder Schmerz oder Lust aus. Aus diesen einfachen Reaktionen entstehen differenzierte Gefühle: von der Angst bis zur Panik, vom Ärger bis zum Hass, von Genuss oder Freude bis zur Euphorie. Wie wir Empfindungen beurteilen, hängt von den Erlebnissen in unserer Kindheit, aber auch von der Einstellung der jeweiligen Gesellschaft ab. Westliche Kinobesucher waren deshalb auch über folgende Szene eines Dokumentarfilms über Nepal verwundert: Als ein älterer Mann von einem Reiseführer als Sherpa abgelehnt wurde, warf er sich, vor Zorn laut schimpfend, auf den Bauch und schlug mit den Fäusten auf den Boden. Danach stand er ruhig auf, klopfte den Sand aus den Kleidern und ging lächelnd mit erhobenem Haupt davon. In unserer Kultur wäre ein solches Verhalten undenkbar – hier ernten Mütter bereits strafende Blicke, wenn ihr Kleinkind im Supermarkt einen Trotzanfall bekommt.

Nur ein ganz geringer Anteil des Ausdrucks von Gefühlen ist in allen Kulturen gleich. Aber ob Tränen fließen oder die Miene versteinert, wenn jemand traurig ist, ob sich Freude nur durch ein leichtes Glitzern der Augen oder durch lautes Geschrei äußert, hängt von den Werten des Individuums wie auch der Gemeinschaft ab. Jeder Mensch hat ein System errichtet, mit dem er meist unbewusst filtert, welche Gefühle er zulassen und welches Verhalten er vermeiden will und soll.

An dieser Stelle werden wahrscheinlich viele Psychotherapeuten, Energetiker und Pädagogen widersprechen, weil sie eine bestimmte Vorstellung vom „freien Fluss der Gefühle und der Energien" haben. Doch wir verfolgen hier die These, dass es sich auch dabei um eine „Norm" handelt, die Klientinnen und Klienten zu erfüllen haben: Sie finden sehr schnell heraus, wie der „richtige Urschrei" zu klingen hat oder wie man auf der Couch des Psychoanalytikers richtig assoziieren muss. Diese Annahme wollen wir hier nicht weiter vertiefen, denn für die Selbstentwicklung unseres *mental-emotionalen Systems* ist vor allem die Erfahrung wesentlich, dass wir psychischen Prozessen nicht hilflos ausgesetzt sind. Wir können Gefühle auch selbst steuern, indem wir lernen, diese meist automatisch ablaufenden Vorgänge bewusst wahrzunehmen und darüber zu entscheiden, ob und wie wir sie ausdrücken wollen.

Verdrängung als Notlösung

Zur Bewältigung *negativer Gefühle* bieten sich grundsätzlich zwei Wege an: Verdrängung oder Selbsterkenntnis. Manche Menschen kommen ganz gut durch das Leben, ohne sich selbst gut zu kennen. Auch wenn die Meinung ihrer Umgebung oft stark von ihrem Selbstbild abweicht, lassen sie sich durch solche Ungereimtheiten nicht verunsichern. Einige von ihnen behalten diese Einstellung bis in den Tod. Sie trotzen Krankheiten und Krisen unter dem Motto „Was mich nicht umbringt, macht mich stärker" und ertragen ihr Schicksal mit erhobenem Haupt. Andere werden durch die Vermeidung der *Selbstreflexion* aber nicht stärker, sondern nur härter – nicht selten sogar gnadenlos und unerbittlich. Despotisch oder aggressiv sehen sie die Schuld grundsätzlich bei allen anderen, nur nicht bei sich selbst, und lehnen daher auch prinzipiell jede Verantwortung für ihre Lebenslage ab. Man sieht sie im Alter oft verbittert und vereinsamt mit dem Leben hadern – oder die vermeintlichen Feinde fanatisch bekämpfen.

Verdrängung wird im psychotherapeutischen Umfeld häufig negativ bewertet, weil sie Energien bindet, wohingegen Selbstreflexion und Selbsterkenntnis einen hohen Stellenwert einnehmen, obwohl diese auch erst einmal einiges an Kraft kosten. Daher ist vielleicht auch zu wenig bekannt, dass das Vergessen von traumatischen Ereignissen und den damit verbundenen Gefühlen eine lebensnotwendige Fähigkeit darstellt, um Krisen zu überstehen. Wenn beispielsweise körperliche oder psychische Gewalterfahrungen so erdrückend sind, dass das *mental-emotionale System* sie nicht verarbeiten kann, dann schaltet es auf „Notfallmodus". Alle hiermit zusammenhängenden Umstände werden verdrängt und man nimmt die damit verbundenen Gefühle nicht mehr wahr, weil man sonst den Alltag nicht bewältigen könnte. Wie stark dieser Überlebensmechanismus in Extremfällen sein kann, wird uns etwa in Dokumentationen über Kriege oder Verbrechen vor Augen geführt, die zeigen, wie unterschiedlich Menschen mit Gräueltaten umgehen.

Aber auch weniger dramatische Situationen werden abgespalten, um das System funktionsfähig zu halten. Verdrängung ist manchmal durchaus notwendig und sinnvoll, um Belastungen zu ertragen, wenn für die Verarbeitung der Gefühle keine Kraft oder keine Zeit zur Verfügung steht. Dies geschieht vor allem in der Kindheit, um mit widrigen Umständen irgendwie zurechtzukommen. Kinder sind in der Lage, sich an nahezu jede, noch so grausame, Situation anzupassen. Nur so ist zu verstehen, wie sie als Kindersoldaten oder Kinderprostituierte überleben können. Ihre schwere Traumatisierung kann erst behandelt werden, wenn sie in Sicherheit sind.

Aber auch im Erwachsenenalter ist es nicht ratsam, *während* einer Krisensituation zu reflektieren, weil das zu viele Ressourcen verbrauchen würde. Da geht es einfach darum, einen Schritt vor den anderen zu setzen und nur das Notwendigste zu tun. Wir können uns das wie eine Szene in einem Western vorstellen: Nachdem der Sheriff sein Pferd erschießen musste, schleppt er sich zu Fuß durch die Steppe, ohne Wasser, der glühenden Sonne ausgesetzt. Derjenige, der dabei wachsam bleiben kann, wird jede kleinste Gelegenheit zu seiner Rettung wahrnehmen und damit zum Helden werden. Der Antiheld hingegen versinkt in Selbstvorwürfen oder Rachefantasien und übersieht dabei die naheliegenden Chancen. Menschen, die unter starken Belastungen ihre Gefühle verdrängen und das Denken im Lösungsmodus halten können, haben wesentlich größere Überlebenschancen als solche, die ihre Emotionen oder Zweifel nicht kontrollieren können.

Wenn das *mental-emotionale System* unter Druck letztlich dennoch kippt, sollte man einen geschützten Ort suchen, an dem man sich „verkriechen" kann und im besten Fall auch mit dem Notwendigsten versorgt wird, um wieder halbwegs zu Kräften zu kommen. Den Menschen in der Umgebung ist zu raten, für Ruhe zu sorgen, den Betroffenen nicht mit Fragen zu belasten, die zur Selbstreflexion zwingen, sowie Vorwürfe und Grundsatzdebatten zu vermeiden. Will er von selbst reden, ist einfaches Zuhören, ohne dazu eigene Kommentare abzugeben, die beste Medizin. Wird der Zustand lebensbedrohlich und kehrt durch Ruhe keine Besserung ein, sollte man einen Arzt oder einen Therapeuten wählen, der in der Lage ist, einen rasch zu stabilisieren, aber nicht versucht, mit sogenannten „aufdeckenden" oder alternativen Methoden eine tief greifende Heilung der zugrundeliegenden Probleme zu bewirken. Sehr gut geeignet für psychische Extrembelastungen sind Trauma-Therapeuten, die Erfahrung mit der Akutbehandlung von Unfall- oder Gewaltopfern haben, denn diese können auch wirklich erste Hilfe anbieten.

Sobald sich die Lage gebessert hat, sollte jedoch eine grundlegende Sanierung des *mental-emotionalen Systems* erfolgen: Wie ein in der Krise nur notdürftig geschienter und deshalb schlecht zusammengewachsener Knochen in einer späteren Operation gerade gerichtet werden kann, so lassen sich auch verdrängte Gefühle wieder ins Bewusstsein holen und aufarbeiten. Bleiben alte Verletzungen jedoch unbehandelt oder wurden im *Notfallmodus* zu viele Teilsysteme „abgeschaltet", nimmt der Mensch auf Dauer ernsten Schaden oder belastet seine Mitmenschen über Gebühr. Er sitzt auf einem Pulverfass, das jederzeit zu explodieren droht, weil der Kraftaufwand, den er benötigt, um den Alltag zu bewältigen, laufend ansteigt. Spätestens, wenn auch Medikamente oder Alkohol nicht mehr helfen, die Probleme auszublenden, ist die Zeit reif, sich auf die beschwerliche Suche nach den tieferen Ursachen zu machen.

Reise in das Innenleben

Wenn sie von Schicksalsschlägen getroffen werden, fährt bei manchen Menschen die Selbsterkenntnis wie ein Blitz vom Himmel und zerbricht die Mauer zum Unbewussten – frische Luft strömt in das Gebäude der starren Überzeugungen. Anlass dafür kann beispielsweise der Verlust des Arbeitsplatzes oder ein Zusammenbruch aufgrund von Überlastung oder Mobbing sein oder wenn Führungskräfte Kündigungen an langjährige Mitarbeiterinnen und Mitarbeiter aussprechen müssen. Im Privatleben bringt oft ein gravierendes Problem mit Partnern, mit Kindern oder mit der Gesundheit den Stein ins Rollen; oder wenn durch einen Todesfall die Endlichkeit des Lebens ins Bewusstsein dringt. Dann kommen meist lange unterdrückte Gefühle wie Verzweiflung oder Wut an die Oberfläche und werfen existenzielle Fragen auf.

Nun hat man die Wahl, diese Emotionen mit noch mehr Kraft erneut zu verdrängen oder sich ihnen zu stellen. In solchen Situationen fallen möglicherweise die schnellen Rezepte mancher Lebenshilfe-Gurus auf fruchtbaren Boden, welche die Menschen glauben lassen, dass sie alles erreichen könnten, wenn sie nur wirklich wollten. Falls ihnen das nicht gleich gelingt, versuchen sie die nächste neue Methode, um dem Anspruch auf dauerhaften Erfolg und lebenslanges Glück gerecht zu werden.

Durch das Erlernen neuer Techniken der Selbstentwicklung kann es ja auch tatsächlich zu einer deutlichen Besserung des Lebensgefühls kommen. Dann wähnen sich die Menschen bereits in dem ersehnten Glückszustand, von dem überall die Rede ist. Doch ob diese Stabilität auch hält, zeigt sich spätestens, wenn ein neuer Schicksalsschlag zu verkraften ist. Erst wenn man einen geliebten Menschen verliert, vor finanziellen Problemen steht oder mit schwerer Krankheit konfrontiert ist, wird deutlich, ob die neuen Erkenntnisse hilfreich sind.

Man kann den Entwicklungsprozess des *mental-emotionalen Systems* aber auch bewusst und dosiert in Gang setzen, um mit den Umständen besser zurechtzukommen und in neuen Situationen sichere und nachhaltige Entscheidungen zu treffen. Dazu muss man sich zuerst selbst kennenlernen: Wie geht man an das Leben heran, wie gut funktioniert die Wahrnehmung, wie genau kann man analysieren und welchen Einfluss haben die Gefühle auf das Denken – und umgekehrt? Um mehr über sich selbst zu erfahren, muss man den Blick von den äußeren Ereignissen abwenden und nach innen richten können. Das gelingt nicht jedem gleich: Manche Menschen sind von Natur aus selbstreflexiv; sie können gar nicht anders, als ständig ihre innersten Motive für ihre Handlungen zu hinterfragen und nach besseren Lösungen zu suchen. Andere machen sich in Begleitung von Psychotherapeuten oder Beratern auf den Weg. Gar nicht so selten – wenn auch meist nicht offen zugegeben – werden Priester, spirituelle Lehrer oder auch Schamanen, Astrologen oder Wahrsagerinnen zur Hilfe herangezogen. Mancher mag an dieser Stelle die Nase rümpfen und würde gerne zwischen seriösen Beratern und Scharlatanen unterscheiden. Es kann jedoch jede Methode dazu dienen, Einblicke in unsere unbekannten Seiten zu erlangen, wenn wir sie als Unterstützung bei der Entwicklung unserer Eigenständigkeit betrachten und nicht als Ersatz dafür. Eine Grundvoraussetzung für die Innenschau ist in jedem Falle, dass man vom Getriebe das Alltags Abstand hält und Zeit und Muße dafür hat.

Selbstbild und Selbsttäuschung

Am Anfang der Introspektion finden wir meist, was wir schon kennen: die Oberfläche unserer Persönlichkeit. Wir sehen nur das, was wir über uns zu wissen meinen. Dieses Bild ist aber nicht vollständig. Auf der Landkarte des Selbst befindet sich eine Menge weißer Flecken, hinter denen sich Stärken wie auch Schwächen verbergen. Unter dem Bewusstsein liegt das Unbewusste, das darauf wartet, entschlüsselt zu werden. Wir entdecken dort sowohl Schätze als auch einigen Müll, den wir nun bewusst betrachten können. Die spontane Bewertung unserer Fundstücke entspricht allerdings zu Beginn der Selbstreflexion nur selten der Realität, denn abhängig von unseren Einstellungen – und Störungen – beurteilen wir uns selbst meist als zu positiv oder zu negativ. Aufgrund von nicht verarbeiteten traumatischen Erlebnissen ist unser Selbstwertgefühl zu stark oder zu schwach: Wir sind psychische Hochstapler oder „stellen unser Licht unter den Scheffel".

Jedenfalls aber halten wir meist so lange wie möglich an unserer Selbsteinschätzung fest und fühlen uns schnell bedroht, wenn andere Menschen diese infrage stellen. Auf neue Informationen über uns selbst reagieren wir meist nicht mit freundlicher Neugier, obwohl wir dadurch mehr über uns erfahren würden und unser Selbstbild realistischer werden könnte. Die Ansage des Partners „Du bist aber kurz angebunden" beantworten wir selten mit: „Ach ja? So fühle ich mich gar nicht, lass mal hören, wodurch ich so wirke." Stattdessen interpretieren wir den Satz als Vorwurf, worauf wir uns verteidigen: „Das stimmt ja gar nicht!" Und je nach Grad der latent vorhandenen Spannung folgt der Gegenangriff: „Das ist ja auch kein Wunder, du hörst ja nie zu!" Jeder kennt die darauffolgenden schmerzlichen und oft heftigen Auseinandersetzungen. Und wieder haben wir die Chance verpasst, unbekannte Seiten unserer Persönlichkeit kennenzulernen.

Selbstwahrnehmung und Fremdwahrnehmung klaffen oft weit auseinander und dieser Graben erscheint uns meist als sehr gefährlich. Deshalb beenden viele von uns die Reise zu sich selbst an diesem Punkt und beschäftigen sich lieber mit den „Fehlern" der anderen. Wir verbringen viel Zeit damit, sie aufzuzählen, ihre Hintergründe zu „analysieren" und die Person deshalb pauschal zu verurteilen. Auf diese Weise fühlen wir uns besser: Wir haben unsere Selbstsicherheit wiederhergestellt, *wir* sind in Ordnung – es ist der *andere*, der sich dringend ändern muss. Wir sind die Guten – die anderen die Bösen. Deshalb fühlen wir uns berechtigt, für den anderen ein „Umerziehungsprogramm" zu entwickeln, und erwarten von ihm, dass er es motiviert und erfreut umsetzt. Doch wer je versucht hat, seinen Partner oder seinen Chef zu verändern, kennt das Leid der Misserfolge, die endlosen Streitereien bis zum Abbruch der Beziehungen. Diese Methode führt geradewegs in die Sackgasse.

Wenig Kontrolle

Verändern können wir nämlich nur uns selbst. Wenn *wir* uns anders verhalten, reagiert das Gegenüber automatisch anders – so weit die Botschaft, die inzwischen aus einschlägigen Publikationen allseits bekannt sein dürfte. An dieser These ist auch nichts auszusetzen. Was in den Ratgebern und den Beilagen der Sonntagszeitungen jedoch nicht dazugesagt wird: Das Gegenüber wird zwar auf unser neues Verhalten anders reagieren – aber nicht unbedingt in der gewünschten Weise. Vielleicht ist die neue Situation sogar noch schlimmer als die alte. So erging es beispielsweise einer Frau, die ihren Ehemann jahrelang zu einer Psychotherapie drängte, weil sie in seinen „Störungen" den Grund für die Beziehungsprobleme sah. Nachdem er sich endlich für eine Gruppentherapie entschieden hatte, verliebte er sich dort umgehend in eine Teilnehmerin, beendetet die Therapie und ließ sich scheiden.

Wir können nicht vorhersehen, in welche Richtung sich eine Dynamik bewegen wird. Wir haben darüber keine Kontrolle, sondern müssen immer wieder mit Überraschungen leben. Diese Ungewissheit erzeugt jedoch erneut Angst und Wut, die wir gerne verdrängen würden. Wenn wir jedoch weiter forschen, spielt es vorerst keine Rolle, ob die auftauchenden Eindrücke einen Bezug zur Realität haben oder ob wir uns nur etwas „einbilden".

Jedenfalls haben wir oft das Gefühl, wieder am Anfang zu stehen. Es besteht aber kein Grund für Hoffnungslosigkeit, denn es gibt durchaus Wege, die aus dieser negativen Spirale herausführen. Dazu müssen wir lernen, mit Andersartigkeit umzugehen, ohne uns dadurch selbst zu verlieren. Der Religionsphilosoph Alan Watts nennt es die „Weisheit des ungesicherten Lebens"[25], der Volksmund sagt: „Die Wege des Herrn sind unergründlich." Jean-Paul Sartre meint etwas düster: „Wenn ihr eure Augen nicht gebraucht, um zu sehen, werdet ihr sie brauchen, um zu weinen." Und Mark Twain bringt es auf den Punkt: „Wenn wir bedenken, dass wir alle verrückt sind, ist das Leben erklärt."

Neben der Psychologie bieten Religionen, klassische Literatur und auch Esoterik Hilfestellungen. Es bleibt uns allerdings nicht erspart, diese Fülle der Anregungen selbst zu bewerten und zu entscheiden, was wir davon in unser Leben aufnehmen wollen. Es ist durchaus möglich, seine Einstellungen sowie das gesamte *mental-emotionale System* weiterzuentwickeln, es erfordert jedoch einiges mehr an Anstrengung, als uns heute in unserer von Schnäppchenjagden geprägten Zeit versprochen wird.

Lassen wir uns also von Hindernissen nicht entmutigen und setzen wir unsere Reise der Selbsterkenntnis fort. Nachdem wir das bereits bekannte Selbstbild betrachtet haben, blicken wir nun hinter die Fassade unserer Persönlichkeit; wir verlassen die Beletage unseres Hauses und begeben uns in das Kellergeschoß. Wer dort schon lange nicht gewesen ist, wird möglicherweise entsetzt sein über die Unordnung, die er vorfindet: längst vergessene Spielsachen der Kindheit, zerkratzte Schallplatten oder CDs und zerfledderte Tagebücher aus der Jugendzeit, verstaubte Erinnerungsstücke aus dem Familienerbe, verschimmelte Marmelade, möglicherweise tropfende Heizungsrohre und im schlimmsten Fall auch einige durchgerostete Fässer, aus denen giftige Substanzen sickern. Bei diesem Anblick möchten wir am liebsten gleich wieder nach oben fliehen – in den bekannten und vertrauten Teil unserer Persönlichkeit – und das Aufräumen auf einen späteren Zeitpunkt verschieben, wie wir es schon so oft getan haben. Diesmal aber stellen wir uns den dunklen Seiten und schauen genau hin.

Nun geraten erst einmal Überzeugungen ins Wanken und selbst charakterlich gefestigte Personen sehen sich unvermutet von starken Gefühlen überflutet, von denen sie meinten, dass sie davon nicht betroffen wären oder sie längst überwunden hätten: Verzweiflung und Hilflosigkeit, auch blanker Hass oder Mordlust, Scham und Selbstzweifel, gesteigert bis zur Selbstzerstörung, Neid und Gier, verbotene sexuelle Begierden. Wir hatten nicht vermutet, dass sich auch in unserem eigenen Unterbewusstsein so viel Negativität angesammelt haben könnte. Mit diesen heftigen Emotionen müssen wir umzugehen lernen.

Die gute Nachricht

Das Zerbrechen des gewohnten Selbstbildes erzeugt zuerst einen Schock. Wir fühlen uns verloren, orientierungslos und hilflos. In dieser Phase müssen die einen mit jemand Vertrautem darüber reden, andere müssen allein sein. Sie meditieren vielleicht, gehen in die Natur und verarbeiten die Erschütterungen auf diese Weise.

So schmerzhaft dieser Prozess auch sein mag, er bringt auch unschätzbare Vorteile und neue Einsichten, die einem niemand mehr nehmen kann. Die Erkenntnis, dass man selbst auch eine dunkle Seite hat, macht es unmöglich, sich weiterhin moralisch über andere zu erheben. Der Mechanismus, das Gute für sich zu pachten und das Böse den anderen zuzuschreiben, funktioniert nicht mehr. Stolz und Vorurteile lösen sich mit der Zeit in Verständnis und Mitgefühl auf, es entsteht eine Verbundenheit mit anderen Menschen – auch jenen, die man davor noch verurteilt oder verachtet hat. Und bevor diese Zeilen missverstanden werden, sei hier gleich vorweggenommen: Diese neue Lebenseinstellung bedeutet keineswegs, einfach mit allem kritiklos einverstanden zu sein oder alles geschehen zu lassen. Im Gegenteil: Diese Selbsterkenntnis ist die wichtigste Voraussetzung für gute Entscheidungen und die Fähigkeit, diese auch durchzusetzen. Bloß die Überheblichkeit wird dafür nicht mehr gebraucht.

Kopf oder Bauch?

Bestimmt der Verstand den Menschen oder wird er von seinen Gefühlen dominiert – und was ist eigentlich wünschenswert? Philosophie und Psychologie stellen die immer gleiche Frage: Kopf oder Bauch? Die Theorien darüber wechseln im Laufe der Geschichte von einem Extrem zum anderen: Postulierten bei den alten Griechen die Stoiker Disziplin und Vernunft, riefen die Epikureer nach dem Lustprinzip. Wurde die katholische Kirche zu besitz- und machtorientiert, traten die Protestanten auf den Plan und predigten Kargheit als Tugend. War zur Zeit der Aufklärung die Vernunft angesagt, brachte die Romantik die Leidenschaft wieder ins Spiel.

Heute verläuft der Prozess des Wechsels nicht mehr in langen Zyklen, sondern es bleiben die Gegenpositionen gleichzeitig in unterschiedlichen Gruppierungen unserer Gesellschaft bestehen. Wir treffen auf Menschen, die durch die Revolte der 1968er-Generation geprägt wurden, die nach den leistungsorientierten Jahren des Wiederaufbaus die gesellschaftlichen Normen und das Gefängnis der Rationalität sprengten: Lust ist gut,

Disziplin ist schlecht; Gefühle sind richtig, Denken ist falsch; Beziehungen und Solidarität sind positiv, Leistung und Konkurrenz sind negativ; Chaos ist kreativ, Ordnung ist spießig.

Belebung der Sinne

Es veränderten sich aber nicht nur die gesellschaftlichen Werte, sondern auch die Methoden der Psychotherapie und der Persönlichkeitsbildung. Die Humanistische Psychologie[26] und die Human-Growth-Bewegung ermöglichten den Blick in die Seele zum Zweck des Wachstums, der Selbsterfahrung, der Neugier und des zusätzlichen Lustgewinnes. In der Kunst setzten beispielsweise die Wiener Aktionskünstler Günter Brus und Hermann Nitsch Blut und Exkremente als exzessive Techniken ein, um die unter den guten Sitten des Bürgertums verborgenen Abgründe sichtbar zu machen. Aus den „schnellen Brütern der Psychologie" in Kalifornien kamen laufend neue Methoden zur Befreiung des unterdrückten Gefühlslebens und der blockierten Sexualität auf der Suche nach dem „wahren Menschen". Die Psychoanalyse galt als zu „verkopft", die Verhaltenstherapie (Behaviorismus) als zu mechanistisch. Es folgten Körper-, Urschrei- und Gestalttherapie sowie Encounter-Gruppen, um die eigenen Aggressionen und Potenziale freizulegen. Auch bei asiatischen, indianischen und afrikanischen Traditionen wurden Anleihen genommen und mit unserem keltischen, germanischen und slawischen Erbe angereichert. Über Meditations- und Trancetechniken, Rituale und Symbole, Atem- und Trommelrhythmen, Zahlen- und Runenmagie, Mandalas und Mantras, Karten- und Handlesen, Handauflegen und Feuerlaufen, Pendel und Rute begann eine Renaissance der Esoterik und der Spiritualität.

Durch diese Strömungen wurde in weiten Kreisen eine deutliche Bevorzugung der Gefühle salonfähig. Die Annahme war, dass sie dem Leben näher stünden, und dass Entscheidungen, die „aus dem Bauch" getroffen würden, die besseren wären. Das Denken hingegen geriet unter den Verdacht, am Übel der westlichen Welt schuld zu sein. Auch heute noch vertreten viele Menschen nach wie vor eine Priorität des Irrationalen gegenüber der Vernunft.

Renaissance der Bürgerlichkeit

Doch die Gegenbewegung ließ nicht lange auf sich warten: Als in den 1980er-Jahren das Klima wieder rauer wurde, traten die sogenannten Yuppies mit ihrem Karrierebewusstsein den Vormarsch an. In den 1990er-Jahren gelang der Gefühlsfraktion, motiviert durch das Buch „Emotionale Intelligenz“ von Daniel Goleman[27], noch einmal ein Zwischensieg. Golemans Botschaften finden sich heute noch in den Konzepten der Sozialkompetenz und in manchen Managementtheorien. Doch schon bereitete die Verstandes-Fraktion, ermutigt durch die schärfere Gangart in der Wirtschaft, den Gegenzug vor: Es wurde erneut zu Disziplin und Ordnung aufgerufen, sogenannte Sachzwänge schränkten die freien Lebensäußerungen der Menschen ein, Äußerlichkeiten wie Dresscodes oder Etikette rückten wieder in den Vordergrund. Eine neue Bürgerlichkeit wurde als Grundlage für ein erfolgreiches Leben proklamiert. Die Forscher des Kölner Rheingold-Instituts bezeichnen die neuen Spießbürgerinnen und Spießbürger als „Generation Biedermeier“, die lange verpönte Hobbys wie Handarbeiten und sogar die Jagd wieder salonfähig machen.[28] Und zugleich will die „Generation Y“ (die „Millennials“) von all dem nichts wissen und sich möglichst viele Optionen offenhalten. Und schon steht die „Generation Z“ (die „Digital Natives“), die den schnellen Erfolg der digitalen Welt vor Augen hat, in den Startlöchern.[29] Doch das Prinzip von Bewegung provoziert Gegenbewegung läuft heute immer schneller ab und viele Strömungen bleiben gleichzeitig bestehen.

In westlichen Gesellschaften wird die Debatte über die Vorherrschaft von Verstand oder Gefühl inzwischen als Grundsatzdiskussion geführt. Die Befürworter jeder Richtung sammeln Argumente zum Beweis ihrer eigenen Position und werfen den Gegnern die negativen Seiten ihrer Standpunkte vor. Es existieren viele widersprüchliche Theorien und Wertvorstellungen gleichzeitig: Verstandes- gegen Emotionsvertreter, strategische Großmeister gegen Hochsensible.

Möglicherweise finden wir diese unterschiedlichen, ja bisweilen gegenläufigen Tendenzen auch in uns selbst. Um einen Ausweg aus diesem Dilemma zu finden, müssen wir zuerst einmal die Beziehung zwischen Kopf und Bauch verstehen, anstatt nur die Liste der Argumente dafür und dagegen zu verlängern und uns der einen oder der anderen Gruppe anzuschließen.

Das Gleichnis vom Wagenlenker

Stellen wir uns eine Kutsche vor, die von vier Pferden gezogen wird. Nehmen wir an, der Wagenlenker symbolisiert das Denken und die Pferde stehen für die Gefühle: Der Kutscher hat das Wissen, wohin die Reise gehen soll, und kennt die Technik des Wagenlenkens. Die Pferde sind im Besitz der Kraft, mit der sie die Kutsche ziehen können, mit der sie aber auch übermütig und unbändig sein können. Würden Sie entscheiden können, wer von beiden wichtiger ist, der Lenker oder die Pferde? Wohl kaum. Gibt es keine Pferde, muss der Kutscher den Wagen schieben und kommt nicht voran. Gibt es keinen Lenker, laufen die Pferde, wohin sie wollen, und ziehen die Kutsche in den Graben.

Weil man nun aber überall viele schlecht gepflegte, unzureichend ernährte, ja auch kranke Pferde sieht, behaupten manche Experten, man müsse dem Kutscher grundsätzlich die Führung entziehen und die Pferde befreien. Dieser Ansatz geht jedoch am Problem vorbei: Nicht, DASS der Kutscher (das Denken) die Pferde (die Gefühle) lenkt, erzeugt den Schaden, sondern WIE er es tut. Es gibt eben viele Wagenlenker, die schlecht ausgebildet sind und ihre Arbeit mangelhaft verrichten. Denn bei einem unfähigen Kutscher werden die Pferde nicht gut versorgt und nicht belohnt, sind über- oder unterfordert. Deshalb sind sie störrisch oder unberechenbar und werden so zu einer Gefahr für ihre Umgebung.

Weder macht es Sinn, die Pferde deshalb gleich ganz allein laufen zu lassen, noch ist es zielführend, die Pferde immer nur im Zaum zu halten und sie aus Angst vor ihrer Kraft auf schmale Kost zu setzen. Da an den Pferden von Natur aus nichts falsch ist und sie sich ohne Führung auch nicht ändern würden, kann die Verbesserung der Situation lediglich über den Wagenlenker erzielt werden. Nur er kann eine neue Qualität der Nutzung ihrer Kraft erreichen.

Unterzieht sich der Kutscher einer Schulung, wird er ein vierspänniges Gefährt sicher und elegant lenken können, die Pferde werden gesund sein und ihre Arbeit lieben. Der Kutscher kann dann auch richtig einschätzen, ob seine Pferde mehr Bewegung oder Ruhe brauchen, ob sie gleich stark sind oder ob eines mehr trainiert werden muss. Der geschulte Kutscher wird sich auch nicht mehr darüber beklagen, dass andere mit einem Sechsspänner schneller fahren als er. Und er wird auch nicht mehr versuchen, mit zwei Ponys so zu fahren, als hätte er kräftige Ackergäule vorgespannt, sondern er wird seinen Fahrstil optimal den Gegebenheiten anpassen. Wenn er das Gespann umsichtig und fürsorglich lenkt, dann ziehen die Pferde die Kutsche gerne und lassen sich führen. Sollte einmal eine unvorhergesehene Panne eintreten, eine Achse brechen oder ein Baum die Straße blockieren, wird der Wagenlenker die Zügel fest in der Hand haben und die richtigen Entscheidungen treffen.

Verstand und Emotionen können von ihrer Feindschaft erlöst werden und ein gedeihliches Verhältnis zueinander eingehen. Anstelle einer strikten Vorherrschaft des Denkens oder einer unkontrollierten Dominanz der Gefühle sollten wir lernen, mithilfe einer weiterentwickelten Vernunft die Emotionen bewusst und behutsam zu lenken.

Der leere Spiegel

Als Befürworter des Denkens hat man aber neben den „Emotionsvertreterinnen und -vertretern" noch andere Gegenspieler: die Anhänger des „Nicht-Denkens". So werden beispielsweise im Zen-Buddhismus Gedanken als Hindernis auf dem Weg zur Erleuchtung betrachtet und das Leid des Menschen wird auf deren negative Auswirkungen zurückgeführt. Die regelmäßige Praxis von Meditationstechniken soll dazu dienen, die Freiheit von Gedanken zu erzielen. Dazu soll man diese einfach auftauchen und weiterziehen lassen, ohne sich mit ihnen zu beschäftigen, oder man beobachtet einfach den Fluss des Atems (Vipassana) oder schaut mit halb geöffneten Augen entspannt auf eine weiße Wand (Zazen). Oder aber man bringt den Verstand durch die Beschäftigung mit paradoxen Denkaufgaben (Koans) in Bedrängnis, wodurch Momente der Glückseligkeit (Satori) und Erleuchtung möglich werden. Die Idealvorstellung ist ein Bewusstsein, das von keinem Gedanken getrübt wird, das pures „Sein" verkörpert.[30] Durch den Kontakt mit diesen Lehren bekam der Prozess des Denkens – oft als „Mind" bezeichnet – im Westen bei vielen Menschen eine negative Bedeutung. Etliche Anhänger dieser spirituellen Strömungen mühen sich, den Verstand zu überwinden. Für sie gilt, Ziele zu verfolgen, Pläne zu schmieden, sich durchzusetzen, als Zeichen weltlichen Denkens und folglich einer mangelnden spirituellen Einstellung. (Wobei es sich dabei möglicherweise um eine westliche Fehlinterpretation des Begriffes „Denken" handelt.) Im „Edlen Achtfachen Pfad" der buddhistischen Überlieferung finden wir unter der Bezeichnung „Rechte Gesinnung" (recht im Sinne von vollkommen) einige authentische Hinweise auf den erwünschten Umgang mit dem Denken, die ein tieferes Verständnis ermöglichen.[31] Zugleich stehen aber auch viele Gefühle – vor allem die negativen wie Neid und Zorn – unter Generalverdacht. Auch sie werden für das Leid verantwortlich gemacht und man geht davon aus, dass sie durch die richtige Geisteshaltung gänzlich verschwinden würden und sich dadurch das „Glück" einstellen könnte.

Doch anstatt Gefühle „überwinden" zu wollen, könnte man ihre Energie auch aktiv nutzen. Und anstatt das Denken negativ zu bewerten, könnte es geschult und wesentlich verbessert werden.

Erkenntnis: Wir entkommen dem Leid nicht ...

Wir verstehen hier die Entwicklung unseres *mental-emotionalen Systems* nicht als eine weitere Glückstechnik, sondern als Fähigkeit, mit Freud *und* Leid besser umzugehen: Auch wenn wir uns entschlossen haben, unser Leben bewusster zu gestalten, wird sich die immerwährende Glückseligkeit nicht einstellen. Unweigerlich geraten wir erneut in schwierige Situationen. Sooft wir auch versuchen, Glück und Erfolg festzuhalten – es wird der Schmerz folgen. Irgendwann kommt für jeden die vorerst bittere Erkenntnis: Man kann auf längere Sicht dem Leid nicht entkommen. Allen Anstrengungen zum Trotz ist das individuelle, gesellschaftliche und globale Leid stets latent vorhanden und kann sich jederzeit – meist unerwartet und plötzlich – manifestieren. Es gibt auf Dauer keine „Insel der Seligen" und niemand hat uns „einen Rosengarten versprochen".

Doch obwohl dies offensichtlich ist, möchte jeder das Leid beseitigen und dafür sorgen, dass es sicher nicht wiederkehrt. Schmerzvermeidung und Glückssuche beeinflussen seit jeher die Wissenschaften, die Kunst, die Religionen und jeglichen Fortschritt. Das Glücklichsein ist zum gesellschaftlichen Maß aller Dinge geworden, es gibt sogar Überlegungen, das Recht darauf in den Verfassungsrang zu heben und die Fähigkeit dafür in der Schule zu vermitteln.[32] Delegationen pilgern nach Bhutan, dem Land, das anstelle des Bruttoinlandsproduktes das Bruttonationalglück zur Messgröße erklärt hat.[33] Sie meinen dort zu erfahren, wie man Erfolg und Gesundheit für möglichst viele dauerhaft ermöglichen kann. Dieser Ansatz inspiriert natürlich unser westliches Denken, in dem zurzeit Misserfolg, Armut, Alter und Krankheit verdrängt werden. Das Leid wird immer mehr zum Tabu, man möchte am liebsten nichts davon wissen.

Doch der Mensch wird, wenn man so will, seit der Vertreibung aus dem Paradies ständig mit dem Leid konfrontiert, auch wenn er danach trachtet, ihm zu entkommen. Religionen, Philosophie und Psychologie entwickeln Glaubenssysteme, Theorien und praktische Anleitungen, um den Menschen bei seiner Suche nach ewiger Glückseligkeit, dem Warten auf den Erlöser, dem Streben nach Erleuchtung zu unterstützen. Aber vor dem Eingang zum Paradies steht der Erzengel mit dem Flammenschwert und versperrt ihm die Rückkehr. Daher wird in den meisten Religionen dieser Zustand auch erst für die Zeit nach dem Tode versprochen.

Wir könnten jedoch sofort damit aufhören, mit dem Leben zu hadern, um die Vergangenheit zu trauern oder auf die Zukunft zu hoffen. Stattdessen könnten wir akzeptieren, dass das Leid und auch das Böse in der Welt stets existieren werden. Erst wenn wir die Illusion vom andauernden Glück aufgegeben haben, können wir beginnen, unser Leben in der Gegenwart bewusst zu gestalten.

Antoine de Saint-Exupéry schreibt in seinem Gebet zu Neujahr: „Bewahre mich vor dem primitiven Glauben, es müsste im Leben alles glattgehen. Schenke mir die nüchterne Erkenntnis, dass Schwierigkeiten, Niederlagen, Misserfolge, Rückschläge eine selbstverständliche Zugabe zum Leben sind, durch die wir wachsen und reifen." Doch das sind Botschaften, die wir heutzutage nicht mehr gewohnt sind. Wir sind durch die ständige Verpflichtung zum „Positiven Denken" kaum noch in der Lage, über kritische Situationen im Voraus nachzudenken. Viele Menschen fühlen sich sogar rückschrittlich, wenn sie nicht an die Prophezeiungen vom dauerhaften Glück glauben können oder wollen. Der Spruch „Ihr, die ihr hier eintretet, lasst alle Hoffnung fahren" prangt in Dantes

Werk „Die göttliche Komödie" über dem Höllentor. Und der Volksmund sagt, „Die Hoffnung stirbt zuletzt." Tatsächlich ertragen viele Menschen ihre schwierige Lage nur, indem sie sich an die Hoffnung auf Besserung klammern.

Vielleicht ist die Hoffnung aber gar nicht so hilfreich, wie man glaubt, sondern ein Beruhigungsmittel, das uns davon abhält, das Leben aktiv zu gestalten. Sie ist gemeinsam mit der Religion das „Opium des Volkes", wie Karl Marx[34] postuliert hat oder auch der Philosoph Günther Anders[35], der in einem Interview gesagt hat: „Hoffnung ist ein Zeichen von Feigheit" und meinte, man solle mit der „ewigen Hofferei" endlich aufhören. Und ein spanisches Sprichwort gibt uns zu verstehen: „Wer von der Hoffnung lebt, stirbt an Enttäuschung." Mit einem geschulten Denken würden wir erkennen, dass wir viel eher klare Entscheidungen treffen könnten, wenn wir bereit wären, uns freiwillig mit der Unvermeidbarkeit des Leides auseinanderzusetzen, anstatt auf sein Ende zu hoffen.

Zwei schwierige, aber sehr wirkungsvolle Gedankenexperimente können helfen, rasch einen Bezug zur Realität der Gefühle herzustellen. Erstens *„die Stopptaste drücken"*: In einer unangenehmen Lage, bei schlechter Stimmung, Angst, Wut oder Ohnmacht hindert man seine Gedanken zumindest für einen Moment daran, den Zustand so rasch wie möglich ändern zu wollen. Stattdessen stellt man sich vor, die Zeit stünde plötzlich still und alles bliebe für immer so, wie es jetzt ist. Dann überlegt man, wie man mit dieser Situation umgehen würde, und beobachtet alle Reaktionen. Bald beruhigt sich die Panik und man wird die Möglichkeiten sehen, wie man auch in unangenehmen Situationen das Leben gestalten könnte. Vielleicht mag diese Übung irritierend sein, sie weist jedoch auf eine Fähigkeit hin, die Menschen in Extremsituationen oft spontan entwickeln: Man kann in noch so ausweglos erscheinenden Lebenslagen die Kraft zur Gestaltung finden.

Zweitens machen wir uns bewusst, dass sich alles ständig verändert, und denken in jeder Situation: „Auch das geht vorüber!" Diese Vorstellung, dass „nichts bleibt, wie es ist", erscheint vielen erträglicher, vor allem, wenn man sie bei *negativen Gefühlen* einsetzt. Zum Großmeister, zur Großmeisterin wird man jedoch erst, wenn man sich der Tatsache der Vergänglichkeit auch in Glücksmomenten bewusst wird. Die grundsätzliche Akzeptanz des Wandels ist nicht dasselbe, wie sich an Hoffnungen zu klammern. Wenn man hofft, dann erwartet man naturgemäß, dass die Lage sich verbessern soll. Wenn man mit Veränderungen gut umgehen kann, dann weiß man auch, dass die Lage sich verschlechtern könnte.

... wohl aber dem sinnlosen Leiden

Es stellt sich dann die Frage, woher wir Kraft für einen solch schwierigen inneren Prozess nehmen sollten. Die Bewältigung des täglichen Lebens mit seinen Pannen und Fehlern ist schon anstrengend genug, wie sollen wir da noch große Entwicklungssprünge machen und uns damit auseinandersetzen, dass das Böse und das Leid nicht gänzlich aus der Welt zu verbannen sind?

Maßnahmen auf der organisatorischen Ebene wie Zeitmanagement oder die gezielte Auswahl der Aktivitäten helfen natürlich, Ressourcen dafür zu schaffen. Doch die meiste Kraft verlieren wir nicht durch viel Arbeit, ja nicht einmal durch Schicksalsschläge, sondern durch eine Gefühlslage, die wir als das *sinnlose Leiden* bezeichnen wollen. Dieses unterscheidet sich deutlich vom *Leid,* vom Schmerz, der entsteht, wenn man einen geliebten Menschen verloren hat; wenn man jemandem nicht helfen kann; wenn man betrogen wird, schwer krank ist oder den Job verliert. Ein solches *Leid* bricht infolge von dramatischen Ereignissen immer wieder über Menschen herein. Der Volksmund drückt diese schwierige Einsicht sehr pragmatisch aus: „Wenn man sich in den Finger schneidet, dann tut es halt weh.“ Auch wenn es auf den ersten Blick nach Resignation aussieht, so ist das keinesfalls so gemeint, denn es geht nicht darum, das *Leid* nur lethargisch zu ertragen. Die Empfehlung lautet vielmehr: „Akzeptiere zuerst einmal, dass etwas Unangenehmes oder Unerwartetes geschehen ist, erlaube dir, die entsprechenden Gefühle zu haben, beobachte sie und überlege erst dann, ob und wie du handeln möchtest!“

Das lebenswichtige Erstgefühl

Wenn man *Leid* erfährt, entstehen Gefühle wie Trauer, Zorn, Rachegelüste oder Reue. Das sind gesunde Reaktionen, mit denen die Psyche einen Schmerz zu lindern versucht, ohne dass daraus eine Handlung erfolgen müsste. Wir wollen sie *lebenswichtige Erstgefühle* nennen. Das *Erstgefühl* reinigt die Seele und liefert neue Energie. Die Erschöpfung nach einem Tränenausbruch oder einem Wutanfall ermöglicht die Regeneration und bringt die Lebenskraft zurück. Unterdrückt man diese Gefühle ständig, so zerstört man dadurch auf Dauer die Selbstregulation.

In den sogenannten Zivilisationsgesellschaften ist aber gerade das *lebenswichtige Erstgefühl* tabuisiert, sein spontaner Ausdruck wird den Kindern verboten und Erwachsene sollten ohnedies immer nur vernünftig sein. Der Psychotherapeut Wilhelm Reich hat das die „Emotionale Pest" genannt.[36] Die ständige Kontrolle der natürlichen Gefühlsreaktionen verhindert die Bewältigung eines aktuellen Schmerzes. Dieser wird auf Dauer verdrängt und macht sich dann den Rest des Lebens über indirekt bemerkbar: durch chronische Muskelverspannungen (nach Wilhelm Reich auch „Charakterpanzer" genannt[37]) oder durch psychosomatische Beschwerden. Nicht verarbeitetes Leid sendet immer wieder Signale, während es auf seine Erlösung wartet. Bei der Aufarbeitung von alten Verletzungen muss man in Kauf nehmen, dass man die *lebenswichtigen Erstgefühle* noch einmal erleben muss. Motivierend kann sein, dass man jedoch zum jetzigen Zeitpunkt vielleicht besser in der Lage ist, diese auszuhalten, und dass danach die psychische Baustelle grundlegend saniert ist.

Hier könnten nun leicht Missverständnisse auftreten: „Gefühle zulassen" ist nicht gleichzusetzen mit „Gefühle ausleben" oder „an jemandem auslassen". Manche psychotherapeutischen Richtungen empfehlen, Emotionen spontan auszudrücken unter dem Motto „Störungen haben Vorrang"[38], denn danach könne man mit seiner Tätigkeit befreit fortfahren. Auch einige frühe Konzepte der Kommunikationstheorie vertreten die Ansicht, dass die „Beziehungsebene" wichtiger und vor allem größer wäre als die „Sachebene" (Eisbergmodell)[39]. Immer noch halten sich diese Überzeugungen sowohl in der Pädagogik als auch in manchen Konzepten der Mitarbeiterführung.

Zusammenfassend kann man sagen, dass die unbewussten Ebenen natürlich von Bedeutung sind, dass es jedoch auch ein Zeichen von Reife ist, seine emotionalen Reaktionen kontrollieren zu können. Diese ungefiltert auszuleben, wird heute eher als Schwäche interpretiert und zieht meist weitere Probleme nach sich.

Ein Mensch, der sein Leben bewusst gestalten möchte, sollte in der Lage sein, zwischen spontanem Ausdruck, bewusster Kontrolle und Unterdrückung von Gefühlen wählen zu können. Wenn beispielsweise jemand von seiner Partnerin, seinem Partner betrogen wurde, muss er nicht automatisch aus Eifersucht eine „Szene" machen, er braucht aber auch die Kränkung nicht schweigend zu ertragen. Vorerst geht es darum, dass wir einen Schmerz, die Wut, die Scham bewusst wahrnehmen – *spüren*. Danach sollten wir entscheiden können, ob überhaupt, zu welchem Zeitpunkt und in welcher Form die Gefühle jemand anderem gezeigt oder mitgeteilt werden.

Obwohl es paradox ist, unterdrücken die meisten Menschen lieber die *lebenswichtigen Erstgefühle*, auch wenn das anstrengend ist und direkt zum *sinnlosen Leiden* führt. Mit einem geschulten *mental-emotionalen System* könnte man stattdessen eine geschützte Umgebung suchen, in der man die *lebenswichtigen Erstgefühle* ausdrücken kann. Dafür benötigen manche einen verständnisvollen Menschen, der ihnen zuhört, ohne falschen Trost zu spenden, und andere müssen allein sein, um sich der Selbstbeobachtung widmen zu können.

Das unnötige Zweitgefühl

Sinnloses Leiden entsteht auch dann, wenn wir die *lebensnotwendigen Erstgefühle* zwar zugelassen haben, danach jedoch *Gefühle über die Gefühle* entwickeln. Also man ärgert sich, dass man sich ärgert, oder man ist traurig, dass man traurig ist, oder man ärgert sich, dass man traurig ist. Beispielsweise wurde eine Abteilungsleiterin bei einer Beförderung übergangen, weil der Vorgesetzte seine Zusage nicht eingehalten hat. Sie will sich ihre verständliche Wut aber nicht eingestehen und beginnt nun, sich selbst zu beschimpfen: „Warum bin ich auch so dumm, dass ich alles geglaubt habe?" Oder sie ist traurig darüber, dass sie sich schon wieder über jenen unmöglichen Chef ärgert.

Diesen Zustand wollen wir das *unnötige Zweitgefühl* nennen, weil es nach dem *lebenswichtigen Erstgefühl* entsteht und keine Verbindung mehr mit dem ursprünglichen Anlass hat. Vielmehr ist es ein hilfloser Versuch, vom Auslöser des Leides abzulenken. Wir sind dann nicht mehr über den anderen wütend oder über ein Ereignis traurig, sondern verurteilen unser eigenes Versagen oder unsere Schwäche. Damit machen wir aber nun uns selbst zum Grund für *negative Gefühle.*

Der Hang zu *unnötigen Zweitgefühlen* ist besonders bei jenen Menschen stark ausgeprägt, die in ihrer Kindheit durch die Erziehung mit Schuldzuweisung und Vorwürfen konfrontiert waren, die viel zu früh Verantwortung übernehmen mussten oder ständig überfordert wurden. Wenn etwa ein kleines Kind, das hingefallen ist, nicht getröstet, sondern angeschrien wird: „Kannst du nicht aufpassen? Wie oft muss ich dir das noch sagen?" Oder ein Jugendlicher, der von den Schulkollegen gemobbt wird, zu hören bekommt, dass er selbst daran schuld sei und sich besser wehren solle. Solche Erfahrungen erzeugen Glaubenssätze oder Konditionierungen, die unsere Sicht der Welt bestimmen. Wer in seinen Entwicklungsphasen und in Krisen zu wenig Unterstützung erfahren hat, geht auch als Erwachsener mit sich nicht fürsorglich um. Er wird die *lebensnotwendigen Erstgefühle* vermeiden und auf unliebsame Umstände mit Autoaggression, Selbstvorwürfen oder Schamgefühlen reagieren.

Auch diese *unnötigen Zweitgefühle* erzeugen das *sinnlose Leiden.* Sie verbrauchen enorm viel Energie und leisten keinen Beitrag zur Bewältigung des ursprünglichen Leides. Sie machen das Leben noch zusätzlich anstrengend, schädigen den gesunden Selbstwert und blockieren unsere Gestaltungskraft.

Dem *sinnlosen Leiden* entkommen wir, indem wir den Gefühlen ihren angemessenen Platz zuordnen. Das Motto lautet: „Beleben Sie das *Erstgefühl* und verzichten Sie auf das *Zweitgefühl*!" Das bedeutet allerdings auch, sich freiwillig einem gewissen Maß an Leiden zu unterwerfen und sich vom Streben nach ständiger Maximierung von Genuss und Glück zu verabschieden.

Nach einiger Übung gelingt es uns immer rascher, mithilfe der Selbstreflexion die Botschaft der Gefühle zu verstehen. Wir können unterscheiden, ob es sich um verdrängte Schmerzen handelt, die auf Heilung warten, ob sie auf tatsächliche Gefahrensignale von außen oder von innen hinweisen oder ob es sich um eine hilflose Druckentlastung handelt, weil uns keine besseren Methoden zur Verfügung stehen. Durch diese realistische Einschätzung gewinnen wir Zeit und Energie für die Weiterentwicklung unseres *mental-emotionalen Systems.*

Meine Tipps aus dem Coaching

Um nicht immer wieder von unkontrollierten Gefühlen überrascht zu werden, sollten Sie alle Lebensbereiche systematisch durchforsten: Bestandsaufnahme der negativen Gefühle.

Schreiben Sie alle Situationen und Anlässe auf, die Ihnen zurzeit Angst machen und/oder die Sie wütend machen. Seien Sie ehrlich mit sich selbst.

Gehen Sie die einzelnen Bereiche systematisch durch:

- Persönlich: Krankheit, Tod, Schwächen, Süchte …
- Beziehungen: Partnerin/Partner, Kinder, Eltern, Freunde, Konflikte, Vereinsamung …
- Beruf: Vorgesetzte, Kollegen, Mitarbeiter, Kunden, Ressourcen, Technik, Über- oder Unterforderung, Jobverlust, Konkurs …
- Geld: Verarmung, Vermögensverlust …
- Gesellschaft: Politik, Parteien, Regierung, Ungerechtigkeit, Privilegien, soziale Unruhen, Migranten, Flüchtlinge, Kriminalität …
- Weltlage: Kriege, Islamismus, Terroranschläge, Atomkraftwerke, Umweltzerstörung …

Bewerten Sie jedes Thema mit einer Punktezahl von null (gar nicht) bis zehn (extrem).

Ihre Botschaft bewerten

Steht das Gefühl selbst wie auch die Stärke seiner Ausprägung in einem angemessenen Verhältnis zum Ereignis, das es ausgelöst hat?

- Wenn ja: Es handelt sich um ein *lebenswichtiges Erstgefühl.* Fragen: Kann ich seine Botschaft verstehen? Wann und wie will ich es ausdrücken oder kann ich die Umstände verändern?
- Wenn nein:
    - o Das Gefühl wird aus der Quelle des verdrängten Leides gespeist. Frage: Wann und wie kann ich zumindest einen Teil davon „erlösen“?
    - o Es handelt sich um ein *nutzloses Zweitgefühl.* Frage: Wie kann ich dieses umgehend stoppen?

- *Beziehungen*

  Überprüfen Sie Ihre Ansprüche an die Lebenspartnerin, den Lebenspartner, denn diese haben meist ein überzogenes Ausmaß erreicht. Man sollte nicht erst nach einer Scheidung erkennen, dass kein Partner *alle* Bedürfnisse befriedigen kann. Wenn man unzufrieden ist, kann man auch an der eigenen Einstellung arbeiten – man muss sich nicht sofort trennen, denn die romantische Liebe und auch die Sexualität werden heute deutlich überbewertet. In Krisenzeiten zählen bei der Entscheidung für eine feste Partnerschaft weniger Selbstverwirklichung und Genuss, sondern Werte wie Sicherheit, Belastbarkeit und Verlässlichkeit.

  Auch die nächste Empfehlung liegt keineswegs im Trend: Man muss nicht ständig über alles reden – vieles weiß man in länger andauernden Beziehungen ohnedies und vieles kann auch durch Reden nicht geklärt werden. Man muss einfach mit Diskrepanzen leben lernen – allerdings ohne zu resignieren. Lüge und Betrug zählen jedoch zu den schweren Verletzungen und bedürfen, wenn die Heilung überhaupt gelingen kann, einer großen Anstrengung von beiden Seiten.

  Den Ärger über die alltäglichen Konflikte in der Partnerschaft und damit auch die Angst vor einer Trennung kann man deutlich reduzieren, wenn man nicht mehr ständig jeden Handgriff aufrechnet, den der eine oder die andere im Haushalt macht oder wieder nicht gemacht hat; wenn man die Familienarbeit nach den Vorlieben aufteilt und den Anteil an den Lebenshaltungskosten im Verhältnis zum Einkommen berechnet anstatt nach dem Halbe-Halbe-Prinzip.

- *Kinder*

  Lassen Sie sich nicht vom allgemeinen Druck zur Erwerbsarbeit irritieren. Kinder sind nur *einmal* klein und nur *einmal* in der Pubertät und Erziehung kann man nicht delegieren. Werte können nur von jenen Menschen vermittelt werden, mit denen die Kinder emotional engstens verbunden sind. Für Beruf, Karriere oder Selbstverwirklichung gibt es auch später noch genügend Chancen. Vertrauen Sie auf Ihre Möglichkeiten und blenden Sie die Panikmache, die wegen zu langer

Unterbrechungen der Berufstätigkeit derzeit in Ratgebern und Medien erzeugt wird, so weit wie möglich aus. Folgen Sie in dieser Sache Ihrem Eindruck über die Bedürfnisse der Kinder und auch Ihren eigenen. Wenn die finanzielle Lage oder die eigene Lebenseinstellung dies nicht erlaubt, dann treffen Sie eine bewusste Entscheidung und hören Sie auf, ein schlechtes Gewissen zu haben.

- *Freunde*
  Oft bleiben bei all dem Stress nicht genug Zeit und Kraft, um die Beziehungen zu Verwandten und Freunden ausreichend zu pflegen. Dass man auf deren Hilfe angewiesen ist, sollte einem nicht erst klar werden, wenn eine persönliche Katastrophe bereits eingetreten ist. Es reduziert die Ängste vor Vereinsamung oder Hilflosigkeit ganz entscheidend, wenn man sich die Mühe macht, herauszufinden, wer zu den „guten Freunden" gehört. Das sind jene Menschen, auf die man sich verlassen kann, die in jeder Lebenslage zu einem stehen würden, die einem aber auch schmerzliche Wahrheiten zumuten und vor einem Konflikt nicht zurückschrecken. Dazu muss man sich natürlich auch die umgekehrte Frage stellen: „Für wen kann und will ich diese verlässliche Person sein?" Widmen Sie mehr Zeit diesen echten Freunden.

- *Kreativität*
  Wenn nichts mehr ist, wie es war, ist unkonventionelles Denken gefragt. Es gilt, sich auf neue Situationen einzulassen, längst vergessene Fähigkeiten auszugraben, Ideen zu wälzen und Umsetzungspläne zu schmieden. Dabei hilft die Vorstellung, dass in schwierigen Zeiten auch das Potenzial zur Lösung wächst. Wer mehr über Lebenskünstler erfahren will, der lese Biografien und Familienromane. Auch Filme und Dokumentationen aus anderen Kulturen können dem kreativen Denken auf die Sprünge helfen. Lassen Sie sich von Eltern und Großeltern erzählen, wie sie Kriege und Krisen bewältigt haben, dann können Sie auf eine Fülle von Anregungen zurückgreifen – und die Verwandten werden sich freuen, ihre Erfahrungen weitergeben zu dürfen.

Eine neue Art von Denken
ist notwendig,
wenn die Menschheit weiterleben will.

Albert Einstein

2. KAPITEL: ALLE *DENK*-SYSTEME NUTZEN

Es gibt Menschen, die ihre Intelligenz verbergen, um nicht überheblich zu wirken, die ihren kritischen Geist bezähmt haben, um nicht verletzend zu sein. Aufgrund ihrer scharfen Beobachtungsgabe verstehen sie vieles rascher und besser als andere und sind in der Lage, geistige Höchstleistungen zu erbringen. Ihre Umgebung reagiert darauf jedoch nicht – wie man meinen könnte – mit Respekt und Bewunderung, sondern sehr oft mit Neid und Ablehnung. Besonders jene Menschen, die Neues erfinden oder ungewöhnliche Ansichten vertreten, sind gefährdet, von der Gesellschaft ignoriert, ausgeschlossen oder verleumdet zu werden. In der Vergangenheit wurden sie ans Kreuz genagelt, bekamen den Giftbecher zu trinken oder starben im Gefängnis in geistiger Umnachtung.

Neue Gedanken sind einerseits schwer zu verstehen und andererseits für jene bedrohlich, deren Sicherheitsgefühl auf festgefahrenen Meinungen beruht oder deren Privilegien auf dem Spiel stehen, wenn sich die Verhältnisse ändern sollten. Weil sie schon zu oft belächelt oder ausgeschlossen worden sind, halten sich oft gerade diejenigen mit ihren Vorschlägen zurück, die das Potenzial hätten, in Krisen gute Lösungen zu finden. Wer über eine präzise Wahrnehmung und einen scharfen Verstand verfügt, erzeugt damit im Leben oft mehr Probleme, als er mit ihnen lösen kann. Deshalb erleben besonders klar denkende Menschen nicht selten Misserfolg und Ablehnung und erreichen häufig nicht den

Grad an Zufriedenheit, den sie sich wünschen und auch verdienen würden.

Denken über das Denken

Für die Entwicklung des *mental-emotionalen Systems* reicht es keineswegs aus, nur formale Bildung zu erwerben oder Wissen anzuhäufen – auch wenn dies die Politik zurzeit unter dem Schlagwort „Bildungsreform" als Allheilmittel für nahezu alle Probleme empfiehlt. An den Universitäten geht es kaum noch um die Förderung des selbstständigen Denkens, denn seit der Vereinheitlichung der Bildungssysteme in der Europäischen Union (im Rahmen des Bologna-Prozesses) wird vor allem eine möglichst vergleichbare Anwendung von ausgewählten Wissensinhalten verlangt. Zudem haben die Begrenzung der Studienzeiten und die hohen Eigenkosten einen so großen Druck erzeugt, dass die Studierenden sich kaum noch Gedanken-Experimente erlauben können.

Das Denken ist ein vielschichtiges Phänomen, mit dem sich von der Antike bis heute unterschiedlichste Forscher beschäftigen: von den großen Philosophen des Abendlandes über trockene Rationalisten in den Wissenschaften bis zu versponnenen Intellektuellen der Postmoderne.[40] Auf der einen Seite wird das Denken hoch gelobt und als jene Fähigkeit betrachtet, die den Menschen zum Menschen macht: „Cogito ergo sum" (René Descartes) – „Ich denke, also bin ich." Auf der anderen Seite wird heute von zu vielem Denken abgeraten, wie neuere Ratgeber zeigen: „Machen, nicht denken!" (Richard Wiseman)[41], „Nicht immer denken" (Norman Schmid)[42]. Bei näherer Betrachtung stellt man jedoch fest, dass diese gar nicht das Denken der Philosophen meinen, sondern einen geistigen Prozess, den wir hier als Grübeln bezeichnen würden – und das hat mit Denken nur so viel zu tun wie eine Essstörung mit genussvoll Speisen. Es handelt sich dabei um die ungeschulten oder krankhaften Aspekte des Denkens. Andere Kritiker sind von der schon erwähnten „Gefühlsfraktion" und wieder andere stammen aus spirituellen Traditionen, die „Gedankenleere" empfehlen. Philosophen aller Epochen haben unterschiedlichste Überlegungen zu den Vorzügen und zu den Grenzen des Verstandes angestellt – von Aristoteles: „Das Denken für sich allein bewegt nichts, sondern nur das auf einen Zweck gerichtete und praktische Denken" bis Ludwig Wittgenstein: „Alles, was überhaupt gedacht werden kann, kann klar gedacht werden."

Man könnte viel Zeit damit verbringen, die klugen Theorien großer Denker zu studieren, und würde interessante Aspekte kennenlernen, über die man dann wieder viel nachdenken könnte – und doch würde sich deswegen das eigene Leben oder das der Menschen im Umfeld oder die Gesellschaft nicht automatisch ändern. Tatsächlich scheint die Verbindung von Denken und dem wirklichen Leben noch nicht so recht geglückt zu sein. Liest man die Biografien großer Philosophen, so haben viele trotz aller Erkenntnisse kein zufriedenstellendes Leben geführt. Manchmal möchte man sogar vermuten, dass das Denken vielleicht gesundheitsschädlich oder gefährlich sein könnte – wobei man das über das ausufernde Gefühlsleben vieler Künstler auch behaupten kann.

Mit etwas Intelligenz und den geeigneten Techniken ausgestattet, ist es nicht besonders schwierig, interessante Gedanken hervorzubringen. Doch weil immer auch die Gefahr des Missverständnisses oder des Missbrauchs besteht, ist im Umgang mit dem Denken – dem eigenen und dem fremden – stets auch Vorsicht geboten: Teilerkenntnisse werden für die ganze Wahrheit gehalten, persönliche Überzeugungen verallgemeinert und als Totschlagargument verwendet, und wenn diese als Dogmen zur absoluten Wahrheit mutieren, führen sie zur Bekämpfung anderer Ideologien. Sind die Denker von der Realität abgehoben und leben in einem geistigen Elfenbeinturm, so können sie nicht viel Schaden anrichten. Treten sie jedoch in den Dienst der Politik oder Religionen, nehmen sie teil an der Ausübung von Macht, an der Rechtfertigung von Unterdrückung und von Kriegen. Aber auch alle großen Veränderungen des Weltbildes, alle Erfindungen und sozialen Errungenschaften sind durch das Denken zustande gekommen.

Für den Einzelnen ist selbstständiges Denken ein oft genanntes Ziel – es bedeutet aber durchaus auch ein Risiko: Befreit man sich von alten Überzeugungen und gibt seine Illusionen auf, empfindet man das nicht nur als angenehm. Und wenn man Behauptungen hinterfragen und Manipulation durchschauen kann, wird es oft unmöglich, vorbehaltlos am allgemeinen gesellschaftlichen Leben teilzunehmen. Man überlegt dann genauer, was man kaufen soll, was man lesen möchte und auch, mit welchen Menschen man offen reden kann. Auch das ist nicht angenehm. In gewisser Weise verliert man durch das Denken seine Unbekümmertheit. Warum also sollte sich jemand für die Entwicklung seines Verstandes interessieren, was würde ihn motivieren, seine Zeit dafür zu verwenden? Und vor allem: Was würde er oder sie dadurch gewinnen? Eignet sich das klare Denken überhaupt für eine große Menge an Menschen oder wird es immer einigen wenigen großen Geistern vorbehalten bleiben?

Grundsätzlich kann jeder Mensch sein *mental-emotionales System* weiterentwickeln – und zwar unabhängig vom Intelligenz- oder Bildungsniveau. Oft findet man einfache Menschen, die mit erstaunlicher Weisheit auf die Welt blicken. Wenn die alten Sicherheiten nicht mehr zählen, weil die Institutionen der Gesellschaft ihre Schutzfunktion nicht mehr ausreichend wahrnehmen, müssen wir uns alle gänzlich neu orientieren. Da dieser Wandel mit den bestehenden Fähigkeiten nicht zu bewältigen ist, entsteht die Notwendigkeit für eine rasche Anpassung. Wir benötigen ein besseres Zusammenspiel des Verstandes und der Gefühle, eine wesentliche Beschleunigung des Lernens und der Organisation von Wissen. Tatsächlich sollte sich jede und jeder aktiv um eine klare Sicht der Dinge bemühen, denn in unsicheren Zeiten müssen wir für unsere Psychohygiene selbst sorgen, wenn wir die eigenen Interessen erfolgreich vertreten und unsere sozialen Beziehungen besser gestalten wollen – sowohl als Bürgerin und Bürger als auch im Berufs- und Privatleben.

Denken hilft

Obwohl die Medien regelmäßig den Verfall der Bildung beklagen, weil die Schülerinnen und Schüler bei Tests immer schlechter abschneiden, kann man feststellen, dass jede nächste Generation auf eine gewisse Weise auch intelligenter wird. Die Kinder können wesentlich mehr Reize verarbeiten und mehr Dinge gleichzeitig tun (Multitasking) als ihre Eltern. Seit etwa 50 Jahren finden kontinuierliche wissenschaftliche Untersuchungen statt – mit beeindruckenden Ergebnissen: Das Gehirn eines heute 30-jährigen

Menschen hat wesentlich mehr Nervenverbindungen ausgebildet als das einer gleich alten Person in den 1970er-Jahren. Die Wissenschaft unterscheidet daher zwischen „alten" und „neuen" Gehirnen. Offensichtlich führt die viel beschriebene Reizüberflutung doch nicht zur „Verblödung" der Jugend, weil das Gehirn die Fähigkeit besitzt, sich rasch an geänderte Gegebenheiten anzupassen.[43]

Neurowissenschaftlichen Studien zufolge nutzt der Mensch nur einen kleinen Teil seiner Gehirnkapazität. Seither fragt man sich, wofür er die restlichen Bereiche braucht, da eine solche Verschwendung von Ressourcen in der Natur eher ungewöhnlich ist. Wir wollen die Annahme verfolgen, dass das ungenutzte Potenzial für die Weiterentwicklung der Spezies zur Verfügung steht und dass wir uns möglicherweise als Gattung erst am Anfang unserer Entwicklung, nicht an ihrem Höhepunkt befinden. Doch gerade deshalb erscheint es sinnvoll, dass wir an der Verbesserung unserer Gehirnfunktionen arbeiten. Schließlich lässt sich jede Krise – sei sie privat, beruflich oder gesellschaftlich – leichter bewältigen, wenn vernünftige und bewusste Menschen an Lösungen arbeiten.

Unser Denk-Apparat

Als Ort, an dem das Denken stattfindet, wird von den meisten Forschern das Gehirn angenommen – obwohl neuere Überlegungen auch andere Bereiche in Betracht ziehen. So hat beispielsweise der Darm[44] – das sogenannte Bauchhirn – einen bisher unterschätzten Anteil daran. Möglicherweise gibt es sogar externe Speicherorte von Wissen und Erfahrungen, wie Rupert Sheldrake in seinen Experimenten zu den sogenannten morphogenetischen Feldern[45] aufzeigt. Die Hirnforschung ist eine junge Wissenschaft. Zu Beginn war man auf Untersuchungen am toten Organ angewiesen, daraus wurden zwar Informationen über seinen physiologischen Aufbau, aber nicht über seine Funktionen ermittelt. Danach kamen die Versuche der Verhaltensforschung und später Experimente an lebenden Tieren, bei denen Hirnregionen über Elektroden direkt stimuliert wurden. Erst der Fortschritt der Messtechnik der elektrischen Aktivität des Gehirnes, das EEG (Elektroenzephalogramm), und der bildgebenden

Verfahren (CT) ermöglichte die Visualisierung der Aktivitäten des Gehirns eines lebenden Menschen. In weiterer Folge ließ sich mittels Biofeedback-Methoden zeigen, dass man über Gedanken auch vegetative Funktionen wie Blutdruck oder Angstreaktionen beeinflussen kann. Führende Neurowissenschaftler fassten den aktuellen Stand der Erkenntnisse in einem Manifest zusammen: „Wir haben herausgefunden, dass im menschlichen Gehirn neuronale Prozesse und bewusst erlebte geistig-psychische Zustände aufs Engste miteinander zusammenhängen …"[46] Die Wissenschaft liefert immer detailliertere Ergebnisse über die Funktionsweise des Gehirns, wodurch auch die alte Frage wieder aktuell wird, ob unser Denken frei ist oder ob es sich dabei nur um elektronische und chemische Prozesse handelt.

Abgesehen von den unterschiedlichen Theorien bestehen einige allgemein anerkannte Funktionen des Denkens:

Aufnahme von Reizen: Über die fünf Sinne – Augen, Ohren, Nase, Mund, Haut – werden Reize aus der Außenwelt aufgenommen und über die Nervenbahnen in das entsprechende Hirnareal weitergeleitet. Ebenso werden Empfindungen aus dem Inneren wie körperlicher Schmerz oder Emotionen wie Angst registriert.

Speicherung: Das limbische System (Hippocampus) im Gehirn entscheidet, ob der Reiz angenehm ist oder Gefahr signalisiert, ob er eine sofortige Reaktion auf der Gefühls- oder Handlungsebene auslösen oder kurz-, mittel- oder langfristig im Gedächtnis bleiben soll.

Verarbeitung: Ausgewählte Eindrücke werden weitergeleitet. Diese Funktion bezeichnen wir ganz allgemein als Denken oder den Verstand. Dazu gehören Aktivitäten wie: einordnen, mit Bekanntem in Beziehung setzen, verknüpfen, kombinieren, bewerten, reflektieren, infrage stellen, spekulieren, planen, entscheiden.

Ausgabe: Das Ergebnis dieser Denkprozesse kann man – spontan oder beabsichtigt, bewusst oder unbewusst – über Sprache und/oder Körpersprache der Außenwelt mitteilen. Man kann es aber auch für sich behalten.

Diese Abläufe können auf unterschiedlichem Niveau ablaufen und in jedem Bereich gestört werden.

Entwicklung der *etablierten Denk-Systeme*

Eskimos kennen über 200 Worte für „Schnee“. Einfach weil dessen Beschaffenheit für sie von großer Bedeutung ist und weil sie durch genaue Beobachtung gelernt haben, die verschiedenen Merkmale zu unterscheiden. Wir hingegen sagen zu allem, was im Winter weiß vom Himmel fällt, einfach nur „Schnee“. Ebenso verfahren wir mit dem „Denken“. Wir bezeichnen sämtliche Vorgänge, die sich im Gehirn abspielen, lediglich als Denken, obwohl es viele unterschiedliche Funktionen und Ebenen gibt, wie beispielsweise die Unterschiede der rechten und der linken Gehirnhälfte[47] oder die unterschiedlichen Bewusstseinszustände, die man mittels der Gehirnstromwellen[48] messen kann.

Es finden sich bei all den wissenschaftlichen Erkenntnissen jedoch nur wenige Anhaltspunkte, wie wir selbst im Alltag die einzelnen Aktivitäten des Denkens unterscheiden und bewusst nutzen können, um klarere Entscheidungen und eine bessere Kommunikation zu ermöglichen. Daher widmen wir uns bei der Entwicklung des *mental-emotionalen Systems* nach der Erforschung der Gefühle nun dem Ausbau der *etablierten Denk-Systeme.*

1. Das Überlebenssystem: Reflex und Instinkt

Das Überlebenssystem besteht bei Menschen und bei (Säuge-)Tieren in ähnlicher Form: Findet ein Hund auf dem Weg ein Stück Wurst, ist sein erster Impuls, es fressen zu wollen. Wird ein Mensch durch ein lautes Geräusch erschreckt, so zuckt er zusammen. Es kostet uns einige Mühe, diese Reflexe zu kontrollieren und durch erwünschtes Verhalten zu ersetzen: also beispielsweise im Theater das Niesen zu unterdrücken.

Reflexe, Instinkte und Triebe sind artbedingt und angeboren, wenn auch unterschiedlich ausgeprägt. Auch der Mensch – so hilflos er bei seiner Geburt auch wirken mag – kommt bereits mit einigen ausgebildeten Reflexen zur Welt. Er verfügt etwa über einen Saug- und Greifreflex, einen Kalt-Warm- sowie einen Süß-Sauer-Reflex. Ein gesundes Baby muss nicht „lernen“, wie es trinken soll. Man kann es ihm nicht erklären und auch nicht vorzeigen, sondern nur die mütterliche Brust oder den Sauger des Fläschchens so positionieren, dass der Reflex *ausgelöst* wird.

Ein frei lebendes Tier „weiß", welche Gräser es fressen darf, wie eine Gazelle erlegt werden soll oder wo Süden ist – wir hingegen benötigen dafür Experten und elektronische Geräte. Obwohl es so aussieht, als wäre beim Menschen das Überlebenssystem kaum noch wirksam, ist dieses doch biologisch derart fest verankert, dass es nur sehr schwer gelingt, willentlich darauf Einfluss zu nehmen. Man trifft in diesem System keine Entscheidungen und hat kaum eine Wahl, die Reaktion erfolgt weitgehend ohne Beteiligung des Bewusstseins. Daher bezeichnet man dieses Geschehen auch noch nicht als Denken im eigentlichen Sinn, aber doch als eine Funktion des Gehirns.

Etwas komplexer sind Instinkte und Triebe. Sie können an unterschiedliche Situationen angepasst, variiert und auch besser kontrolliert werden. Während der Niesreflex ein einfacher Vorgang ist, um die Nase zu befreien, ist der Fortpflanzungstrieb der Tiere dazu da, den Bestand der Art zu sichern. Dies kann jedoch auf unterschiedliche Weise geschehen, es erfordert die Einschätzung der Lage, den Kampf gegen Konkurrenten, die Wahl des Platzes für die Aufzucht der Jungen. Reflexe, Instinkte und Triebe dienen dazu, einem Organismus das Überleben zu ermöglichen, auf Bedürfnisse oder Gefahren rasch die richtige Aktion auszulösen, wie beispielsweise Angriff oder Flucht, sexuelle Aktivität, Nahrungsaufnahme, Schutzsuche oder Brutpflege.

Das Überlebenssystem des modernen Menschen funktioniert im Prinzip nicht anders als jenes des Urmenschen: Bei einem Gefahrensignal macht es vorerst keinen Unterschied, ob es sich um einen Säbelzahntiger oder um einen Kollegen handelt. Die Reaktion ist wie eh und je Angriff, Flucht oder Totstellen – auch wenn keine körperliche Bedrohung besteht und etwa ein klärendes Gespräch viel sinnvoller wäre. Der Mensch in der zivilisierten Welt gerät heute viel seltener in Situationen, in denen diese Reflexe nützlich wären: Er muss seine Nahrung nicht mehr jagen und muss selten seine Gegner körperlich bekämpfen. Dennoch laufen bei Gefahr alle Reaktionen automatisch ab – bloß dass wir unserem „Angreifer", dem lästigen Kunden oder der nervenden Chefin, nicht ins Gesicht springen und unsere Stresshormone nicht durch einen scharfen Galopp durch die Steppe abbauen können.

Die meisten Tierarten können mit ihrem Rüstzeug an Instinkten bereits ihr Leben bewältigen. Wenn der Mensch nach der Geburt allein gelassen würde, könnte er es nicht. Um überhaupt das erste Lebensjahr zu überstehen, braucht das Baby Bezugspersonen, die es füttern und tragen. Um in eine Gemeinschaft hineinzuwachsen, benötigt es darüber hinaus ein soziales Umfeld. Für den Menschen bildet das Überlebenssystem nur die Basis für alle weiteren Entwicklungsstufen des Denkens, dennoch ist es auch heute wichtig, über ein „instinktsicheres Verhalten" oder einen „Riecher" für Gefahren und Chancen zu verfügen.

2. Das *Wertesystem*: Erziehung und Sozialisation

Auf der nächsten Stufe der Entwicklung erfolgt – wie auch bei den Säugetieren – die Anpassung an das Umfeld durch Lernen: Kinder lernen durch Nachahmen, Versuch-Irrtum-Verfahren, Grenzen erleben, Belohnung und Bestrafung, Anweisungen und Erklärungen. Diesen Prozess, der üblicherweise in einer Familie beginnt, bezeichnen wir als Erziehung oder Sozialisation. Sie befähigt den Menschen, die Normen und unausgesprochenen Regeln seiner Gemeinschaft anzunehmen und danach zu handeln. Eltern, Verwandte, Lehrer und Vertreter der Religionen vermitteln dem Kind, was gut und was böse ist, was es in dieser Familie, in dieser Gesellschaft darf oder nicht darf. Beispielsweise gilt es in einem Kulturkreis als verpönt, auf den Boden zu spucken, in einem anderen stellt das kein Problem dar; hier gibt man beim Grüßen die Hand, dort ist es streng untersagt.

Ein ausgeprägtes *Wertesystem* besteht aus einer Fülle von Überzeugungen und Glaubenssätzen. Formulierungen wie „Was *soll* ich tun? *Darf* oder *muss* ich dieses und jenes machen oder lassen?" weisen auf Fragen nach der „rechten Lebensführung" hin. Als moralisches oder ethisches Grundgerüst reicht das *Wertesystem* von der Identität des Individuums bis zum Selbstverständnis eines Staates. Es ist nicht so fest verankert wie das Überlebenssystem, aber dennoch in unserer Persönlichkeit relativ stark eingeschrieben. Abhängig vom theoretischen Kontext wird es unterschiedlich bezeichnet: Wir finden es als *Gewissen* in den christlichen Religionen, als Über-Ich bei Sigmund Freud, als Konditionierung bei spirituellen Lehrern wie Jiddu Krishnamurti, als Charakter in der Psychologie, als Programmierung in den neueren Kommunikationstechniken wie dem NLP (Neuro-Linguistisches Programmieren).

Solange uns diese Überzeugungen nicht bewusst sind, funktionieren sie beinahe ebenso rasch und automatisch wie die Reflexe: Einer alten Dame fällt die Gehhilfe aus der Hand und die meisten Menschen werden sich, ohne zu überlegen, bücken, um diese aufzuheben; wir greifen beim Essen automatisch zu Messer und Gabel oder halten uns beim Husten die Hand vor den Mund. Es fällt uns erst auf, wie schwierig es ist, Gewohnheiten zu verändern, wenn beispielsweise Hygienestandards empfehlen, doch besser in die Beuge des Ellenbogens zu husten, oder wir uns an Höflichkeitsformen anderer Länder anpassen wollen.

Im *Wertesystem* arbeiten wir nicht nur mit den Anstandsregeln einer Gemeinschaft, sondern auch mit dem moralischen Grundgerüst von Gut und Böse, das den Menschen dazu befähigt, seinen Platz in der Gesellschaft einzunehmen. Bewertungen und Urteile werden hier zuerst einmal automatisch gefällt: Wenn jemand anders aussieht, ist man misstrauisch; wenn jemand entdeckt, dass der Kollege mehr verdient, fühlt er oder sie sich ungerecht behandelt; wenn man hintergangen wurde, denkt man an Vergeltung; berichten Medien über eine Zunahme der Kriminalität, empört man sich über die Regierung oder „die Ausländer". Durch gemeinsame Werte entstehen soziale Verbundenheit, Sicherheit und Verantwortung. Mangelnde Anpassung wird von einer Gemeinschaft meist mit Ausschluss wie etwa Mobbing geahndet. Da für den Menschen die Zugehörigkeit zu einer Gruppe lebensnotwendig ist, empfindet er dies auch als schwere Strafe.

An dieser Stelle könnte man unangenehm berührt sein, denn die explizite Vermittlung von gemeinschaftlichen Werten war in manchen Kreisen bis vor Kurzem nicht sehr gefragt. Weil das Gefühl der Zugehörigkeit zu oft schon politisch missbraucht wurde, ist man vorsichtig geworden und setzt verstärkt auf Werte wie Individualität und Eigenverantwortung. Erst die Flüchtlingskrise rückte 2015 den Begriff „Wertevermittlung" im Sinne einer Identitätsstiftung wieder in das Zentrum der Aufmerksamkeit. Seither wird die Frage nach tradierten und weitgehend akzeptierten europäischen Werten und ihrer Bedeutung für den Zusammenhalt unserer Gesellschaft erneut diskutiert.

Die Leistung im *Wertesystem* besteht vor allem darin, sich anzupassen und die eigenen Bedürfnisse zugunsten der Gemeinschaft hintanzustellen. Die in der Kindheit erlernten Regeln und internalisierten Werte bestimmen das Urteilen und Handeln eines Menschen sein ganzes Leben lang, solange er diese nicht bewusst verändert. Dies ist in einem homogenen Umfeld hilfreich und zeitsparend – wenn sich allerdings die äußeren Gegebenheiten ändern, wird ein rigides *Wertesystem* zur mentalen Blockade. In früheren Zeiten war man mit einer „guten Erziehung" ausreichend ausgestattet, um sein Leben zu meistern, denn die Werte innerhalb der sozialen Schichten waren stabiler und ein Wechsel zwischen ihnen fast nicht möglich: Wer als Bauer geboren wurde, blieb das im Allgemeinen sein ganzes Leben. Heute reicht es jedoch nicht mehr aus, nur dieses einmal erworbene *Wertesystem* zu pflegen. Vielmehr muss man seine Einstellungen immer wieder hinterfragen (können), weil der Wandel in der Gesellschaft nicht mehr in Zyklen von Jahrhunderten verläuft, sondern nur noch von Jahren, beziehungsweise in einer pluralistischen westlichen Gesellschaft viele *Wertesysteme* nebeneinander bestehen: Generationen, sexuelle Orientierungen, unterschiedliche Ethnien, Religionen und Weltanschauungen. Man erlebt kulturelle Vielfalt in seiner Gemeinde oder am Arbeitsplatz, wenn man den Wohnort wechselt oder bei Reisen in ferne Länder.

Konnten die Forscher im 19. Jahrhundert die Bewohner ferner Kontinente noch als Barbaren und Wilde bezeichnen, die eigene Kultur aber als zivilisiert verstehen, so ist diese Haltung heute nicht mehr akzeptabel – wenn auch durchaus noch anzutreffen. Das Wissen um die Vielfalt der Sitten und Gebräuche hat in der Folge zur Forderung nach Toleranz und nach vielen Rückschlägen zur Etablierung der Menschenrechte geführt. Nach Phänomenen wie Massenmedien, Massentourismus und Globalisierung folgten in der zweiten Hälfte des 20. Jahrhunderts die Konzepte „interkulturelle Kompetenz" und „Diversity". Heute zählt es zu den Schlüsselqualifikationen, Unterschiede und Vielfalt zu akzeptieren und sein eigenes Verhalten sinnvoll anpassen zu können, ohne dabei seine eigene Überzeugung aufzugeben.

Bleiben diese Konditionierungen jedoch unbewusst, so bilden sie auf der persönlichen Ebene die Quelle von Enttäuschungen, von kräfteraubenden Grundsatzdiskussionen und Konflikten. Am Arbeitsplatz sind sie oft für mangelnde Teamfähigkeit und schlechtes Betriebsklima verantwortlich und in der Gesellschaft führen sie zur Unterdrückung von Minderheiten – unter dem Motto: „Wer nicht mit mir ist, ist gegen mich."

Ein gut ausgebildetes *Wertesystem* stellt zwar eine Voraussetzung für die erfolgreiche Teilhabe an einer Gesellschaft oder Gemeinschaft dar – einen gangbaren Weg zwischen grenzenloser Toleranz und enger Abschottung zu finden, ist in diesem System jedoch nur schwer möglich. Da pluralistische Gesellschaften ständig bedroht sind, entweder durch Beliebigkeit jeglichen Zusammenhalt zu verlieren oder in ein starres „Freund-Feind-Schema" zurückzufallen, sollte vor allem im Umgang mit den unbewussten Überzeugungen eine Weiterentwicklung stattfinden.

3. Das *Strategiesystem*: Planung und Ergebnis

Das Denken ist in dieser Phase vom Prinzip „Ursache und Wirkung" gekennzeichnet. Das Kind erkennt die Zusammenhänge zwischen seinem Verhalten und den Reaktionen darauf und lernt: „Wenn ich besonders laut weine, dann kommt jemand und tröstet mich." Oder aber: „Egal, wie sehr ich weine, ich muss damit allein fertig werden." Diese Erlebnisse bilden das Grundmuster unserer Machtstrategien: Kinder, die erlebt haben, dass ihre Handlungen die erwünschte Wirkung erzeugen, werden sich auch als Erwachsene leichter durchsetzen. Jene, deren Bedürfnisse nur selten befriedigt wurden, wie sehr sie sich auch anstrengten, werden lediglich noch wenig Kraft dafür aufbringen.

Die Fähigkeit, Bedürfnisse zu kontrollieren und nicht akzeptiertes Verhalten in erlaubte Aktivitäten (Ersatzhandlungen, Sublimierung) umzuwandeln, entwickelt sich etwa ab dem zweiten Lebensjahr. Ein Kind kann dann ohne Geschrei eine Zeit lang auf das Mittagessen warten, selbst wenn es schon hungrig ist; ein Bilderbuch anschauen, auch wenn es lieber herumtoben würde; es kann immer öfter seinen Zorn bezähmen und diesen nicht an seinen Spielkameraden auslassen. Die ersten kleinen Schritte der Selbstbeherrschung werden möglich, weil das Kind bereits erlebt hat, dass durch den Aufschub des Bedürfnisses ein noch angenehmerer Zustand erreicht werden kann. Dieses positive Gefühl wird durch Lob der Bezugsperson zusätzlich verstärkt oder durch Drohungen erzwungen.

Die weiteren Jahre der kindlichen Entwicklung sind gekennzeichnet durch einen Wechsel von Selbstbehauptung und Anpassungsleistung: In der sogenannten Trotzphase dominieren die Autonomiebestrebungen, in der Latenzphase, dem „goldenen Zeitalter der Kindheit"[49], das in etwa zwischen dem fünften und dem zehnten Lebensjahr liegt, stehen Kooperation und Lernwille im Vordergrund, bis mit der Pubertät wieder Eigenständigkeit und Selbstfindung ausgelebt werden, sodass mit dem Erwachsenwerden die Basis für strategisches Denken grundgelegt sein sollte.

Die Leistung im *Strategiesystem* besteht darin, eigene Bedürfnisse hintanzustellen und auf eine rasche Befriedigung zu verzichten sowie das Verhalten anderer Menschen zu beobachten, um geeignete Maßnahmen für die Erreichung seiner Ziele auszuwählen. Dazu gehören unter anderem Logik, Kontrolle, Absicht, Disziplin und eine gute Beobachtungsgabe für versteckte Signale.

Man fragt sich bei Entscheidungen, *wofür* man etwas tut oder nicht tut, definiert sein *Ziel*: Man stellt einen genauen Ernährungsplan auf, weil man bis zum Beginn der Badesaison fünf Kilo abnehmen möchte; man sagt dem Chef nicht ins Gesicht, was man von ihm hält, weil man eine Gehaltserhöhung haben will; man schreit den Lebenspartner nicht an, weil man die Stimmung im Urlaub nicht verderben möchte. Der Aufschub von Befriedigung ist nicht nur kurzfristig zu sehen, oft muss man sich über Jahre einschränken, genau planen und Hindernisse überwinden, um seine Ziele zu erreichen.

4. Das *Selbstreflexionssystem*: Innenschau und Erkenntnis

Selbstreflexion bedeutet, die körperliche, geistige und seelische Befindlichkeit bewusst wahrzunehmen und ihre Ursachen zu ergründen: *Warum* empfindet man so, *warum* hat man etwas so gemacht und nicht anders? Wenn man Bauchschmerzen hat, kann es am falschen Essen liegen oder an der bevorstehenden Prüfung. Wenn man traurig ist, liegt es womöglich an einer Kränkung oder an einer enttäuschten Erwartung. Kann man sich nicht konzentrieren, kann der Grund eine durchtanzte Nacht sein oder die Sorge um ein krankes Familienmitglied und vieles mehr.

Selbstreflexion ist die Voraussetzung für Selbsterkenntnis. Schon im antiken griechischen Denken wird mit der Inschrift auf dem Apollotempel von Delphi „Erkenne dich selbst“ auf die Notwendigkeit hingewiesen, über sich selbst nachzudenken. In diesem *Denk-System* existiert ein *innerer Beobachter*, der erforscht und hinterfragt. Wer sich selbst gut kennt, kann auch die Befindlichkeit von anderen Menschen wahrnehmen, sie verstehen und Empathie oder Mitgefühl empfinden. Ein gut ausgebildetes *Selbstreflexionssystem* ermöglicht Selbstliebe und Beziehungsfähigkeit.

5. Das *Transzendenzsystem*: Magie und Mystik

Religionen, Philosophie, aber auch esoterische Schulen suchen nach Antworten auf die großen Fragen der Menschheit: Gibt es ein Leben nach dem Tod? Ist die Seele unsterblich? Was ist der Sinn des Lebens und des Leidens? Warum gibt es etwas und nicht nichts? Die Auseinandersetzung mit der Endlichkeit des Lebens führt zu Überlegungen, die weit über die Erziehung, also das *Wertesystem,* hinausgehen. Im *Transzendenzsystem* kann der Mensch sich nicht auf die praktischen Erfahrungen der Gemeinschaft oder wissenschaftliche Beweisführungen und Logik stützen. Er ist darauf angewiesen, sich auf das Irrationale einzulassen, auf Mythen und mitunter auch auf Magie. Die Leistung besteht in der Überwindung von Begrenzungen. Das kann durch die Hingabe an eine göttliche Instanz, an eine höhere intelligente Kraft, an das Universum geschehen – oder auch die Leere. Wie Rüdiger Safranski im Vorwort zu „Heidegger und Zen“ von Hans-Peter Hempel schreibt: „Das für den Zen-Weg charakteristische angstfreie Umgehen mit der Leere ist in Heideggers Philosophie angestrebt, aber wohl doch nicht erreicht. Bei Heidegger ist zuviel Ernst, zuviel philosophische Megalomanie, zuviel verborgener Wille zur Macht im Spiel, um wirklich – spielen zu können. Die Erfahrung der Leere ist bei ihm ein Durchgangsstadium auf dem Wege zur ‚Eigentlichkeit‘. Der eigentliche Mensch aber spielt nicht, sondern stellt sich, fast schon heroisch, den großen Aufgaben; er stemmt die schweren Lasten des Daseins.“ [50]

Für viele überraschend stellen sich die großen Themen der Menschheit auch in der modernen Quantenmechanik: Der theoretische Physiker John A. Wheeler (er prägte den Begriff der „Schwarzen Löcher“) nannte sie „Really Big Questions (RBQ)“. Sein Diskurs mit anderen Größen der

Physik weist mehr metaphysische Züge auf, als man es von Naturwissenschaftlern erwarten würde.[51]

Im *Transzendenzsystem* findet auch die Auseinandersetzung mit esoterischen Glaubenslehren und übersinnlichen Phänomenen statt. Viele Menschen berichten von nicht erklärbaren Erscheinungen oder Erlebnissen, die ihr ganzes Leben verändert haben, obwohl sie mit ihrem rationalen Verständnis der Welt nicht übereinstimmten. Dazu zählen außerordentliche geistige Zustände wie Hellsichtigkeit, Kontakt zu Verstorbenen oder Vorahnungen (Präkognitionen), aber auch die Rituale der Fakire und Medizinmänner, die ihre Körperfunktionen wie den Atem kontrollieren oder Schmerzempfinden ausschalten können. Wir beobachten paranormale Phänomene wie beispielsweise die Überwindung der Schwerkraft durch das Bewegen von Gegenständen ohne Kontakt (Telekinese) oder die körperliche Ortsveränderung in Form von „Beamen" (Teleportation).

Vieles, was bisher vor allem in esoterischen Kreisen verbreitet war oder als Vorlage für Science-Fiction-Filme diente – wir erinnern uns vielleicht an den legendären Satz aus „Star Trek": „Beam me up, Scotty!" –, wird inzwischen von der Wissenschaft (und dem Militär) ernsthaft beforscht. Es zwingt uns, unser Weltbild zu überdenken. Dazu zählen die Vorstellungen von der Wirklichkeit ebenso wie jene von Zeit und Raum, von der Entstehung der Welt und letztlich auch von Gott. Der namhafte österreichische Quantenphysiker Anton Zeilinger meint dazu: „Wir müssen uns wohl von dem naiven Realismus, nach dem die Welt an sich existiert, ohne unser Zutun und unabhängig von unserer Beobachtung irgendwann verabschieden."[52]

Die neuen Entdeckungen der Physik führen auch zu einer Annäherung oder zumindest zu einem Diskurs von spirituellen Lehrern des Ostens mit westlich denkenden Wissenschaftlern: So spricht etwa der indische Philosoph Jiddu Krishnamurti mit einem der führenden Physiker, David Bohm[53], der für manche Menschen, die über die Physik zur Mystik gelangen wollten, nahezu Kultstatus erlangt hat. Er sagt: „Menschen erkannten in der Vergangenheit eine Intelligenzform, die das Universum organisiert hatte. Sie personalisierten diese und nannten sie Gott. Ein ähnlicher Einblick ist heutzutage auch möglich, ohne ihn zu personalisieren und einen persönlichen Gott zu nennen."[54] Oder der Molekularbiologe und buddhistische Mönch Matthieu Ricard im Gespräch mit dem Neurophysiologen Wolf Singer[55] und mit dem vietnamesischen Astrophysiker Trinh Xuan Thuan in „Quantum Lotus – Vom Urknall zur Erleuchtung"[56]. Auch das geistige Oberhaupt der Buddhisten, der 14. Dalai Lama, steht seit 40 Jahren im Austausch mit den bedeutendsten Naturwissenschaftlern und hat die daraus folgenden Erkenntnisse über die Verbindung zur Spiritualität in seinen Werken gesammelt.[57]

Auf diesem Gebiet ist offensichtlich mehr in Bewegung, als wir in der Öffentlichkeit wahrnehmen. Das westliche, rationale Denken erfährt durch diese Prozesse einen starken Entwicklungsschub, durch den sich nun auch jene Menschen dem *Transzendenzsystem* annähern können, die es bisher abgelehnt hatten.

Es geht hier darum, unerklärliche Phänomene nicht sofort als Unsinn abzulehnen. Wir akzeptieren die Grenzen unserer Erklärungsmodelle der Welt und bleiben neugierig für neue Dimensionen: „Es gibt mehr Dinge zwischen Himmel und Erde, als wir uns in unserer Schulweisheit träumen lassen", ließ William Shakespeare dazu seinen Hamlet sagen. Übernimmt man die Gebote und Verbote der Religionen einfach mit der Erziehung, befindet man sich im *Wertesystem*. Betritt man gedanklich die Welt der Metaphysik, befindet man sich im *Transzendenzsystem*.

All das bedeutet jedoch nicht, dass wir uns deshalb auch mit allem und jedem beschäftigen müssen – wir folgen auch hier unseren eigenen Interessen, müssen jedoch nicht mehr alles ablehnen, was nicht gleich in unser *Wertesystem* passt.

Alles zu seiner Zeit

Jedes dieser fünf *etablierten Denk-Systeme* ist wichtig und notwendig, doch sie sind durchaus nicht bei jedem Menschen gleich gut ausgebildet. Man kann in seinem Leben Umwege oder Abkürzungen bei ihrer Entwicklung genommen haben und muss daher jedes einzelne System überprüfen und bei Bedarf nachschulen. Eine mangelnde Ausprägung kann sich nämlich in vielen Situationen negativ auswirken: Ein schlecht funktionierendes Überlebenssystem erkennt man beispielsweise daran, dass man nicht rasch reagieren kann, wenn man bedroht wird, weil man vor Schreck gelähmt ist; oder daran, dass einem bei einem verbalen Angriff die passende Antwort immer erst zu spät einfällt. Ist das *Wertesystem* zu starr, können wir uns nur schwer an neue Gegebenheiten anpassen; ist es zu schwach, fehlt uns die Zugehörigkeit zu einer Gemeinschaft. Man verfügt vielleicht über ein riesiges *Selbstreflexionssystem* und kann ständig alles hinterfragen, ist aber kaum fähig, *strategisch* zu denken.

Wir können jeden Mangel bewusst ausgleichen, was aber nicht bedeutet, dass man in allen Bereichen gleich gut werden kann. Jemand, dessen Überlebenssystem als Kind nicht blockiert wurde, wird darin immer besser sein als jemand, der seine Reflexe erst in einem Selbstverteidigungskurs trainieren muss. Wurde das *strategische* Denken schon früh gefördert und hat man auch seine Berufswahl danach ausgerichtet, wird man darin immer besser sein als jemand, der erst mit 45 Jahren anfängt, Schach zu spielen, um die grundlegenden Prinzipien zu erkennen. Man muss jedoch nicht überall perfekt sein, sondern vor allem über seine Stärken und Schwächen in den einzelnen *etablierten Denk-Systemen* Bescheid wissen. Ist etwa das Überlebenssystem schlecht ausgebildet, kann man gegensteuern, indem man mehr Vorsicht walten lässt. Wenn das *Strategiesystem* schlecht funktioniert, muss man damit rechnen, dass man leichter „über den Tisch gezogen" wird, und aufhören, blauäugig allen Menschen zu vertrauen. Erkennt man, dass das *Selbstreflexionssystem* unterentwickelt ist, muss man über Vorwürfe der Beziehungspartner nicht mehr überrascht sein und sich mehr Zeit zum Nachdenken nehmen. Und wenn man die Existenz eines *Transzendenzsystems* bisher abgelehnt hat, kann man angesichts von Katastrophen und Todesfällen zumindest die Annahme zulassen, dass die letzten Fragen der Menschheit sich möglicherweise nicht nur rational beantworten lassen.

Viele Menschen haben bewusst oder unbewusst die *etablierten Denk-Systeme* hierarchisch geordnet: So finden die einen, dass die *Selbstreflexion* die höchste Ebene ist, während andere davon überzeugt sind, dass das *strategische* Denken ganz oben steht. Und wieder andere glauben, dass der mystische Bereich der Religionen oder der Philosophie am wichtigsten sei, denn mehr als die Erkenntnis der Wahrheit, das Himmelreich, die Erleuchtung oder ein Leben im Einklang mit der Ordnung des Universums könne man nicht erwarten und auch nicht erreichen. Diese Bewertung ist jedoch nicht sinnvoll, denn die *Denk-Systeme* erlangen ihre Bedeutung nur in Bezug zur jeweiligen Situation, nicht in einer abstrakten Rangordnung.

In unseren wirtschaftlich hoch entwickelten Gesellschaften sind die *etablierten Denk-Systeme* jedoch an ihre Grenzen geraten: Neue Technologien, rasche Informationsverbreitung, Liberalisierung der Beziehungen sowie die allgemeine Beschleunigung des Alltagslebens machen es uns nahezu unmöglich, auf allen Gebieten mitzuhalten. Wir haben über weite Strecken das Gefühl, die Ereignisse würden an uns vorbeifließen oder uns überrollen. Trotz hoher rationaler und emotionaler Intelligenz wie auch guter Bildung sehen wir uns häufig nicht als die aktiven Gestalter unseres Lebens, sondern kämpfen nur noch um das Überleben, weil die bestehenden Denkstile dafür nicht gut genug funktionieren.

Das Betriebssystem unseres Verstandes ist veraltet und kann seine Aufgaben nur noch unzureichend erfüllen. Ein Update auf eine neue Version oder ein neuer Programm-Manager muss installiert werden, damit die Fehlerquote reduziert und ein rascherer Zugriff auf die einzelnen Elemente möglich wird. Wir benötigen daher dringend auch für unser *mental-emotionales System* eine zusätzliche Funktion, die unsere *etablierten Denk-Systeme* koordiniert und zielgerichtet einsetzt, zugleich aber die *Energie der Gefühle* erkennt und nützt: die *Meta-Vernunft*.

Meine Tipps aus dem Coaching

In welche der *etablierten Denk-Systeme* lassen sich Ihre Bücher, Fortbildungsaktivitäten und Hobbys einordnen? Welche *Denk-Systeme* bevorzugen jene Menschen, mit denen Sie sich am wohlsten fühlen? Lässt sich eine Präferenz daraus ableiten?

Mit der folgenden Selbsteinschätzung schaffen Sie sich einen Überblick über die Ausprägung Ihrer *etablierten Denk-Systeme*. Bewerten Sie nach dem Schulnotensystem von eins bis fünf (sechs).

Bestandsaufnahme der *etablierten Denk-Systeme*

- *Überlebenssystem:* Wie gut funktionieren Ihre Reflexe? Können Sie sich spontan zur Wehr setzen oder auch blitzartig die Flucht ergreifen, wenn es gefährlich wird? Nehmen Sie Hunger und Durst, Kälte und Wärme, Aktivitätsdrang oder Müdigkeit frühzeitig wahr?
  Note: ____
- *Wertesystem*: Wie wurden Sie erzogen? Welche Werte wurden Ihnen von Ihrer Familie und in Ihrer Schulzeit vermittelt? Welche Überzeugungen haben für Sie heute noch Gültigkeit, obwohl sie nicht mehr hilfreich sind? Welche Werte haben Sie sich selbst angeeignet? Wie gut können Sie sich an „Spielregeln“ von Gemeinschaften, Firmen oder anderen Kulturen anpassen?
  Note: ____
- *Strategiesystem*: Analysieren Sie Ihre Ausbildung, Ihre Berufswahl und Ihren derzeitigen Beruf danach, welche Rolle das strategische Denken spielt. Wie gut können Sie auf ein gesetztes Ziel hinarbeiten, die Lage und die Hindernisse bewerten und Maßnahmen frühzeitig ergreifen?
  Note: ___
- *Selbstreflexionssystem*: Neigen Sie zu übertriebenen Selbstzweifeln? Dient Ihre Fähigkeit, alles zu hinterfragen, im guten Sinne der Selbsterkenntnis? Können Sie bei Vorwürfen und Konflikten in Beziehungen und im Beruf rasch Ihren eigenen Anteil daran ermitteln? Reagieren Sie häufig mit Abwehr oder Schuldzuweisungen an andere? Können Sie gewonnene Erkenntnisse anwenden?
  Note: ____
- *Transzendenzsystem*: Woran glauben Sie? Wie stehen Sie zum Tod, was kommt danach? Hatten Sie ungewöhnliche Erlebnisse und wie sind Sie damit umgegangen? Was halten Sie von paranormalen Phänomenen, von Metaphysik, von Quantenmechanik?
  Note: ____

Überall dort, wo Sie weniger als „gut“ bei den Bewertungen haben, lohnt es sich, ein Übungsprogramm zu starten, um das jeweilige *Denk-System* zu verbessern.

Training der Schwächen

Hier finden Sie einige Anregungen, wie Sie unzureichend ausgebildete *Denk-Systeme* trainieren können.

Überlebenssystem:	Outdoor-Training, Kampfsport, Abenteuerromane, Tiere beobachten
Wertesystem:	Anstandsregeln, Bräuche, Traditionen, Reiseberichte, andere Gemeinschaften oder Kulturen beobachten, Interkulturelles Training
Strategiesystem:	Schach, Monopoly, Sim City und andere Computerspiele, Wettkämpfe, Kartenspiele, Verhandlungs- und Verkaufstraining, Dialektik und Kampfrhetorik, Macht-Kompetenz
Selbstreflexionssystem:	Selbsterfahrung durch Psychotherapie, Körpertherapie, Tanzen, Astrologie, Sensibilisierungstraining, Stressbewältigung, Entwicklungsromane, Feedback von anderen einholen
Transzendenzsystem:	Religiöse und spirituelle Erfahrungen suchen und zulassen, Gebet, Meditation, Kontemplation, Mantra-Singen, Trancetechniken (Trommeln, Schwitzhütte u. a.), Biografien von Mystikern und Mystikerinnen, Quantenphysik

Wenn Sie auf bestimmte Vorschläge besonders ablehnend reagieren, kann das ein Hinweis auf ein starres *Wertesystem* sein. Mit einem weiterentwickelten *mental-emotionalen System* würde man sich alles interessiert anhören und dann entscheiden, ob und wann etwas davon für die eigene Lebenssituation relevant ist, ohne andere dafür verurteilen zu müssen.

Die größte Entscheidung deines Lebens liegt darin,
dass du dein Leben ändern kannst,
indem du deine Geisteshaltung änderst.

Albert Schweitzer

3. KAPITEL: KLARE ENTSCHEIDUNGEN TREFFEN

In den wirtschaftlich und technisch hoch entwickelten Gesellschaften wird den Menschen in allen Bereichen ein riesiges Angebot gemacht. Es beginnt bei der Auswahl von über hundert Käsesorten im Supermarkt, reicht über die Möglichkeiten in Freizeit und Kultur bis zur Berufs- und Partnerwahl. Wir sind gezwungen, im Alltag ständig Entscheidungen zu treffen, kaum etwas läuft noch als Routine ab: Lese ich die E-Mails jetzt oder später, treffe ich mich mit der Freundin im Café oder im Restaurant, führe ich das heikle Gespräch mit meinem Partner heute Abend oder lieber doch erst am Wochenende? Es folgen die Fragen nach dem Urlaub, dem Auto, der Anlageform für das ersparte Geld, der besten Kinderbetreuung, dem Wohnort; ob man die Beziehung oder den Job wechseln und welche Beratung man dafür in Anspruch nehmen soll. Nahezu alles wird hinterfragt: gesellschaftliche Normen und Werte, religiöse Gebote, Festtage und Rituale, der Sinn des Lebens und die Bedeutung des Todes.

Geld oder Leben? Wer KEINE Wahl hat, hat die Qual

In keiner Phase der Menschheitsgeschichte musste das Individuum diese Menge an täglichen sowie grundsätzlichen Entscheidungen treffen. Das Sprichwort „Wer die Wahl hat, hat die Qual“ war nie passender. Individuelle Freiheit zählt seit den bürgerlichen Revolutionen zu unseren wichtigsten Grundwerten. Wir haben sie mittlerweile in den Rang eines Dogmas erhoben und beurteilen auch andere Gesellschaften und Menschen danach, wie sie es mit der Freiheit halten. Doch ihre zweifellos positive Wirkung kann nicht unendlich ausgedehnt werden.

Die Vermehrung der Wahlmöglichkeiten hat unsere ohnedies schon komplexe Lebenssituation noch verschärft. Unsere *etablierten Denk-Systeme* sind nicht mehr in der Lage, entsprechende Kriterien zu entwickeln, weil uns zu vieles verlockend oder sinnvoll erscheint. Es ist so, als ob wir bei vollen Töpfen verhungern würden, weil die Zahl der Angebote in jedem Bereich zwar rasant zunimmt, wir aber immer weniger fähig sind, uns zu entscheiden. Es ergeht uns wie in einem Experiment aus der Biologie: Der Seestern verwendet seine fünf Arme zur Aufnahme der Nahrung. Wenn er etwas Fressbares wahrnimmt, ergreift er es ganz automatisch mit jenem Arm, der diesem am nächsten ist. Das funktioniert im Allgemeinen hervorragend. Die Forscher legten nun dem Seestern vor jeden seiner Arme im gleichen Abstand ein gleichartiges Futterstück. Plötzlich konnte der Seestern kein einziges Stück mehr aufnehmen. Er hat keine Entscheidungsinstanz mehr, mit der er einen Arm in Bewegung setzen könnte – und würde trotz des reichen Angebots verhungern.

Neben den Alltagsentscheidungen stehen wir immer öfter vor Grundsatzfragen, die gar keine Wahl im herkömmlichen Sinn zulassen: Wer möchte sich schon zwischen Geld *oder* Leben entscheiden müssen? Viele Menschen gewinnen daher den Eindruck, ihre Entschlusskraft verloren zu haben. Sie können nicht gleich erkennen, dass diese Unsicherheit durch die Veränderung der äußeren Umstände kommt, durch die Art und Weise, wie wir durch Kampagnen von Politik und Wirtschaft als mündige Bürger und verantwortungsbewusste Konsumenten zur ständigen Auswahl gedrängt werden.

Medienvertreter und Entscheidungsträger sind in Kommunikationstechniken bestens geschult und wissen, wie man Meinungen beeinflusst. Wir erhalten immer weniger brauchbare Informationen, dafür eine Fülle von widersprüchlichen Aussagen, die lediglich Appellcharakter haben und kaum noch Fakten liefern. Weil uns dadurch alles als gleich erstrebenswert erscheint, stimmt auch der Satz: „Wer KEINE Wahl hat, hat die

Qual." Nur wenn unser *mental-emotionales System* hoch entwickelt ist, haben wir eine Chance, Manipulation zu durchschauen und uns eine eigene Meinung zu bilden. Erst dann können wir entsprechend sinnvoll entscheiden – sei es, um eine Partei zu wählen, sich im Berufsleben durchzusetzen oder lebendige Beziehungen zu gestalten. Dazu benötigen wir als Erstes Klarheit über unsere – oft unbewussten – Überzeugungen und Werte.

Der Machbarkeitswahn

Alles planen und kontrollieren zu können, reich, gesund, schön und sexuell aktiv zu sein – das sind die Wunschträume vieler Bürgerinnen und Bürger der modernen Erfolgsgesellschaften. Man ist bestrebt, überall und auf möglichst hohem Niveau mitzuspielen. Scheitern ist nicht vorgesehen. Kann man diesen Ansprüchen nicht genügen, so lässt das nur einen Schluss zu: Man ist selbst schuld und muss sich eben noch mehr anstrengen. Das Motto lautet: „Jeder ist seines Glückes Schmied." Die Forderung nach *Selbstoptimierung* zählt zu den Kernwerten der liberalen Gesellschaftsordnungen. *Fürsorge* für andere oder *Hilfsbereitschaft* wird hingegen als unzulässige Einmischung gesehen, mit den Fachbegriffen „paternalistisch" oder „overprotective" belegt und grundsätzlich abgelehnt: Man darf den anderen nicht der Schwäche verdächtigen, ihn von der Zuwendung abhängig machen oder in seiner Entwicklung behindern. Daher halten wir uns mit unserer *Fürsorge* eher zurück, denn niemand möchte als „Kümmerer" gelten. Ebenso unterdrücken wir auch unser eigenes Bedürfnis nach Zuwendung, weil wir keine Ablehnung riskieren wollen und ohnedies kaum Mitgefühl erwarten dürfen. Niemand möchte als hilfsbedürftig erscheinen.

So lange wie möglich versuchen wir die Vorgabe der *Selbstständigkeit* zu erfüllen. Oft begeben wir uns erst auf die Suche nach Unterstützung, wenn wir an einem Tiefpunkt angelangt sind; wenn Krankheiten oder finanzielle Probleme existenzbedrohlich werden, Medikamente nicht mehr helfen oder der Alkoholkonsum gefährlich hoch ist. Doch bevor wir *reale* Menschen um Hilfe bitten, kaufen wir lieber ein Ratgeberbuch, suchen im Internet nach Psycho- und Powertechniken oder holen Rat bei *anonymen* Freunden einer Facebook-Gruppe.

Doch die Angebote der Communitys sind nur schwer einzuordnen und oft kommt es zu Unvereinbarkeiten. Nur fehlen die „Beipackzettel", die bei Arzneimitteln den Konsumenten über mögliche Nebenwirkungen in Kenntnis setzen. So bleibt uns vorerst nur das „Versuch-Irrtum-Verfahren", um zu erkennen, welche Überzeugungen brauchbar sind und welche wir vermeiden sollten.

Positives Denken als Flucht

Möglicherweise haben wir lange Zeit versucht, Ehekrisen, Jobprobleme, Schmerzen und sogar Krankheiten mithilfe des „Positiven Denkens" zu überwinden. Wir bemühten uns, negative Überzeugungen (auch *Glaubenssätze* genannt) durch positive zu ersetzen. Anstelle eines resignierenden Satzes wie „Ich kann das nicht" oder auch eines zweifelnden wie „Werde ich das können?" soll ein kräftiger Appell an unser Unterbewusstsein gerichtet werden: „Ich schaffe das!" Die wohl bekanntesten Vertreter dieser Mentaltechnik, Dale Carnegie mit seinem Bestseller „Sorge dich nicht – lebe!"[58] und Joseph Murphy mit „Die Macht des positiven Denkens"[59], hatten einen Boom ausgelöst: Man müsse Zielvorstellungen visualisieren, positive Affirmationen aufsagen, sich mit allen Sinnen vorstellen, wie es sich anfühlt, tatsächlich reich und gesund zu sein. Alle Probleme sollten damit zu lösen sein: Hat man beispielsweise zu wenig Geld, dann läge es an einer inneren Blockade. Man müsse das Ergebnis mental vorwegnehmen, dann würde sich der gewünschte Zustand „automatisch" einstellen. Wer dann immer noch Schulden hatte, hätte eben nicht positiv genug gedacht.

Generationen sind mit der Erlösungsfantasie groß geworden, dass sie ihre Ziele durch die Aktivierung der richtigen Vorstellung erreichen könnten. Selbst hartnäckige Skeptiker wurden von der Kraft der Gedanken überzeugt, als um 1975 die österreichischen Skispringer, „die Adler", sensationelle Erfolge erzielten, weil ihr Trainer Baldur Preiml erstmals das „Mentale Training" eingesetzt hatte. Seither kommen ständig neue Methoden auf den Markt, die mit Beeinflussung des Geistes arbeiten, und auch heute noch leben Lifestyle- und Gesundheitsmagazine von Titeln wie „Sätze, die Sie nicht mehr sagen sollten, und wie Sie dadurch freier und glücklicher werden".[60]

Es hat lange gedauert, bis sich die Gegenbewegung formierte. Günter Scheich brachte mit seinem Buch „Positives Denken macht krank – Vom Schwindel mit gefährlichen Erfolgsversprechen"[61] auf den Punkt, was Therapeuten schon länger beobachten konnten: Die Überzeugung, alles durch den eigenen Willen kontrollieren zu können, für alles ausschließlich selbst verantwortlich zu sein, führt geradewegs in die Überforderung. Zudem vernebelt die ständige positive Selbstmanipulation den Blick auf die Realität. Wenn sich die Ergebnisse über längere Zeit nicht einstellen, sind die positiven Denkerinnen und Denker kaum in der Lage, ihre Reserven zur Bewältigung der Hindernisse zu mobilisieren. Das Entscheidungssystem ist blockiert, weil ihm durch die Visualisierung signalisiert wurde, dass das Ziel bereits erreicht wurde. Inzwischen zeigen seriöse Untersuchungen, dass man mit der Kraft der Gedanken vieles bewegen kann – aber keineswegs alles.[62]

Experten hinterfragen

Wenn die Probleme weiterbestehen und man mit den Selbstversuchen nicht weiterkommt, wendet man sich an seinen Arzt, seinen Priester, seine Astrologin, seine Diätberaterin, seine Therapeutin, seinen Coach oder einfach seine Freunde. Doch auch dann erfährt man häufig nicht die dringend benötigte Zuwendung, sondern hört nur allgemeine Rezepte: „Da musst du durch!" – „Es geht darum, loszulassen." – „Sie sollten die Beziehung zu Ihrem Vater aufarbeiten." – „Wen Gott liebt, den prüft er am meisten." – „Nehmen Sie ein Antidepressivum, dann funktionieren Sie bald wieder." – „Wenn das Mars-Pluto-Quadrat vorbei ist, wird sich die Situation deutlich entspannen." – „Meditieren Sie regelmäßig." – „Machen Sie endlich mehr Bewegung." – „Sie müssen Prioritäten setzen und mehr delegieren." – „Entgiften Sie Ihren Körper mit einer Detox-Diät." – „Lass dir deine Falten unterspritzen, dann wirst du dich gleich selbstbewusster fühlen." – „Vermeiden Sie Zucker!" – „Essen Sie vegan!"

Und wieder stehen wir mit einer Fülle von Anweisungen allein da, denn auch der gute Rat von Fachleuten muss hinterfragt werden. Selbst unsere Freunde – sosehr sie sich auch bemühen – projizieren oft nur ihre eigenen Ängste oder Sehnsüchte auf uns und dementsprechend wenig objektiv sind dann auch ihre Ratschläge. Wir sollten daher ihr Engagement wertschätzen, den Inhalt jedoch überprüfen.

So kommen wir oft über längere Zeit zu keiner zufriedenstellenden Lösung – und mit jedem fehlgeschlagenen Versuch wächst der Druck und manchmal auch die Verzweiflung: Wir wissen nicht mehr, woran wir glauben sollen und wer uns helfen kann. Wir fragen uns dann: „Bin ich gestört oder sind es die anderen? Muss ich meine Einstellungen ändern oder soll ich die äußeren Umstände verändern?" Der Sozialtherapeut Erich Fromm meint dazu: „Da nun die Mehrheit der Mitglieder einer Gesellschaft an gewissen Defekten leidet, werden diese als Normalität wahrgenommen, und der Einzelne setzt sie sich sogar zum Ziel, um einem Außenseitertum aus dem Weg zu gehen: ‚Was [dem Einzelnen] an innerem Reichtum und an echtem Glücksgefühl verlorengegangen sein mag, wird durch die Sicherheit kompensiert, die das Gefühl gibt, zur übrigen Menschheit zu passen – so wie er sie kennt.'"[63]

Natürlich spricht nichts gegen ein professionelles Mentales Training, in dem die positiven Kräfte gestärkt werden, gegen eine Psychotherapie, gegen eine alternative oder schulmedizinische Behandlung. Man sollte jedoch jede Methode nur wie einen Gipsverband betrachten, der den Knochen stützt, bis er wieder belastet werden kann. Dann müssen wir wieder selbst laufen. Dass chronisch erschöpfte Menschen die Hoffnung auf Erlösung hegen, ohne den beschwerlichen Weg der Erkenntnis gehen zu müssen, ist zwar verständlich, jedoch nicht nachhaltig wirksam: Medikamente haben Nebenwirkungen, die vorerst angenehme Entspannung von Alkohol oder anderen Drogen führt zur Sucht, die Überzeugungen, das Leben total kontrollieren zu können, zerplatzen wie Seifenblasen.

Wie im Sport helfen mentale Techniken nur in Kombination mit dem mühsamen körperlichen Training, der Schinderei in der Kraftkammer. Es nützt nichts, den nächsten Sieg als garantiert zu betrachten und die Tatsache zu verdrängen, dass die nächste Niederlage sicher eintreten wird. Wenn wir uns von Manipulationen jeglicher Art befreien und unser Leben selbst gestalten wollen, bleibt es uns nicht erspart, die Anstrengung der Schulung unseres gesamten *mental-emotionalen Systems* auf uns zu nehmen. Ziel ist, sowohl das negative („Ich kann das nicht") als auch das positive Denken („Ich bin reich und gesund") durch das *realistische Denken* zu ersetzen: „Ich prüfe die Lage und entscheide dann, welche Handlung für diese konkrete Situation angemessen ist."

Niemand schafft alles allein

Mit dieser Anstrengung müssen wir uns jedoch nicht allein abmühen: Auch Spitzenleistungen werden nicht von Einzelgängern erbracht. Sie beruhen immer auch auf der Unterstützung durch „echte" Menschen. So haben Sportlerinnen und Sportler ein großes Team von Trainern, Masseuren, Ärzten, Psychologen, Managern und Pressesprechern, die mit ihnen auch emotional verbunden sind. Künstlerinnen und Künstler lassen sich von anderen Menschen inspirieren und von Mäzenen fördern. Aber nicht nur für den beruflichen Erfolg sind Helfer notwendig, selbst im privaten Umfeld braucht man vertraute Menschen, die willens und auch fähig sind, Zuwendung und Fürsorge über längere Zeit zur Verfügung zu stellen.

Diese „guten Geister" bleiben dabei meist im Hintergrund – im besten Fall werden sie dafür gut bezahlt oder am Erfolg beteiligt. Wenn die Mitglieder im beruflichen und privaten „Supportteam" dazu auch noch ehrlich wertgeschätzt und herzlich bedankt werden, dann funktioniert die Arbeitsteilung meist zu aller Zufriedenheit. Eine der bedeutendsten Familientherapeuten, Virginia Satir, beschreibt diesen – heute oft in Vergessenheit geratenen – Prozess so: „Ich glaube daran, dass das größte Geschenk, das ich von jemandem empfangen kann, ist, gesehen, gehört, verstanden und berührt zu werden. Das größte Geschenk, das ich geben kann, ist, den anderen zu sehen, zu hören, zu verstehen und zu berühren. Wenn dies geschieht, entsteht Beziehung."[64]

Daher sollten wir uns keine falschen Vorstellungen von prominenten Vorbildern und deren Leistungen machen, die sie scheinbar ganz allein erbringen. Wir können bei einem Blick hinter die Kulissen leicht erkennen, auf wie viel Unterstützung deren Erfolg aufgebaut ist, auch wenn sie allein im Rampenlicht stehen.

Dementsprechend sollten wir auch unsere Überzeugung „Ich kann alles allein schaffen" ernsthaft hinterfragen und uns auf die Suche nach jenen Menschen machen, die unserem Leben im Hintergrund Halt und Zuwendung geben. Meist entdeckt man dabei überraschenderweise stille Helferinnen und Helfer – Familienmitglieder, Freunde, Mentoren, Arbeitskollegen oder Mitarbeiterinnen und Mitarbeiter –, denen man bisher kaum Aufmerksamkeit und Dank gewidmet hat. Wer diese „Schuld" begleicht und in Zukunft darauf achtet, hat gute Chancen, seine Lebensqualität deutlich zu verbessern.

Sollten wir jedoch bei der Überprüfung unseres Umfeldes feststellen, dass wir tatsächlich zu wenig Unterstützung erfahren, ist es hoch an der Zeit, sich darum zu kümmern. Der Mangel kann dadurch entstanden sein, dass man in der Kindheit schlechte Erfahrungen gemacht hat und deshalb keine Zuwendung mehr zulassen kann. Oder man hat über Jahre hinweg die hilfreichen Menschen nicht gesehen und nicht bedankt. Vielleicht hat man den Erfolg als selbstverständlich angenommen, bis sich alle enttäuscht oder verbittert zurückgezogen haben. Mithilfe der *Selbstreflexion* kann man diese Muster analysieren und die Realität mit wacher Aufmerksamkeit überprüfen. Danach lassen sich Änderungen der Glaubenssätze und des Verhaltens einleiten.

Wer jedoch der Idee von der unbegrenzten Selbstoptimierung und dem Streben nach völliger Unabhängigkeit folgt, muss ein Leben in dauernden Konkurrenzkämpfen in Kauf nehmen – oder weiterhin mit Positivem Denken auf ein Wunder warten. Der Machbarkeitswahn wie auch andere falsche Überzeugungen sind wesentliche Quellen von Unzufriedenheit. Dagegen gewappnet ist, wer neben der notwendigen Zuwendung von „wirklichen Menschen" rechtzeitig Alternativen für seine Wünsche sucht und diese auch wie einen Notfallplan vorbereitet. Das bedeutet, zusätzlich zur Auflösung der eigenen Blockaden auch die Spielregeln des jeweiligen Umfeldes zu beachten und zu erkennen, unter welchen Bedingungen die gesetzten Ziele überhaupt erreicht werden können.[65]

Sollen oder Wollen?

Früher oder später müssen wir uns fragen, woran wir uns in einer sich rasch verändernden, pluralistischen Gesellschaft orientieren sollen. Wie wollen wir das „richtige“ Verhalten messen? Weil uns die allgemein gültigen Regeln für das Zusammenleben abhandengekommen sind, versuchen wir es zunächst mit der „Oberfläche“. Wir vergleichen sichtbare Kriterien, Statussymbole wie Auto, Haus, Designermarken, technisches Equipment oder Schmuck. Dabei orientieren wir uns vorwiegend an Einzelpersonen, nehmen Prominente als Vorbilder, vergleichen uns mit Nachbarn, konkurrieren mit Kollegen und sogar mit Freunden. Und weil dieses Verhalten zutiefst menschlich ist, wurden seine Auswüchse früher durch religiöse oder politisch-ideologische Gebote in Grenzen gehalten: Tugenden wie Nächstenliebe oder Solidarität sollten angestrebt und Todsünden wie Neid und Gier vermieden werden.

Zudem kannte man die Menschen seiner Umgebung meist schon das ganze Leben und konnte sie gut einschätzen. Die Nachbarschaft sorgte mit ihrer „sozialen Kontrolle“– meist penibel – für die Einhaltung der Regeln. Seit der Einführung des Begriffes durch Edward Alsworth Ross (1896) haben zahlreiche Soziologen die Enge und den Zwang beschrieben, die in diesen Lebensformen vorherrschen – nicht zuletzt Michel Foucault in „Überwachen und Strafen“[66]. Dementsprechend wurden die neuen Freiheiten, die das anonyme Leben in den Städten, Liberalismus und Globalisierung mit sich brachten, von vielen sehr begrüßt. Nicht zuletzt war diese Freiheit auch der Nährboden für kulturelle, technische und rechtliche Entwicklungen der Moderne.

Die Idealbilder, wie ein gelungenes Leben und eine zeitgemäße Gesellschaft aussehen sollen, haben sich in den letzten 30 Jahren deutlich verändert. Die allgemein wirksame Orientierungsfunktion der beiden großen Institutionen Religion und Politik verliert laufend an Bedeutung (mit Ausnahme des Islam). Sie haben einen Großteil ihrer Aufgaben bereits einer neuen Institution überlassen: der Wirtschaft. Wir merken an den Veränderungen des zwischenmenschlichen Verhaltens und der Gewohnheiten, dass dieser Wandel große Teile der Bevölkerung erfasst hat. So nimmt zum Beispiel die Anzahl jener Menschen, die religiöse Feiertage wie Weihnachten oder politische Gedenktage wie den „Tag der Arbeit“ noch in ihrer tieferen Bedeutung wahrnehmen, ständig ab. Stattdessen werden Festtage zunehmend von den „Konsumtempeln“ gestaltet, was dem Handel nach Valentinstag, Ostern, Muttertag oder Halloween jährlich steigende Umsatzzahlen beschert. In das Vakuum, das die schwindenden Traditionen in den wirtschaftlich hoch entwickelten Gesellschaften hinterließen, konnte die Ersatzreligion „Konsum" ungehindert eindringen. Nahezu unbemerkt haben wir über die Botschafter der Werbewirtschaft, die Lifestyle-Medien, die neuen Wertvorstellungen übernommen: Wir sehen nicht mehr ein, dass wir unsere Wünsche mäßigen sollten, wenn man uns doch ständig vermittelt, dass man alles haben kann. Der Anspruch auf sofortige Befriedigung aller Bedürfnisse wird als modern und tatkräftig erlebt, während Werte wie Verzicht, Opferbereitschaft und Geduld altmodisch und realitätsfremd wirken. Die Frage lautet für viele nicht mehr: „Wie *soll* ich leben?", sondern nur noch: „Wie *will* ich leben?"

Von der WIR-Gesellschaft zur ICH-Gesellschaft

Sätze, die mit „sollen, dürfen, müssen" beginnen, weisen auf Ethik und Moral sowie die Normen einer Gesellschaft hin. Die Bewertung unseres Handelns erfolgt hier aufgrund der Beziehung zu einer Gemeinschaft, aus der Sicht der *anderen* Mitglieder auf das Individuum. Wir *sollen* so handeln, wie es der Allgemeinheit dienlich ist. Das bekannteste, wenn auch heute schwer verständliche Zitat dazu ist der „Kategorische Imperativ" des Philosophen Immanuel Kant (1785): „Handle nur nach derjenigen Maxime, durch die du zugleich wollen kannst, dass sie ein allgemeines Gesetz werde." Damit wollte er die Menschen davon abhalten, ihre persönlichen Erfahrungen und Vorlieben als Grundlagen für ihr Handeln zu nehmen, denn diese wären zu unbestimmt und subjektiv. Die Pflicht und das Gesetz hingegen wären besser geeignet, gute Entscheidungen zu treffen.

Diese *soziale Ethik* ist durch die Entwicklungen der letzten 150 Jahre in den Hintergrund getreten und das Individuum mit seinen bewussten und unbewussten Gefühlen und Überzeugungen wurde, unterstützt durch die Psychologie, in den Mittelpunkt gerückt. Die meisten psychologischen Theorien und Schulen gehen davon aus, dass der Mensch von den Zwängen allgemeiner Normen, eines „Über-Ichs" oder eines „Eltern-Ichs" befreit werden sollte und dann sein erwachsenes, mündiges ICH zur Grundlage von Entscheidungen machen könne. Dazu zählen, um nur einige mit ihren Entstehungszeiten zu nennen, die Tiefenpsychologie (Sigmund Freud, 1910), die Individualpsychologie (Alfred Adler 1920), die Selbstpsychologie der Menschwerdung (C. G. Jung, 1930), die Existenzanalyse (Viktor E. Frankl, 1950), die Ich-Zustände der Transaktionsanalyse (Eric Berne, 1960), die individuelle Gestaltungskraft des Konstruktivismus (u. a. Paul Watzlawick, 1970 und danach). Sie und viele andere Zeitgenossen haben den Grundstein für unsere heute verbreitete *individuelle Ethik* gelegt. Selbst wenn ihre Methoden natürlich auch die Auswirkungen des Verhaltens auf die Beziehungen und die Wechselwirkung mit der Gesellschaft beachten, so verschiebt sich dennoch seither der Fokus von der Gemeinschaft auf das Individuum. Wir fragen uns in erster Linie: „Was will *ich*? Was bedeutet das für *mich*? Wie geht es *mir*?", und denken, wenn überhaupt, erst später darüber nach, welche Konsequenzen eine Entscheidung für die Mitmenschen, die Gesellschaft oder die Umwelt hat.

In Gemeinschaften, in denen die Werte über längere Zeit stabil bleiben, weiß das Individuum genau, was erlaubt ist und welche Strafen es bei Übertretung der Regeln zu erwarten hat. Die Freiheit ist zwar eingeschränkt, doch es stehen innerhalb des Rahmens mehr Kräfte für die Gestaltung des persönlichen Lebens zur Verfügung. Man muss nicht ständig Entscheidungen treffen. In den modernen Gesellschaften verfügt der Einzelne über viele Wahlmöglichkeiten: Wohnort, Beruf, Lebenspartner, sexuelle Orientierung, politische und religiöse Überzeugungen können gewählt und auch wieder verändert werden.

Es sieht auf den ersten Blick so aus, als wäre dies ein Idealzustand. Doch nun sind wir in einer Phase angekommen, in der wir erkennen müssen, dass diese Freiheit nicht nur Vorteile hat, sondern auch erhebliche Belastungen mit sich bringt. Nicht nur, dass der Aufwand, den wir zur Bewältigung der täglichen Entscheidungen benötigen, enorm hoch ist – wir werden dadurch auch in größerem Ausmaß für unser Handeln verantwortlich gemacht. War es bisher möglich, die Schuld am Scheitern auf den lieben Gott, die Erziehung oder die Gesellschaft zu schieben, so sehen wir uns nun mit der Tatsache konfrontiert, dass wir selbst für alles in unserem Leben Rechenschaft ablegen müssen. Nicht nur mangelnder Erfolg oder missglückte Beziehungen werden auf persönliches Versagen zurückgeführt, selbst Schicksalsschläge werden als Hinweise interpretiert, dass man sich nicht genügend angestrengt hat.

Dazu kommt noch, dass diese neue Freiheit auch trügerisch ist, denn unter ihrer Oberfläche verbergen sich durchaus wieder Zwänge. Auch in unserer liberalen Gesellschaft wird uns vermittelt, was wir denken und wie wir uns verhalten sollen. Jene Normen sind zwar nicht mehr festgeschrieben, doch genau deshalb benötigt das Individuum besondere Fähigkeiten, um sich am „Unausgesprochenen" zu orientieren. Das Zusammenspiel von deklarierter Freiheit und heimlichem Zwang funktioniert wie ein unsichtbarer Filter, der über Erfolg und Misserfolg, über Zugehörigkeit oder Isolation entscheidet.

Diese größere Bedeutung des persönlichen Schicksals und die Möglichkeit, den eigenen Lebensentwurf zu wählen, wurden erst als Erweiterung und als Befreiung erlebt. Jetzt allerdings kommen die negativen Seiten zum Tragen: Aus einem gesunden Selbstbewusstsein wird Narzissmus, aus Selbstfürsorge wird Egozentrik – aus einer WIR-Gesellschaft wurde eine ICH-Gesellschaft. Die Gemeinschaft zerfällt in Einzelwesen mit immer schwächeren Verbindungen, wie das Richard Sennett in seinem Buch „Der flexible Mensch"[67] eindringlich darstellt.

Unsere modernen Gemeinschaften werden zunehmend unbeständiger, denn ihre Mitglieder verbringen nicht mehr das ganze Leben gemeinsam: Sie wechseln in immer kürzeren Abständen durch die Internationalisierung der Studien und den globalisierten Arbeitsmarkt den Wohnort oder den Arbeitsplatz. Auch Freundschaften und Lebensgemeinschaften sind oft nicht mehr von langer Dauer. Nach und nach sinkt die Schwelle der Verantwortung, denn soziale Verhaltensweisen wie Rücksichtnahme, Dankbarkeit, Bescheidenheit und Höflichkeit können ihre Wirkung nur entfalten, wenn die Beteiligten Gelegenheit haben, ihre Beziehungen über längere Zeit, das heißt über viele Jahre, zu pflegen. Bei kürzeren Kontakten darf man sich davon keinen Nutzen mehr erwarten, weil keine Gelegenheit für einen Austausch besteht: Man hat einem Kollegen oder einem Nachbarn einen Gefallen getan, doch bevor dieser sich revanchieren könnte, ist der eine oder der andere schon nicht mehr da. Da keine Gegenleistungen und auch keine sozialen Sanktionen zu erwarten sind, kann man den einfacheren und bequemeren Weg wählen und sich – oft nach zahlreichen schmerzlichen Erfahrungen der Benachteiligung – gleich direkt für den eigenen Vorteil entscheiden: „Jeder ist sich selbst der Nächste", „Man muss selbst schauen, wo man bleibt", „Take the money and run", „Geiz ist geil", „Nur die Harten kommen in den Garten". Werbebotschaften und Redewendungen dieser Art verkünden die neuen „Gebote" des Individualismus. Wer sich an die alten Regeln hält, gilt als Sozialromantiker, als hoffnungsloser Idealist, als naiver Gutmensch. Und er hat auch ganz real mit Nachteilen zu rechnen, weil die sozialen Mechanismen in unbeständigen Gemeinschaften nicht mehr gelten. Da wir aber neben den raschen Veränderungen meist auch noch in einigen beständigeren Beziehungen leben, sind wir ständig gezwungen, eine Wahl zwischen alten und neuen Überzeugungen, zwischen Gemeinschaft und gesundem Egoismus zu treffen.

Die *Entweder-oder-Falle*

Setzen wir uns längere Zeit dem Stress der ständigen Entscheidungen aus, wird uns schmerzlich bewusst, dass man vielleicht doch nicht alles zugleich haben kann. Weil man uns aber ständig vermittelt, dass wir auf nichts verzichten müssen, können wir diese Einsicht meist nicht sofort akzeptieren: Wir wollen daran festhalten, dass uns alle Möglichkeiten weiterhin offenstehen. Daher geraten wir nicht nur bei der Wahl des Urlaubsziels oder des nächsten Autos, sondern auch in grundsätzlichen Lebensfragen immer öfter in einen Entscheidungsnotstand: Entweder Karriere oder Familie? Entweder Genuss oder Gesundheit? Entweder Sicherheit oder Freiheit? „Sollte ich endlich mit dem Rauchen aufhören oder soll ich mir wenigstens diesen Genuss gönnen, wenn doch das Leben so anstrengend ist?" – „Soll ich noch mehr Zeit für den Erfolg im Beruf investieren oder soll ich mich mehr um meine Familie kümmern?" Geraten wir in ein solches Dilemma, ist unsere erste Reaktion meist, dass wir beides zugleich verwirklichen wollen.

Lange Zeit bemühen wir uns darum, um dann irgendwann einzusehen, dass es doch nicht möglich ist, beide Werte im gleichen Ausmaß zu verwirklichen. Dann wollen wir am liebsten möglichst rasch eine grundsätzliche Wahl treffen, um dem Zwiespalt zu entkommen: Wir sammeln Argumente für die eine und für die andere Seite, verfassen Plus-Minus-Listen und quälen uns oft lange mit den Überlegungen dazu. In jeder freien Minute, in den Nächten, beim Spazierengehen, ständig wälzen wir die stets gleichen Gedanken und stellen fest, dass jede Entscheidung *für* eine Seite zugleich eine Entscheidung *gegen* die andere ist und dass wir um einen Verzicht nicht herumkommen. Schließlich geben wir uns einen Ruck und treffen dennoch eine Wahl – dann kostet es sehr viel Kraft und Disziplin, auch dabei zu bleiben. Beispielsweise entscheidet sich jemand für ein gesundes Leben. Dann verzichtet er zuerst auf Alkohol, später auf Zucker und schließlich auf Fleisch. Eine Zeit lang wird er zufrieden sein, doch gar nicht selten gerät der Entschluss ins Wanken: Die andere Seite meldet sich wieder mit ihren Bedürfnissen: Er fällt ins andere Extrem, gibt den Anspruch auf ein gesundes Leben auf, genießt und lässt sich gehen – so lange, bis ihn das schlechte Gewissen packt und das Spiel wieder von vorne beginnt. Eine solche Vorgangsweise erzeugt das Gefühl, in einer Klemme zu stecken, keinen Ausweg zu sehen, in eine *Entweder-oder-Falle* getappt zu sein: Dann folgt die enttäuschte Schlussfolgerung: „Man kann eben nicht alles haben!"

Auf diese Weise entsteht immer wieder das Gefühl, versagt zu haben, weil wir nämlich beide Ziele attraktiv finden und auf keines der beiden auf Dauer verzichten wollen. Tatsächlich treffen wir in diesem Denkmuster – entgegen der allgemeinen Überzeugung – gar keine Wahl. Wir pendeln zwischen den gegensätzlichen Überzeugungen und werden wie von einem unsichtbaren starken Gummiband in das andere Extrem geschleudert, sobald wir uns zu weit in eine Richtung bewegen.

So musste etwa eine tüchtige Rechtsanwältin in einer renommierten Kanzlei erleben, dass ihre Bemühungen um die Aufnahme als Partnerin schon längere Zeit nicht fruchteten. Jedes Mal kamen andere Personen zum Zug, die wesentlich weniger geleistet hatten als sie. Sie durchdachte alle möglichen Optionen: noch härter arbeiten und auf die nächste Gelegenheit hoffen; sich ständig über die Ungerechtigkeit empören; resignieren und innerlich kündigen; in einer anderen Kanzlei einen neuen Versuch starten. Bei jeder dieser Möglichkeiten würde sie nach einiger Zeit wieder vor demselben Problem stehen.

Sucht unsere Juristin jedoch nach den tieferen Ursachen und analysiert sowohl die äußeren Umstände als auch das eigene Verhalten, so wird sie ein Spannungsfeld entdecken: Bei einer Karriere in diesem Umfeld kommt es nicht nur auf fundiertes Fachwissen, erfolgreiche Akquise und soziale Kompetenz an. Das würde ja zu ihren Vorzügen zählen. Vielmehr erfordern die ständigen Machtspiele und Grabenkämpfe der erfolgshungrigen Kollegen ihre höchste Aufmerksamkeit. Taktisches Verhalten wäre angebracht – doch das liegt ihr gar nicht. Zudem sind die Beziehungen zu den Seniorpartnern von großer Bedeutung, doch sie hasst es, sich „einzuschleimen". Nun erkennt unsere Juristin auch, dass sie selbst nach anderen Werten lebt, als diese Kanzlei sie vertritt: Sie selbst erwartet Transparenz, Wertschätzung und Gerechtigkeit auch am Arbeitsplatz, dort geht es jedoch um Ehrgeiz, Durchsetzungsvermögen und sicheres Auftreten. Damit schnappt die *Entweder-oder-Falle* zu: Auf der einen Seite steht ihr Wunsch nach Karriere und auf der anderen Seite ihre Sehnsucht nach Menschlichkeit. Sie meint nun, eine Grundsatzentscheidung zwischen Erfolg oder Authentizität treffen zu müssen: Suche ich mir eine kleinere Kanzlei, die meinen Werten mehr entgegenkommt, dann sind meine Aufstiegsmöglichkeiten eingeschränkt; oder spiele ich in diesem Job nach den geforderten Regeln, dann müsste ich mich sehr „verbiegen". Weil sie aber keinen dieser Werte aufgeben möchte, wird sie jede Entscheidung bereuen. Sie wird immer glauben, etwas versäumt zu haben.

Ein anderes Beispiel: Ein aufstrebender Manager in einem internationalen Konzern möchte sich regelmäßig um sein Kind kümmern. Er hat bereits seine Väterkarenz durchgesetzt und will nun seine ebenfalls berufstätige Frau entlasten und auch weiterhin am Aufwachsen des Kindes teilhaben. Da er es drei Mal in der Woche um 17 Uhr aus dem Kindergarten abholen muss, kann er immer wieder an wichtigen Meetings nicht teilnehmen. Dafür wird er ständig zur Rechtfertigung aufgefordert. Sein Chef versichert ihm zwar (aus Gründen der Political Correctness), dass er sein Engagement für die Familie sehr lobenswert findet. Doch in der Folge bemerkt der Manager, dass wichtige Projekte einem Kollegen übertragen werden. Nun müsste er etwas unternehmen und landet umgehend in der *Entweder-oder-Falle:* Er meint, sich grundsätzlich entscheiden zu müssen, ob er ein engagierter Vater sein oder lieber Karriere machen möchte.

Oder: Eine selbstbewusste Frau ließ sich von ihrem Mann scheiden, weil er ständig eifersüchtig auf ihre harmlosen Flirts mit anderen Männern war und es deswegen oft zu Auseinandersetzungen kam. Jetzt lebt sie allein, sie muss sich nicht mehr den Konflikten in der Beziehung aussetzen und kann ihren Freiheitsdrang ungestört ausleben. Aber die gelegentlichen Affären vermitteln ihr keine Geborgenheit. Sie steht vor einem quälenden Zwiespalt und meint, auf das eine oder das andere grundsätzlich verzichten zu müssen: entweder Nähe oder Freiheit.

Solche und ähnliche Situationen kennen wir alle. Wir sehen uns genötigt, zwischen zwei gleichwertigen Überzeugungen wählen zu müssen, und landen in einer *Entweder-oder-Falle*. Im Berufsleben werden Fragen aufgeworfen wie: Soll man seine Ideen preisgeben oder soll man sie lieber für sich behalten? Soll man den Vorschlägen des Kollegen Glauben schenken oder soll man sie lieber kontrollieren? Soll man bei einer Grippe zu Hause bleiben oder die Kollegen nicht im Stich lassen? Der Berufstätige sehnt sich nach der Rente, der Pensionist sehnt sich danach, gebraucht zu werden. Jeder wird genügend Beispiele unter seinen Bekannten finden, die immer das, was sie zurzeit haben oder tun, nicht schätzen und sich das Gegenteil wünschen. Auch wenn sie versuchen, mit ungeheurem Einsatz die Gegensätze auf hohem Niveau miteinander zu vereinbaren, werden sie dennoch immer wieder enttäuscht sein. Sitzt man in der *Entweder-oder-Falle*, so bedeutet jede grundsätzliche Entscheidung für eine Seite, dass man auf die andere Seite ebenso grundsätzlich verzichten müsste.

Erster hilfloser Lösungsversuch: sowohl als auch

Hat man erkannt, dass das *Entweder-oder-Prinzip* keine sinnvollen Entscheidungen zulässt, sucht man natürlich nach einer Lösung und wird vermutlich der Logik folgend feststellen: „Wenn das *Entweder-Oder* nicht weiterhilft, dann kann es doch nur das *Sowohl-als-Auch* sein." Damit, so glauben viele, müsse das Problem zu lösen sein: Jeder könnte beide Bereiche miteinander auf höchstem Niveau verbinden.

Davon spricht auch der Volksmund, wenn er das Sprichwort „Lieber arm und gesund als reich und krank" abwandelt in „Lieber reich und gesund als arm und krank". Diese Ansicht haben sich – wie schon in früheren Abschnitten dargestellt wurde – Politiker, Journalisten und Manager, aber auch Psychologen und Philosophen und vor allem die Medien auf ihre Fahnen geschrieben. Zunehmend wird das *Entweder-oder-Denken* als falsch angeprangert und das *Sowohl-als-auch-Prinzip* als Ausweg aus dem Dilemma öffentlich propagiert.

Doch auch bei diesem Lösungsversuch wird man immer wieder unzufrieden sein, weil es nie genug ist und stets irgendwo ein Mangel auftritt. Für den Misserfolg wird man sich selbst die Schuld geben: Man hat eben wieder einmal zu wenig Einsatz gebracht, während die anderen es doch offensichtlich schaffen. Diese weitverbreitete Überzeugung ist neben den schon beschriebenen Arbeitsbedingungen mitverantwortlich für die Zunahme von psychischen Erkrankungen. Sie wird jenen zum Verhängnis, die geglaubt haben, sie könnten damit der *Entweder-oder-Falle* entkommen. In der „*Sowohl-als-auch-Lawine*" haben sie dieselben Symptome – nur ihre Begründungen sind anders.

Zweiter hilfloser Lösungsversuch: weder noch

Manche meinen, sie hätten doch noch einen Ausweg aus der Spannung der *Entweder-oder-Falle* gefunden, indem sie persönliche Beziehungen und soziales Engagement ebenso verweigern wie Karriere und Besitz: *weder noch* ist ihre Devise. Sie lassen sich auf gar nichts ein und sind immer auf der Flucht oder in Abwehrhaltung. Ihre Befindlichkeit ist irgendwo zwischen Zynismus und Neid angesiedelt, ihre Anstrengung investieren sie in die Kontrolle von Situationen, indem sie allen „Versuchungen" aus dem Weg gehen. Auch sie nehmen dadurch ein großes Maß an persönlichem Leid auf sich und finden letztlich keinen Ausweg – sie landen in der *Weder-noch-Wüste*. Obwohl sie vielleicht viel Bewunderung für ihre Selbstdisziplin und ihre puristische Lebenseinstellung erlangen, quält viele dann doch im Unterbewusstsein der ständige Mangel in allen Bereichen. Nur wenige sind für die Askese wirklich geeignet und können aus vollem Herzen der Vielfalt entsagen.

Dritter hilfloser Lösungsversuch: die Abwertung

Um diese inneren Konflikte zu vermeiden, greifen manche Menschen zu einem mentalen Trick: Sie idealisieren einen der beiden Gegensätze und verachten oder verurteilen den anderen. Die *Abwertung* ist sowohl auf gesellschaftlicher als auch auf individueller Ebene die meistverbreitete Strategie, mit der versucht wird, ein Werte-Dilemma zu lösen. Und dies, obwohl die historischen Beispiele wie auch die persönliche Lebenserfahrung zeigen, dass sie nicht nachhaltig wirksam ist.

Wer sich für ein gesundes Leben entschieden hat, lehnt bald jeglichen Genuss grundsätzlich ab und wird dann zum „Gesundheitsapostel", der andere ständig missionieren möchte. Menschen, die das Essen genießen und auch einmal „über die Stränge schlagen", verachtet er als schwach und disziplinlos. Mit der Zeit wertet er Genuss und Lebensfreude grundsätzlich als lasterhaft ab.

Ein anderes Beispiel: Eine gut ausgebildete Frau hat bewusst die Entscheidung getroffen, sich ganz der Erziehung ihrer drei Kinder und ihrem schönen Haus mit Garten zu widmen. Sie möchte ihren Partner bei seiner Karriere unterstützen und hat dafür ihren interessanten Job aufgegeben. Nun ist auch das jüngste Kind in der Schule und sie wäre insgeheim gerne wieder berufstätig. Diesen Wunsch erlaubt sie sich jedoch nicht, weil sie doch mit großem Enthusiasmus die Familie gewählt hat und damit ihre Ideale verraten würde.

Ihre Nachbarin hat in kürzester Zeit Molekularbiologie studiert und arbeitet zurzeit an einem viel beachteten internationalen Forschungsprojekt. Täglich bekommt die „Nur-Hausfrau" deren Erfolgserlebnisse aus der Arbeitswelt zu hören und die Begeisterung zu spüren. Wenn sie sich nicht mit ihrem heimlichen Wunsch nach beruflichen Erfolgen auseinandersetzt, wird sie je nach ihrer charakterlichen Veranlagung entweder sich selbst oder aber die Nachbarin *abwerten*. Entweder fühlt sie sich selbst als unfähig und bedauert ihre Entscheidung. Sie stellt sich vor, wie erfolgreich sie hätte sein können, und wirft sich ihre Versäumnisse vor. Zugleich würde sie beginnen, ihre Nachbarin übertrieben zu bewundern.

Oder aber sie beginnt die Lebensform der berufstätigen Nachbarin *abzuwerten* und *idealisiert* ihre eigene ursprüngliche Meinung: „Es ist doch viel besser, bei den Kindern zu Hause zu bleiben und deren Entwicklung zu fördern. Das ist die einzig wirklich sinnvolle Aufgabe im Leben. Die Nachbarin wird noch sehen, wie weit sie mit ihrer Jagd nach Erfolg kommt. Am Ende wird sie allein und erschöpft dastehen – es kriselt ja jetzt schon in ihrer Ehe.“ Vielleicht werden die beiden weiterhin Kontakt haben, aber die Freundschaft wird merklich unter den Spannungen leiden.

Wenn freilich die Molekularbiologin erlebt, wie vergnügt die Nachbarin mit ihren Kindern im Garten spielt, während sie nach täglich zehn Stunden im Labor nun am Wochenende ihre E-Mails beantworten muss, wird sie entweder ihre eigene Situation *abwerten*, sich mit Selbstzweifeln und dem Vorwurf quälen, ihr Lebensglück zu verpassen. Oder sie wird die Situation der Nachbarin *abwerten* und ihre eigene Position *idealisieren*: „Berufstätig zu sein ist doch viel erfüllender, als sich mit Kindern abzuplagen.“

Die Gegensätze lassen sich jedoch auf Dauer nicht ohne ernste Konsequenzen abspalten. Auch bei noch so gutem Willen werden mit der Zeit die Kontrollkräfte erlahmen und die abgewertete Seite wird sich wieder bemerkbar machen: Die Nur-Hausfrau sehnt sich nach einem Beruf und die Karrierefrau sehnt sich nach mehr Zeit für ihre Kinder. Der Single hätte dann doch gerne wieder eine Beziehung und der Ehemann wünscht sich mehr Freiheit. Wenn nicht beide Bereiche ihren angemessenen Ausdruck finden dürfen, verliert – extrem formuliert – der Karrieremensch seine Familie, seine Freunde, seine Gesundheit. Der Familienmensch hingegen kann keinen Job erfolgreich ausfüllen und gerät womöglich in finanzielle Schwierigkeiten. In jedem Fall bleibt einem mit der Abwertung immer eine Welt versagt. Die Menschen werden zum Opfer oder zum Täter, indem sie ihre eigenen Vorstellungen verdammen und die anderen bewundern oder die eigene Welt glorifizieren und die andere verachten.

Der Versuch, der *Entweder-oder-Falle* durch Abwertung zu entkommen, führt in beruflichen und privaten Auseinandersetzungen rasch zu Aggression und Manipulation: Es besser wissen oder recht haben zu wollen, zu moralisieren, Vorwürfe zu machen und die Integrität des Gegenübers infrage zu stellen, zählt zu den indirekten, sehr häufig verwendeten Kampftechniken derer, die eigentlich den Kampf ablehnen.[68] Indem wir unsere Werte als richtig erklären und diejenigen des Gegenübers als falsch, nehmen wir uns das Recht der Bewertung, die Definitionsmacht, heraus und stellen uns damit über den anderen – ohne noch ein sachliches Argument gebracht oder unsere Gefühle gezeigt zu haben. Es ist verständlich, wenn auch nicht sinnvoll, dass der derart moralisch Unterlegene sich mit allen Mitteln dagegen wehren wird und nun seinerseits versucht, das Machtverhältnis umzukehren. Gelingt es ihm nicht, greift er oft zu gröberen Maßnahmen. Es ist dann nur noch ein kleiner Schritt bis zum persönlichen oder politischen Dogmatismus mit allen damit verbundenen Auswüchsen an Gewalt und Unterdrückung der Gegenseite.

Menschen, die meinen, sich grundsätzlich zwischen zwei gleich wichtigen Überzeugungen entscheiden zu müssen, befinden sich im Dauerstress. Die einen lenken sich mit gesellschaftlichen, beruflichen oder sportlichen Aktivitäten von dieser unbefriedigenden Situation ab, sie werden zu Workaholics oder legen sich eine dicke Haut aus Zynismus und Menschenverachtung zu. Die anderen laufen Gefahr, depressiv zu werden. In jeder dieser Varianten wird der Mensch nicht den Grad an Zufriedenheit und Wohlstand erreichen, den er sich wünscht. Wer in einer *Entweder-oder-Falle* sitzt, kann keine befriedigende Lösung finden.

Politik in der Falle

Auch religiöse oder politische Systeme arbeiten zurzeit mit dem Prinzip der Abwertung: Von zwei an sich positiven, aber gegensätzlichen Werten wird einer als unerwünscht deklariert – oder zur Sünde erklärt, zum Beispiel „Sicherheit oder Freiheit". Wird in einem ideologischen System die *Freiheit* abgewertet, so entspricht sie nicht mehr einem natürlichen Bedürfnis nach Entfaltung, sondern wird als gefährlich, als familien- und staatszersetzend angesehen. Der Wunsch nach *Sicherheit* wird hingegen zur Tugend erhoben: Ehestand, Besitzerwerb und Tradition oder auch Parteitreue sind in einer solchen Ideologie erstrebenswerte und gesellschaftlich anerkannte Werte, während Risikofreude, Spontaneität und Kreativität bedrohlich sind, weil man Chaos oder sogar Anarchie befürchtet. Menschen, die mit ihrem Freiheitsstreben die Toleranzschwelle des Sicherheitsbedürfnisses einer solchen Gesellschaft oder Subkultur überschreiten, werden ausgeschlossen – entweder durch offensichtliche Strafmaßnahmen wie Gefängnis und Verbannung oder auch durch soziale Ächtung, Isolation und Mobbing. Wenn sich allerdings das Werte-Karussell wieder weiterdreht, dann wird plötzlich *Sicherheit* als Merkmal der Spießbürger *abgewertet*, während *Freiheit* die Fortschrittlichen auszeichnet. Auf diese Weise werden wieder andere Menschen zu Außenseitern.

Die Machtzyklen der Gesellschaftsformen funktionieren (leider) immer noch nach dem Muster des Pendelschlags in das andere Extrem: Wenn einzelne Staaten zu klein oder zu schwach sind, streben sie nach Zusammenschluss (z. B. EWG und Europäische Union). Nach Phasen von zu viel Zentralismus folgen wieder Autonomiebewegungen (z. B. der Austritt Großbritanniens aus der EU, der „Brexit"). Zu viel Planwirtschaft führt zu Bestrebungen nach mehr Freiheit (z. B. Zusammenbruch des Realen Sozialismus). Und zu viel Liberalisierung erzeugt den Ruf nach mehr Kontrolle und Regeln (z. B. Zähmung des Kapitalismus).

Auf der politischen Ebene liegt das Problem darin, dass ursprünglich gute Absichten und Ziele von Parteien oder Bewegungen mit der Zeit zu Dogmen werden und daher der ebenso wichtige Gegenwert nicht mehr vertreten ist. Hält dieser Zustand über längere Zeit an, wächst der Widerstand gegen die totale Vereinnahmung. Es setzt die Gegenbewegung ein, die wieder ihre Überzeugungen verabsolutiert, worauf die Gegenseite erneut an Einfluss gewinnt.

Derzeit ist dieser Mechanismus deutlich am Gegensatz „Internationalismus oder Nationalismus" zu beobachten: Während die eine Seite auf die Flüchtlingsströme mit der Forderung nach offenen Grenzen reagiert, fordert die andere deren Schließung, die einen sehen den Nationalstaat am Ende und wünschen sich den Weltbürger, die anderen reaktivieren den Heimatbegriff anhand von Nation und Sprache.

Die verbalen Attacken werden von beiden Seiten immer härter: Die Vertreterinnen und Vertreter des Internationalismus wählen die verdeckte Form der Moralkeule und sehen sich im Verhältnis zu den politisch Rechten, die oft mit Direktheit und groben Formulierungen schockieren, als die „besseren Demokraten". Doch viele Menschen lassen sich nicht mehr durch moralische Aufforderungen motivieren. Durch die übertriebene Individualisierung und die damit verbundene allgemeine Orientierungslosigkeit sehnen sie sich wieder stärker nach klaren Richtlinien. Sie folgen lieber jenen, die einfache Lösungen versprechen und dabei auch noch Unterhaltungswert haben – wie beispielsweise Donald Trump, der republikanische Präsidentschaftskandidat der USA (2016). Wenig Begeisterung erzeugen jene, die mit besorgtem Gesicht ständig betonen, wie komplex und kompliziert die Zusammenhänge sind, und die ständig das Verhalten der Menschen regulieren wollen.

Zurzeit befinden wir uns in einer Pattsituation: Nachdem die Sozial-Ethik (Orientierung an der Gemeinschaft) von der Individual-Ethik (Orientierung am Individuum) abgelöst wurde, scheint nun Letztere an ihre Grenzen zu gelangen. Auf der politischen Bühne werfen die einen den anderen vor, das Gemeinwohl zu vernachlässigen und die Entsolidarisierung zu fördern, während neoliberale Protagonisten ihre Gegner abwertend als Sozialromantiker und linksgrüne Gutmenschen bezeichnen. Es findet kein sinnvoller Diskurs über berechtigte Meinungsunterschiede mehr statt, die Fähigkeit, Kompromisse zu schließen, ist in der Politik verloren gegangen – vielmehr liefern die Politiker einander nur noch Machtkämpfe oder Abwehrschlachten. Dies, obwohl sich nur wenige Menschen die Zeit des zentralistischen Kommunismus zurückwünschen und bei einer Volksbefragung wahrscheinlich auch keine Mehrheit für den derzeit herrschenden Finanzkapitalismus mit all seinen negativen Auswirkungen zustande käme. Wer immer auch diese Auseinandersetzung diesmal gewinnen wird, nach einiger Zeit wird das Pendel wieder ins Gegenteil ausschlagen und so würde es immer weitergehen.

Außer, wir würden auch in der Politik eine Weiterentwicklung des Denkens, Redens und Handelns erreichen ...

Der Ausweg: Eine *Meta-Vernunft* entwickeln

Alle diese hilflosen Versuche führen jedenfalls nicht zu brauchbaren Lösungen und beschädigen deshalb sowohl unser Selbstwertgefühl als auch den gesellschaftlichen Zusammenhalt. Es bestehen jedoch gute Chancen, unser *mental-emotionales System* deutlich zu verbessern, um für jede Lage die bestmögliche Vorgangsweise zu finden. Dies gelingt, indem wir lernen, Gefühle und Verstand – also die *emotionalen Energiequellen* und die *etablierten Denk-Systeme* – besser zu nutzen. Wir bezeichnen diese Kompetenz in der Folge als *Meta-Vernunft*. Ihre Funktionsweise kann man sich so vorstellen, wie wenn bei einem Computer zwar viele Programme auf der Festplatte installiert sind, aber nur die aktuell benötigten im Arbeitsspeicher aktiviert werden.

Um die *Meta-Vernunft* zu verstehen, müssen wir den Begriff der Vernunft von seinem negativen Beigeschmack befreien, den er für viele Menschen unserer Zeit und Kultur bekommen hat: „Sei doch vernünftig!" wurde in der Erziehung die längste Zeit als Aufforderung zur Unterdrückung von Gefühlen benützt. Auch unsere eigenen Versuche, einen inneren Konflikt zu lösen, enden meist mit einem hilflosen Appell an unsere Vernunft. Damit ist allerdings meist nicht die ganzheitliche Integration unserer Wünsche gemeint, sondern eine etwas missmutige Unterwerfung unter eine lästige Verpflichtung oder eine undifferenzierte Anpassung an die Umstände. Viele Menschen betrachten daher die Ablehnung der Vernunft – also irrationales oder unkontrolliertes Verhalten – als Weg zur Befreiung von Zwängen, als emanzipatorischen Akt. Möglicherweise ist das jedoch nur ein Zeichen von Hilflosigkeit, weil für die Weiterentwicklung des *mental-emotionalen Systems* zur *Meta-Vernunft* das Lern-Programm fehlt.

In der Geschichte der Geisteswissenschaften und in der Literatur finden wir Überlegungen und Theorien über den Zusammenhang von Erfahrung durch sinnliche Wahrnehmung (Empirismus) und abstraktem Denken (Rationalismus) – nachzulesen unter anderem bei Francis Bacon, Thomas Hobbes, John Locke für die Vertreter der Gefühle und bei René Descartes, Baruch de Spinoza, Gottfried Wilhelm Leibniz für jene, die sich am Denken orientieren. Die Diskussion wird allerdings oft in der Art der Henne-Ei-Problematik geführt: Die einen schwören auf die *Empfindungen* als Basis aller Erkenntnis, die anderen bevorzugen den *Verstand* und misstrauen den Sinnen. Der deutsche Philosoph Immanuel Kant suchte zur Zeit der Aufklärung nach der Auflösung des Widerspruchs dieser beiden Positionen durch eine komplexe Verschränkung: „Kritik der reinen Vernunft", „Kritik der praktischen Vernunft" und „Kritik der Urteilskraft"[69]. Diese Kontroverse zieht sich bis in die heutige Zeit, blieb jedoch den intellektuellen Eliten vorbehalten.

Inzwischen haben Philosophie, Psychologie und Kommunikationswissenschaften ausreichende Erkenntnisse und Methoden geliefert, die in populärwissenschaftlichen Ratgebern, Lifestyle-Magazinen und Sonntagsbeilagen der Zeitungen einem breiten Publikum zugänglich gemacht wurden. Das hat dazu geführt, dass diese Diskussion es bis in den Alltag und den Small Talk geschafft hat, aber auch, dass nun eine zufriedenstellende Verbindung von Gefühl und Verstand für alle möglich wäre – ähnlich wie das Lesen und Schreiben sich von einer Fähigkeit, die nur Mönchen und Adeligen vorbehalten war, über Jahrhunderte zu einer Kulturtechnik der Allgemeinheit entwickelt hat. Wir müssen uns daher nicht mit unwirksamen Denkstilen und unkontrollierten Gefühlen endlos weiterquälen und könnten sowohl unsere Beziehungen verbessern als auch in politischen Diskussionen punkten, ohne in die Falle der Abwertung zu tappen.

Sieben Stufen auf dem Weg zur *Meta-Vernunft*

1. Ruhe schaffen

Stehen wir vor einer größeren Entscheidung, geraten wir leicht ins Grübeln. Wir umkreisen das Thema Tag und Nacht und kommen zu keiner Lösung. Wer dazu neigt, braucht *Gedankendisziplin*. Ein ungeschulter Geist lässt seine Gedanken herumspringen wie ein Rudel junger Hunde. In freier Natur würden die Hunde durch die harten Realitäten, wie Beute jagen, Revierkämpfe bestehen und für den Nachwuchs sorgen, sehr rasch zu einem angemessenen Verhalten finden – oder sie würden nicht überleben. Als Haustiere müssen junge Hunde hingegen durch den Menschen lernen, was sie sollen und dürfen.

So kann man sich auch die *Gedankendisziplin* vorstellen: In akuten Notsituationen oder auch beim Extremsport hat man keine Zeit zum Grübeln, da ergeben sich die Entscheidungen aus der Zwangslage nahezu von selbst. Diesen Zustand beschreiben Betroffene trotz Gefahren und auch Schmerzen als durchwegs angenehm. Bei Lebensentscheidungen oder in länger andauernden Krisen ist unser ungeschultes Denken jedoch meist nicht sofort in der Lage, überlegt und ruhig die notwendigen Entscheidungen zu treffen. Die Gedanken müssen daher wie die jungen Hunde erst mal lernen, still zu werden und auf weitere Anweisungen zu warten. Der Befehl lautet also: Sitz und Platz! Wir stoppen mit dem Einsatz der *Gedankendisziplin* das Grübeln und Zweifeln und werden uns dessen bewusst, dass nicht die Gedanken *uns* beherrschen, sondern dass *wir* der Herr oder die Frau im Hause sind.

2. Das *mental-emotionale System* optimal nutzen

Wenn Ruhe eingekehrt ist, können wir die meist diffuse Gemengelage analysieren, indem wir die *Botschaften der Gefühle* erst einmal unvoreingenommen entschlüsseln und dabei vor allem auf Angst und Wut achten. Danach erst sind wir ungestört und in der Lage, die *etablierten Denk-Systeme* nach Bedarf einzusetzen: Wir hören auf die Signale des Körpers (Überlebenssystem) und nehmen sowohl unsere eigenen Überzeugungen als auch die Regeln unserer Umgebung bewusst wahr (*Wertesystem*); wir wählen das *Strategiesystem*, wenn es gilt, Ergebnisse zu liefern, und das *Selbstreflexionssystem*, wenn es um die eigene Weiterentwicklung geht oder Beziehungen gepflegt werden sollen. Für Fragen jenseits der aktuell geltenden Realität und unsere Auseinandersetzung mit dem Tod wählen wir das *Transzendenzsystem*.

Wir bewerten die Informationen nicht gleich, sondern nehmen alle Argumente, die unsere Systeme liefern, einfach zur Kenntnis. Erst wenn wir alle Für und Wider gesammelt haben, gehen wir daran, sie zu ordnen, zu bewerten. Und auch dabei achten wir immer auf hochsteigende Gefühle. (Wer Erfahrung mit der Technik des Brainstormings hat, kann diese auch für die Entwicklung der *Meta-Vernunft* anwenden.) Das Ziel ist, eine möglichst differenzierte und realistische Einschätzung der Lage mit allen ihren emotionalen Spannungen und sachlichen Widersprüchen zu erhalten, um dadurch bessere Entscheidungen treffen zu können.

3. Gut und Böse bewerten

Alle Werte lassen sich in einem Spannungsfeld zwischen zwei positiven Extremen darstellen: Zwischen den beiden *Gegenpolen* befindet sich eine fließende Skala, an der man ablesen kann, wie weit man sich einem der beiden Extreme annähert. Betrachten wir also beispielsweise die Skala zwischen den beiden positiven Werten „Mut und Vorsicht“, so werden wir erkennen, dass man nicht beide Extreme gleichzeitig vertreten kann:

Es ist nicht möglich, zur gleichen Zeit, maximal mutig wie auch maximal vorsichtig zu sein. Genauso wenig kann man auch eine Grundsatzentscheidung treffen und auf einen Wert – also entweder auf Mut oder auf Vorsicht – ganz verzichten (auch wenn gerade das durch den hilflosen Lösungsversuch der *Abwertung* oft genug praktiziert wird). Auf dem Weg zur *Meta-Vernunft* wählen wir eine neue Vorgangsweise: Wir verstehen, dass man nicht den einen Wert stärken kann, ohne sich zugleich vom *Gegenpol* zu entfernen.

Nach welchen Kriterien sollen wir aber den Punkt auf der Skala zwischen Mut und Vorsicht wählen? Was ist nun richtig und was ist falsch? Das scheint eine unlösbare Aufgabe zu sein, denn in allen Epochen finden wir Überlieferungen der großen Denker zu dieser Frage. So meinte etwa der griechische Philosoph Aristoteles in seinen Abhandlungen über Ethik: „Tugend ist das Finden des rechten Maßes." So könne jemand etwa zu viel *Tapferkeit* beweisen, was zu *Waghalsigkeit* führe, oder aber zu wenig, was dann *Feigheit* wäre. Sowohl das Übermaß als auch der Mangel würden zur Untugend führen. Es ist also nicht das Verhalten beziehungsweise der Wert selbst, welche gut beziehungsweise schlecht sind. Ausschlaggebend ist das *Verhältnis* zu einer konkreten Situation. So könnten wir uns etwa fragen: Ist es *mutig*, mit dem Motorrad auf einer regennassen Straße mit hundert Stundenkilometern in die Kurve zu fahren, oder eher *verantwortungslos*? Ist *Sparsamkeit* in jedem Fall eine Tugend, auch wenn man sich dadurch jede Freude im Leben verbietet? Wahrscheinlich würden die Meinungen hier sehr auseinandergehen. Woran also soll man dann aber messen, was gut ist, wann Tapferkeit zum Leichtsinn und wann Vorsicht zur Feigheit wird? In diesen Überlegungen wird bereits die *Relativität der Werte* deutlich.

Über die Jahrhunderte galt daher der „Weg der Mitte" als erstrebenswert. Man sollte alle Extreme meiden. Doch das kann uns heute nicht mehr zufriedenstellen – erstens, weil es uns zu langweilig erscheint, und zweitens, weil wir in extremen Zeiten auch auf extreme Verhaltensweisen zugreifen müssen, und drittens, weil die Freiheiten unserer Kultur dies auch ermöglichen. Extremes Verhalten würden wir im Modus der *Meta-Vernunft* allerdings bewusst wählen und wir würden uns auch nicht daran gewöhnen wollen.

Der „goldene Mittelweg“ allein reicht also nicht aus, um bei der heutigen Komplexität der Welt gute Entscheidungen zu treffen. Auch die Antwort der Postmoderne in den liberalen Gesellschaften ist nicht hilfreich: Unter dem Motto „Alles ist möglich“ oder „Anything goes“ hebt sie alle Bewertungen auf. Dies führt direkt in einen „Beliebigkeitswahn“, denn wenn alles „egal“ und relativ ist, kann man auch nicht mehr entscheiden, was „richtig und falsch“, was „gut und böse“ ist. Dann kann sich niemand mehr orientieren.

Mithilfe der *Meta-Vernunft* befreien wir uns aus dieser *Entweder-oder-Falle:* Wir erkennen beispielsweise das Spannungsfeld zwischen der Forderung nach dem *Erhalt von traditionellen Werten* und der Forderung nach der *Akzeptanz jeglicher Werte* und suchen nach neuen Wegen der Entscheidung. Erste Anregungen finden wir im Volksmund mit einem Hinweis auf die Relativität von „Gut und Böse“: „Es gibt nichts Schlechtes, das nicht auch sein Gutes hat.“ Paul Watzlawick, ein österreichischer Kommunikationsforscher, dreht dieses Sprichwort im Titel seines Buches einfach um: „Vom Schlechten des Guten“.[70] Damit macht er auf die unangenehme Tatsache aufmerksam, dass jeder positive Wert, also alles, woran wir glauben und was wir schätzen, auch negative Anteile hat – sozusagen auch den Keim des Bösen in sich trägt. In vielen hilfreichen und humorvollen Beispielen zeigt er diese anscheinend paradoxe Eigenschaft der Werte auf und betont die Fragwürdigkeit absoluter Standpunkte (Konstruktivismus). Mit seiner These vom „Kipp-Effekt“ gibt er uns augenzwinkernd eine „Anleitung zum Unglücklichsein“[71], die ein rasches Verständnis der Dynamik zwischen „Gut und Böse“ ermöglicht:

Der „Kipp-Effekt“ besagt, dass ein positiver Wert nicht beliebig vermehrt werden kann, weil ab einer gewissen Größe seine guten Aspekte verloren gehen und seine negativen zutage kommen – was einmal ein *Wert* war, wir nun zum *Unwert.* So gilt beispielsweise in der herrschenden Wirtschaftslehre *Wachstum* als oberstes Prinzip und wird als zentraler *Wert* eingestuft. Eine Steigerung des Wachstums kann daher nur noch *besser* sein und muss deshalb angestrebt werden. Doch entsprechend der Dynamik führt zu viel Wachstum über den „Kipp-Effekt“ zur Zerstörung der Umwelt, der Kleinbetriebe, der gewachsenen Sozialstrukturen und wird damit zum *Unwert* der *Ausbeutung*. Mit dieser negativen Bewertung bekämpfen dann Globalisierungskritiker jegliches Wachstum.

In den Überlegungen des österreichischen Philosophen Leopold Kohr finden wir einen ähnlichen Zugang: Er beschreibt in seinem Buch „Das Ende der Großen. Zurück zum menschlichen Maß“[72] die Notwendigkeit, die *angemessene Größe* in allen Dingen anzustreben. Den „Kipp-Effekt“ können wir in allen Bereichen entdecken: Im Berufsleben führt „zu viel Ehrgeiz“ zum Raubbau an der Gesundheit und „zu viel Gelassenheit“ zur Abhängigkeit vom Zufall. Im Privatleben belastet „zu viel Liebe“ die Beziehung, weil sie in den Besitzanspruch oder in die Überfürsorge kippt, während „zu viel Freiheit“ möglicherweise Isolation oder Willkür mit sich bringt.

Der deutsche Psychologe Friedemann Schulz von Thun hat für die bisher angestellten Überlegungen zum Spannungsfeld zwischen „Gut und Böse“ mit seinem „Wertequadrat“ eine alltagstaugliche Methode geschaffen, mit der man den Überblick bewahren kann. In seinem Buch „Klärungen und Störungen“[73] setzt er *Werte* und *Unwerte* in eine Vierbeziehung: Jedem positiven Wert steht ein ebenso positiver, jedoch genau gegensätzlicher Wert gegenüber – also beispielsweise: *Kreativität* und *Routine*. Beide positiven Werte können durch Übertreibung in ihren *Unwert* kippen – also in *Chaos* und *Erstarrung*. Oder es wird *Sparsamkeit* zum *Geiz*, wenn nicht ihr positiver Gegenwert, die *Großzügigkeit*, einen Ausgleich schafft, und ohne Sparsamkeit wird Großzügigkeit zur *Verschwendung*. Arbeit wird zur Arbeitssucht, Vergnügen zum Erlebniszwang, Wohlstand zum Konsumwahn, Alkoholgenuss zum Alkoholismus, Genuss zur Völlerei, Offenheit zur Naivität und Abgrenzung zur Isolation.

Die große Chance, innere wie auch äußere Konflikte auf eine konstruktive Weise auszutragen, besteht darin, dass man das Kippen in den Unwert durch die Aktivierung des „positiven Gegenspielers“ verhindern kann. Ein unerwünschter Zustand wird durch die Suche nach dem verborgenen oder abgespaltenen *positiven* Anteil verbessert: Wenn wir uns also fragen, was das Gute im Schlechten ist, dann finden wir im Chaos die Kreativität und in der Routine die Sicherheit. Erst ein vollständiges „Wertequadrat“ ermöglicht eine eigenverantwortliche und nachhaltige

Entscheidung, weil man dadurch sowohl die Entfernung vom positiven Gegenpol mit einbezieht und das Risiko des Kippens in den Unwert abschätzen kann, als auch die Chancen der Entwicklung sichtbar werden.

Bei der Entwicklung der *Meta-Vernunft* machen wir nach diesen hilfreichen Methoden noch einen weiteren Schritt: Anstatt einen Wert immer weiter zu verfolgen, bis dieser schlussendlich in den Unwert kippen muss oder in der Beliebigkeit der Wahlmöglichkeiten zu versinken droht, nehmen wir auf der Skala der *gegensätzlichen Werte* jene Position ein, die für die jeweils aktuelle Situation angebracht erscheint. Wir treffen also eine Entscheidung, WIE VIEL VON WELCHEM WERT sinnvoll umgesetzt werden soll. Dazu muss man jedoch zuerst sein ZIEL kennen. Erst die Zieldefinition ermöglicht die Auswahl der Werte und der passenden Maßnahmen: Wenn man etwa noch den Kredit für sein Haus abbezahlen muss, ist eine Bewegung in Richtung *Sparsamkeit* sinnvoller, als *großzügige* Urlaubsreisen zu planen. Sich und anderen keine Freuden zu gönnen, obwohl kein realer Grund dafür besteht, werden wohl die meisten als *Geiz* betrachten. Sollte das ZIEL jedoch lauten, die eigenen Existenzängste zu beruhigen, ist möglicherweise ein größeres Ausmaß an Sparsamkeit sinnvoll, selbst wenn andere das kritisieren mögen. Meist grübeln wir jedoch lange über die grundsätzlichen Wertefragen, ohne das ZIEL geklärt zu haben, und verlängern dadurch unnötig sowohl innere als auch äußere Konflikte.

Diese Vorgangsweise erscheint nur zu Beginn etwas komplex. In Wahrheit lässt sie sich mit etwas Übung sehr rasch aneignen und sowohl zur Analyse als auch für bessere Entscheidungen verwenden: Wie viel von welchem Wert wird einer bestimmten Zielsetzung gerecht und was ist daher zu tun? Dabei handelt es sich nicht um ein verstecktes *Sowohl-als-Auch*, weil man keine Maximierung, sondern eine Optimierung anstrebt und dabei immer auf etwas verzichten muss.

Die Formel lautet:

WOFÜR (welches Ziel)?
WOVON (welcher Wert)?
WIE VIEL (welches Ausmaß)?

Die Aktivierung des positiven *Gegenpols* verhindert sowohl die *Abwertung* als auch den „Kipp-Effekt". Das Gute ist dann nicht mehr „allein", man akzeptiert, dass es *die* eine absolute Wahrheit nicht geben kann, sondern dass zu einem Thema immer mindestens zwei Wahrheiten zur Wahl stehen. Vergleichbar ist diese *meta-vernünftige* Haltung mit der „Interkulturellen Kompetenz": Wir gehen dabei nicht mehr davon aus, dass unsere Kultur automatisch die „richtige" wäre und betrachten alle anderen als „falsch". Vielmehr bemühen wir uns um eine Einstellung, die vorerst nur bewertet, ob etwas „gleich" oder „anders" ist. Dann können wir entscheiden, ob wir zu den Menschen aus „Andersland" Kontakt aufnehmen und sie kennenlernen und wie weit wir uns anpassen wollen. Kommen wir zu dem Entschluss, dass Distanzierung angebracht wäre, dann müssen wir sie deshalb nicht erst verurteilen und abwerten. Wir können uns respektvoll zurückziehen.

Im Modus der *Meta-Vernunft* sehen wir Gut und Böse nicht mehr als fixe Größen. Der Mechanismus, das Gute für sich zu pachten und das Böse den anderen zuzuschreiben, funktioniert hier nicht mehr. Wir haben erkannt, dass es keine absolute Wahrheit gibt, und müssen daher das Fremde, das Andere und sogar das Böse nicht mehr ausgrenzen und bekämpfen. Dennoch sind wir aufgefordert, uns mit unseren Zielen und Vorstellungen zu positionieren, um nicht der Willkür Platz zu machen. Dieser Ansatz ist vielleicht zu Beginn etwas gewöhnungsbedürftig oder macht sogar Angst. „Keine *absoluten Positionen beziehen*" bedeutet jedoch keineswegs, dass wir alles und jedes akzeptieren müssen. Es heißt vielmehr, dass Gut und Böse immer nur in Bezug zu einem konkreten Ziel definiert werden: Was in einer Situation gut ist, kann in der nächsten bereits schlecht sein und umgekehrt. Diese Einsicht wird durch eine ehrliche Selbstwahrnehmung erleichtert. Denn wenn man seine Handlungen aufmerksam hinterfragt, wird man erkennen, dass vieles, was man im guten Glauben tat, von jemand anderem als „böse" oder „schlecht" empfunden wurde oder jemandem geschadet hat. Mit der Erkenntnis der eigenen Begrenztheit wird die Vorstellung erleichtert, dass auch andere möglicherweise nicht aus böser Absicht handeln, sondern dass bloß eine Diskrepanz der Werte vorliegt.

Befinden wir uns auf der Ebene der *Meta-Vernunft*, werden wir nicht mehr aus allen Wolken fallen, wenn uns *das Andere* begegnet. Die Enttäuschung darüber, dass schon wieder etwas Böses, Dummes, Gemeines, Ungerechtes, Verlogenes geschehen ist, weicht der Fähigkeit, die Dinge zu relativieren. Anstatt von einem absoluten Standpunkt aus zu urteilen, können wir auch anderen Menschen zugestehen, dass sie gute Gründe für ihr Handeln haben. Wir müssen ihre Meinung deshalb keineswegs teilen. Wenn man allerdings die Motive des Partners oder des Gegners kennt und auch respektiert, sind wesentlich bessere Voraussetzungen gegeben, um Maßnahmen zum eigenen Schutz zu ergreifen, die eigenen Ziele durchzusetzen, ja sogar einen Kampf zu führen – und sich auch wieder zu versöhnen (vgl. dazu: Die Macht-Eskalations-Kontrolle in „Die helle und die dunkle Seite der Macht").

Wir müssen uns auch nicht mehr mit unseren eigenen alten Überzeugungen oder Meinungen herumschlagen, wenn sich die Umstände oder die Ziele längst geändert haben.

5. Den Preis bezahlen

Wir leben heute in der Annahme, dass es möglich wäre, alles immer weiter zu vermehren. In der Wirtschaft gibt es die Illusion vom grenzenlosen Wachstum und beim Individuum jene vom *Recht* auf ein glückliches Leben. Viele Menschen haben das Bewusstsein darüber verloren, dass alles, aber auch wirklich alles einen Preis hat, dass „jede Medaille zwei Seiten hat", dass dort, „wo viel Licht ist, auch viel Schatten ist". Der Mensch von heute glaubt, das Leben wäre eine Schnäppchenjagd oder eine endlose Werbefahrt mit Sonderangeboten. Selbst wenn ein Preis angemessen ist, wird er trotzdem oft als Zumutung empfunden. Immer wieder erliegen wir dem Irrglauben, die anderen hätten ihre Erfolge gratis bekommen, daher müsste es doch auch für uns möglich sein, etwas zu erreichen, ohne dafür zu bezahlen.

Wir sind uns selten der Tatsache bewusst, dass jede Entscheidung *für etwas* zugleich auch einen *Verzicht auf etwas* anderes bedeutet. Der Volksmund weist mit der Redewendung „Alles hat seinen Preis" zwar darauf hin, diese wird aber nicht mehr ernst genommen und als altmodisch empfunden. Insgeheim möchten wir im Kampf um die Gratisangebote schlauer sein als die anderen.

Vergleichen wir uns mit anderen, empfinden wir oft Neid oder Selbstmitleid: „Wieso hat Herr X einen tollen Job und ich nicht? Wieso kann Frau Y so hervorragend Klavier spielen und ich nicht?“ Im Zustand der *Meta-Vernunft* könnten wir dieses *sinnlose Leiden* vermeiden und gleich nach dem Preis fragen: „Was haben die bewunderten Personen opfern müssen, um dorthin zu gelangen? Und würde ich selbst diesen Preis zahlen wollen oder will ich nur ohne Anstrengung zum selben Ergebnis kommen?“ Meistens erkennen wir dann erst, dass wir diese Erfolge nicht haben, weil wir nicht bereit wären, den entsprechenden Einsatz zu bringen. Und um Missverständnissen vorzubeugen: Diese Überlegungen sollen keineswegs ausdrücken, dass jeder Reichtum nur durch Anstrengung und Opfer verdient worden wäre. Sehr wohl kann er auch durch Erben, durch Ausbeutung oder Betrug erworben worden sein. Ob dafür auch irgendein Preis zu bezahlen war, könnten wir jedoch nur beurteilen, wenn wir die ganze Lebensgeschichte der handelnden Personen kennen. Weil auch dann manchmal nicht alles geklärt werden kann, muss man sich entweder mit dieser Unschärfe abfinden oder an die „göttliche Gerechtigkeit“, den „Ausgleich durch das Karma nach der Wiedergeburt“ glauben.

Doch für die Mehrzahl der Entscheidungen gilt das Prinzip von „Ursache und Wirkung“ in diesem Leben. Aber selbst wenn wir das grundsätzlich verstanden haben, sind wir dann oft überrascht, sobald wir die „Rechnung für unser Handeln“ bekommen. Würden wir hingegen dieses Prinzip des *Preises* von Anfang an beachten, könnten wir vorausschauend besser entscheiden.

So ließe sich etwa die Frage, ob wir den neuen Job in einem anderen Land annehmen sollen, leichter klären, wenn wir statt einer Plus-Minus-Liste sozusagen eine *Minus-Minus-Liste* anlegten. Das bedeutet, die Nachteile, die Kosten und das Leid sowohl für das Dableiben als auch für das Weggehen gleichermaßen zu beachten. Und dann sollte die Frage nicht lauten: „Bei welcher Variante ist der Preis *niedriger*?“ Bei sorgfältiger Auflistung und bei genauer Betrachtung ist dieser nämlich meist auf beiden Seiten gleich hoch und es entsteht eine Pattsituation. Die Frage sollte vielmehr lauten: „Welchen Preis will ich *lieber* bezahlen? Mit welchen Unannehmlichkeiten kann und will ich zu diesem Zeitpunkt besser zurechtkommen?“ Wir beenden also den Versuch, etwas zu quantifizieren, was sich ohnedies nicht auf diese Weise erfassen lässt, und erlauben uns, unsere ganz persönlichen Vorlieben einzubeziehen.

Würden wir den Preis immer mit bedenken, könnten wir auch Reaktionen wie Neid, Eifersucht, Rache oder Verzweiflung gering halten. Die Energie, die wir für diese Gefühle – das *sinnlosen Leiden* – verbrauchen, könnten wir viel sinnvoller für unsere Entwicklung nutzen oder das nächste Projekt bearbeiten oder gemütlich einfach auch einmal nichts tun.

Im Modus der *Meta-Vernunft* hinterfragen wir die unrealistische Erwartung auf restlose Wunscherfüllung und akzeptieren, dass jede Erweiterung der Anforderungen auch eine Bereitstellung von neuen Ressourcen braucht. Wenn es also nicht möglich ist, mehr Kraft und Zeit für neue Ideen, Wünsche oder Aktivitäten zur Verfügung zu stellen, müssen wir eine *bewusste Reduktion* in einem anderen Bereich vornehmen. Man würde als Mutter oder Vater also nicht zur gleichen Zeit für die Kinder täglich biologisches Essen kochen wollen *und* einen ehrgeizigen Karriereplan verfolgen. Will man das alte Überforderungsmuster überwinden, muss man die Ansprüche *„entzerren“*: Man ist sich bewusst, dass sie nicht zur gleichen Zeit umgesetzt werden können. So muss im oben genannten Beispiel die Karriere etwas warten oder es gibt öfter Tiefkühlkost oder man entscheidet sich für eine Kinderbetreuung. Für Menschen am unteren Ende der Einkommensskala gefährdet allerdings oft jeder Preis die Existenz, wenn sie sich zwischen einer warmen Mahlzeit und dem Einheizen entscheiden müssen. Es bleibt ihnen häufig nur die Wahl zwischen „Pest und Cholera“. Dennoch müssen auch sie täglich diese Entscheidungen treffen, wenn sie überleben wollen.

6. Grenzen erkennen

Es zählt zu den wichtigen Voraussetzungen für ein erfolgreiches und zufriedenes Leben, rechtzeitig zu erkennen, wann eine Grenze erreicht ist, und dementsprechende Maßnahmen zu ergreifen. Oft versperren uns innere oder äußere Hindernisse unerwartet den Weg zum Ziel – beispielsweise, wenn die Beurteilung der Lage nicht entsprechend war. Man hat vielleicht nicht genau analysiert, ob für dieses Ziel ausreichende Mittel zur Verfügung stehen, wie etwa Finanzen oder Material, ob die rechtlichen Grundlagen vorliegen oder ob die eigene Belastbarkeit und jene der beteiligten Personen groß genug ist.

Man gerät ins Stocken, weil man keine Kraft mehr hat, man von anderen behindert wird, Denk-Blockaden die Vorstellungskraft hemmen oder Gefühlsaufwallungen die Umsetzungskraft einschränken. Durch diese *mental-emotionale* Schwäche übersieht man vielleicht gute Gelegenheiten oder man lehnt sogar attraktive Angebote ab, weil man die Konsequenzen fürchtet.

Zu den hilflosen Reaktionen auf Grenzen zählen Schuldgefühle, Selbstmitleid, Selbstbestrafung oder Selbstvorwürfe: „Ich bin zu willensschwach, zu dumm, zu gutmütig, zu ungebildet, zu ungeschickt, zu ..." Aber auch die Suche nach den Schuldigen ist keineswegs zielführend: Aggressionen, Strafe, Rache, Vorwürfe sowie Manipulation kosten nur Zeit und Kraft und lenken uns bloß von unserem Ziel ab.

Zu den sinnvollen Aktionen zur Überwindung von Grenzen zählen: rechtzeitig erkennen, wann man sich selbst schützen muss; die gesetzten Ziele laufend überprüfen; eine realistische Einsicht in die Gegebenheiten gewinnen; entscheiden, welche Handlungen jeweils zu unterlassen oder zu setzen sind. Ebenso sinnvoll kann auch ein Rückzug sein. Wenn man den *Preis* zurzeit nicht zahlen will, kann man sich auch bewusst für den *Verzicht* entscheiden und mit dem *Mangel* leben lernen. Aber dann wäre es auch sinnvoll, die Klagen darüber einzustellen, was alles möglich gewesen wäre. Allerdings sollte man auch nie vergessen, was man ursprünglich wollte, und von Zeit zu Zeit überlegen, ob man nicht wieder in diese Richtung aufbrechen möchte. Da die Grenze stets nur für eine aktuelle Situation gilt, sollte man den Zeitpunkt für eine Veränderung nicht übersehen.

7. Frustrationstoleranz aufbauen

Nicht nur Entscheidungsprozesse, auch das Lernen von etwas Neuem funktioniert dann besser, wenn man von Anfang an bereit ist, den *Preis* dafür zu bezahlen. Beschließt jemand heute, Skifahren zu lernen, kann er nicht morgen schon über die eisige Piste carven. Er müsste sich zuerst überlegen, welche Ausrüstung er benötigt und ob er allein oder mit Lehrer lernen möchte. Als Nächstes ist *Frustrationstoleranz* gefordert. Etwas Neues zu lernen erfordert einen hohen *mental-emotionalen* Einsatz, um trotz aller Misserfolge und Rückschläge weiterzumachen. Viele geben nach den ersten Versuchen auf, weil sie das Verletzungsrisiko scheuen oder weil sie nicht für ihre anfängliche Ungeschicklichkeit belächelt werden möchten. Dann sitzt man allerdings wieder allein zu Hause, während die anderen Ski fahren – und muss eben damit fertigwerden. Ist man sich dessen bewusst, tut es zwar immer noch weh, wenn man auf der Eisplatte stürzt, aber man wird sich nicht darüber aufregen. Das Motto heißt dann: Hingefallen – aufstehen – den Helm zurechtrücken – (eventuell kurz ärgern) – weiterfahren! In einer ruhigen Minute kann man analysieren, was man falsch gemacht hat: Schon wieder den falschen Ski belastet oder das Eis nicht gesehen? Man speichert die Erkenntnis ab und achtet bei nächster Gelegenheit bewusst darauf. Besser wird man auf jedem Gebiet nur durch *Frustrationstoleranz* und Übung und noch einmal Übung.

Die Merkmale der *Meta-Vernunft* im Überblick

Wird die *Meta-Vernunft* richtig verstanden, so ist sie keineswegs ein Ausdruck von Beliebigkeit oder ein Freibrief für Egozentrik. Im Bewusstsein, dass jede Entscheidung vielfältige Wirkungen auf uns selbst, auf andere Menschen, die Gesellschaft und die Umwelt erzeugt, übernehmen wir die volle Verantwortung für jede Handlung und für jede Unterlassung. Mit etwas Übung können wir diesen Vorgang immer in Gang setzen, bevor wir überhaupt ein Wort sagen oder eine Aktion starten. Erst dann haben wir mehr Sicherheit – wenn auch keine Garantie –, dass wir sowohl die äußeren Aspekte als auch unsere persönlichen Bedürfnisse bestmöglich miteinander in Verbindung gebracht haben, ohne in eine *Entweder-oder-Falle* zu geraten.

Im Zustand der *Meta-Vernunft* zu entscheiden bedeutet, mit Gegensätzen konstruktiv umzugehen: Wir hören damit auf, den Standpunkt des Gegenübers abzuwerten und den eigenen zu verherrlichen. Die Gegensätze bleiben in ihrer Bedeutung bestehen – nur die Gewichtung ändert sich abhängig vom konkreten Ziel. So werden wir nicht immer wieder vom Pendelschlag ins andere Extrem überrascht und sind in der Lage, einen Ausgleich zwischen gegensätzlichen Werten vorausschauend zu planen. Die Entscheidungskompetenz liegt bei jedem Einzelnen in der Auswahl der Ziele, in der Einschätzung der Lage und in der bestmöglichen Nutzung der *emotionalen Energiequellen* sowie aller *etablierten Denk-Systeme.*

Um ein *Werte-Dilemma* aufzulösen, tappen wir nicht mehr in die *Entweder-oder-Falle,* und wir erzwingen auch keine Grundsatzentscheidung zwischen „Was *soll* ich tun?" und „Was *will* ich tun?". Vielmehr können wir beide Aspekte – die Anforderungen der Gesellschaft und unsere eigenen Wünsche – respektieren und zulassen. Doch bevor unser ungeschultes Denken nun wieder meint: Natürlich, es geht um das *Sowohl-als-Auch,* erinnern wir uns an die Notwendigkeit, sich auf der Skala zwischen den Werten zu positionieren und eine Wahl zu treffen. Im Modus der *Meta-Vernunft* nehmen wir möglichst unvoreingenommen die jeweiligen Gegebenheiten wahr und lassen uns nicht nur von den eingelernten Mustern des *Wertesystems* leiten und auch nicht vom eigenen *Unterbewusstsein* oder unseren aktuellen Befindlichkeiten. Wir bewerten alle möglichen Aspekte auf ihre Chancen für die Erreichung des aktuellen *Ziels* mit der Frage, *wovon, wie viel, zu welcher Zeit und um welchen Preis* benötigt wird.

Wenn wir diese Prozesse rasch und präzise abwickeln können, müssen wir uns nicht mehr nach einem *Machtwort* sehnen, das alle Probleme beseitigen soll. Allerdings hindert uns nichts daran, auch einmal ein *Machtwort* zu sprechen, wenn wir das wirklich wollen. Jedenfalls werden wir weniger oft unbedachte Worte sprechen und uns dadurch einerseits besser durchsetzen und andererseits auch unsere Beziehungen friedvoller gestalten.

Elemente der Meta-Vernunft

- Man ist in der Lage, Ruhe für Reflexion zu schaffen.
- Die *negativen Gefühle* wie Angst und Wut müssen nicht mehr unterdrückt werden. Mithilfe der *Selbstreflexion* werden ihre Botschaften entschlüsselt und ihre Energie als Antrieb genutzt (*emotionale Energiequellen*).

- Alle Glaubenssätze aus der Kindheit sowie die religiösen und/oder politischen Überzeugungen werden überprüft.
- Die Illusion von immerwährendem Glück und Erfolg wird abgelegt und durch die Erkenntnis ersetzt: *Wir entkommen dem Leid nicht, wohl aber dem sinnlosen Leiden.*
- Alle *etablierten Denk-Systeme* werden trainiert und fehlende Kompetenzen ergänzt: Überlebenssystem, Wertesystem, Strategiesystem, Selbstreflexionssystem, Transzendenzsystem.
- Die *Entweder-oder-Falle* wird bei sich und bei anderen rasch identifiziert. Das *Sowohl-als-auch-* und das *Weder-noch-Denken* sowie die *Abwertung* werden als hilfloser Fluchtversuch aus dem Werte-Dilemma erkannt und unterlassen.
- Entscheidungen werden mit den Fragen vorbereitet:
  ZIEL: *Wofür*?
  WERT: *Wovon*?
  AUSMASS: *Wie viel*?
  VERZICHT: *Um welchen Preis*?
- *Gut und Böse* werden nicht mehr als absolute Größen behandelt, sondern sowohl für die jeweilige Lebenssituation als auch für das konkrete Ziel jeweils neu bestimmt.
- Das Prinzip „*Alles hat seinen Preis*“ wird in seinem vollen Umfang akzeptiert und die Bereitschaft, den Preis auch zu bezahlen, gefördert.
- *Grenzen* werden rechtzeitig erkannt. Für jede Erweiterung der Aufgaben werden die notwendigen Kräfte bereitgestellt oder sie werden in anderen Bereichen dafür *reduziert*.
- *Frustrationstoleranz* und *Geduld* werden aufgebaut.

Meine Tipps aus dem Coaching

Prüfen Sie, wie weit Ihre *Meta-Vernunft* entwickelt ist, und legen Sie Ihre Lernfelder fest:

Fragen zur Selbstreflexion

- Werden Sie häufig von Ihren *negativen Gefühlen* wie Angst, Wut, Ohnmacht, Scham, Schuld überrascht?
- Wie schaffen Sie Ruhe für Reflexion?
- Sind Ihnen Ihre *negativen Gefühle* bewusst?
- Können Sie die *lebensnotwendigen Erstgefühle* rasch erkennen und diese in einer entsprechenden geschützten Umgebung auch ausdrücken?
- Können Sie *unnötige Zweitgefühle* rasch stoppen?
- Machen Sie eine Liste mit Ihren festen Überzeugungen, Ihren Glaubenssätzen und jenen Werten, nach denen Sie Ihr Leben ausrichten.
- Prüfen Sie, woher diese Werte stammen (Eltern, Freunde, Lehrer, Religion …).
- In welchem Ausmaß sind Ihre Überzeugungen in der heutigen Zeit, in Ihrer konkreten Lebenssituation noch passend und sinnvoll?
- Welche *Hoffnungen* bestimmen Ihr Leben? Was würde sich ändern, wenn Sie diese aufgeben?
- Wie sehr sind Ihnen Ihre konkreten *Bedrohungen* bewusst und können Sie diese von diffusen Ängsten unterscheiden?
- Haben Sie einen *Notfallplan* für die konkreten Bedrohungen?
- Wie verarbeiten Sie Unannehmlichkeiten und Schicksalsschläge? Müssen Sie mit jemandem reden oder sind Sie lieber allein? Akzeptiert Ihr Umfeld Ihre persönlichen Vorlieben?
- Geraten Sie bei Entscheidungen häufig in ein Werte-Dilemma, eine *Entweder-oder-Falle?*
- Überfordern Sie sich eher mit dem *Sowohl-als-auch-Prinzip* oder entziehen Sie sich notwendigen Entscheidungen und folgen dem *Weder-noch-Prinzip*?
- Fällt es Ihnen auf, wenn Sie die Positionen *anderer Menschen abwerten* und sich damit über sie stellen?
- Neigen Sie dazu, Ihre *eigenen* Überzeugungen *abzuwerten*?

- Sind Sie überrascht, wenn sich bei positiven Entscheidungen oder Werten die negative Seite zeigt? Wie gehen Sie damit um?
- Können Sie einen Standpunkt einnehmen und diesen kontrolliert auch wieder verlassen, ohne sich deshalb als opportunistisch zu fühlen?
- Sind Sie sich dessen bewusst, dass *alles einen Preis hat*, und sind Sie bereit, diesen auch zu bezahlen?
- Können Sie Rückschläge und Niederlagen verarbeiten?
- Bringen Sie genügend Geduld auf – mit anderen und mit sich selbst?

Beziehungen wiederbeleben

- Denken Sie an eine Person, die Ihnen persönlich bekannt ist, über die Sie sich immer wieder ärgern müssen: also Lebenspartner oder Lebenspartnerin, pubertierendes Kind, Freund oder Freundin, Vorgesetzter, Kollege oder Mitarbeiterin.
- Listen Sie die wesentlichen Eigenschaften oder Verhaltensweisen auf, die Sie nerven.
- Bilden Sie ein „Wertequadrat" von unten nach oben, indem Sie herausfinden, was das Gute an dieser ärgerlichen Eigenschaft ist. Also was könnte beispielsweise an *Faulheit* sinnvoll sein? Mögliche Einsicht: Fähigkeit zur *Muße*, Gelassenheit, Stressvermeidung.
- Verfahren Sie auf diese Weise mit allen negativen Eigenschaften Ihrer privaten und beruflichen Beziehungspartner – und weil es nicht um ein naives positives Denken geht, prüfen Sie anhand der gemeinsamen *Ziele*, ob der Ärger aus Ihrem persönlichen Wertesystem entspringt oder tatsächlich für die Zielerreichung hinderlich ist.
- Möglicherweise würde Ihnen persönlich ja auch etwas mehr *Muße* guttun – dann könnten Sie beginnen, die Person dafür zu schätzen, dass sie einen positiven Ausgleich zu Ihrem Stress bietet, und Ihre eigene *Hektik* reduzieren.

Nur die Weisheit ist es,
welche die Traurigkeit aus dem Herzen vertreibt
und die uns nicht vor Angst erstarren lässt.
Unter ihrem Geleit
lässt sich in Seelenfrieden leben.

Marcus Tullius Cicero

TEIL III: SELBSTVERPFLICHTUNG

ERKENNEN
SCHÜTZEN
GESTALTEN

Lass dich die Macht der Gewohnheit
auf vielbetretene Wege nicht drängen.
Trau nicht dem irrenden Blick
und dem vom Echo verrauschten Ohre.
Auch nicht der Zunge:
Allein der Verstand sei Prüfer und Richter.

Permenides von Elea

Stärkung der Abwehrkräfte

Wir schützen Leib und Leben, unseren Besitz und unseren Computer mit großem Aufwand vor unberechtigten Zugriffen. Angesichts der allgemeinen Verunsicherung wird es jedoch dringend notwendig, auch unser Fühlen und Denken vor unkontrollierter Einflussnahme zu bewahren.

In unserer pluralistischen Gesellschaft bestehen unterschiedliche Vorstellungen darüber, wie man leben sollte. Jede Gruppierung erhebt den Anspruch, das Leben gemäß ihren persönlichen, politischen und religiösen Überzeugungen gestalten zu dürfen. Häufig bleibt es aber nicht bei der Forderung nach der eigenen Freiheit, sondern jeder möchte den anderen auch von den eigenen Werten überzeugen. Dagegen ist auch gar nichts einzuwenden, denn das Recht auf freie Meinungsäußerung wurde im Laufe der Jahrhunderte hart erkämpft und zählt zum Selbstverständnis unserer Kultur. Heute bestehen jedoch nicht nur zwei oder drei verschiedene Überzeugungen gleichzeitig, sondern unzählige. Die Menge der Meinungen führt zu einem ständigen „Grundrauschen", in dem man entweder überfordert aufgibt oder seine eigene Position finden und laufend überprüfen muss. Diese notwendige Eigenverantwortung erfordert einiges an Kenntnissen sowie einen ökonomischen Einsatz der persönlichen Kräfte: Wie kann es uns einerseits gelingen, jegliche Manipulation zu durchschauen und uns davor zu schützen? Und wie können wir andererseits rechtzeitig erkennen, wenn wir selbst unbewusst manipulativ sind und unsere Mitmenschen verwirren?

Zwischen Denken und Reden besteht eine Wechselwirkung, auf die auch der Volksmund hinweist: „Erst denken, dann reden!“ Offensichtlich können wir reden, ohne nachgedacht zu haben, also etwas „nachplappern“, etwas nur so „dahingesagt“ oder es nicht so „gemeint“ haben. Wir merken oft nicht, wenn wir mit unseren Worten jemanden verletzen, ihm zu nahe treten oder ihn auf Distanz halten; wenn wir uns über andere erheben, indem wir über sie moralisch urteilen, oder wenn wir unsere Gefühle hinter Zynismus verbergen. Oft machen wir *unbewusste Kampfansagen*[74], die dann zu Konflikten führen. Wir fühlen uns ungerecht behandelt, obwohl wir selbst es waren, der oder die den Angriff gestartet hat. Erst die bewusste Wahrnehmung unserer Gedanken und Gefühle im Modus der *Meta-Vernunft* verbessert die Präzision unserer Rede. Darüber hinaus benötigen wir auch die entsprechenden rhetorischen Techniken, um unsere Interessen erfolgreich zu vertreten und uns gegen Übergriffe von anderen zu wehren.

In modernen Gesellschaften ist es für die meisten Menschen von Vorteil, wenn sie über Grundkenntnisse in Präsentations- und Verhandlungstechniken verfügen. Dabei macht es keinen Unterschied, ob sie ihre Kompetenzen durch Versuch und Irrtum erworben, gute Vorbilder nachgeahmt oder die Prinzipien der Rhetorik systematisch studiert haben. Manchmal ist ein „bauernschlauer“ Autodidakt erfolgreicher als ein Professor der Kommunikationswissenschaften. Wichtiger ist es zu überprüfen, ob die bisher erlernten und eingesetzten Methoden zufriedenstellende Ergebnisse liefern – ob wir unsere Ziele erreichen und uns aktiv gegen unliebsame Einflussnahme schützen können. Falls dies nicht der Fall ist, müssen wir nicht mutlos in *sinnloses Leiden* verfallen, sondern können umgehend entsprechende Maßnahmen zur Verbesserung ergreifen.

Ständige Weiterbildung sollte daher für jeden so selbstverständlich sein wie die Gesundheitsvorsorge. Die Trainingsangebote dafür sind vielfältig und ausgereift: Anleitungen zum geistreichen Small Talk, um Freunde zu finden, oder Flirt-Tricks, um nach einem „Ersten Date“ die Chance auf ein zweites zu bekommen[75]; Familienkonferenzen[76], die bei der Kindererziehung, beim richtigen Streiten oder bei respektvollen Trennungen helfen sollen. Es gibt Empfehlungen für die Gestaltung von Vorstellungsgesprächen, Gehaltsverhandlungen und Eigenmarketing[77] für mehr Erfolg im Beruf bis zum Verhalten in Extremsituationen[78]. Wir lernen, Reden für jeden Anlass zu entwerfen, einen logischen Fünfsatz für eine Argumentation zu bilden oder eine Ich-Botschaft zum Zwecke der Selbstoffenbarung korrekt zu formulieren.

Der Bogen der Forschung wie auch der Methoden spannt sich von der Rhetorik der alten Griechen bis zur modernen Sprachwissenschaft. Die Kunst der großen Redner ist legendär und dient auch heute noch vielen mächtigen Männern und Frauen in Politik und Wirtschaft als Vorbild. Vor allem in Gesellschaften mit einem hohen ökonomischen Entwicklungsstand und demokratischen Staatsformen gewinnt die Einflussnahme der Eliten auf die Bevölkerung durch die Sprache laufend an Bedeutung. Erstens, weil Gewalt und Krieg – zumindest offiziell – geächtet sind und daher Diplomatie und Verhandlungen vielleicht noch wichtiger sind, als sie es in der Geschichte immer schon waren. Und zweitens müssen Parteien, die sich allgemeinen Wahlen stellen, die Bürgerinnen und Bürger von ihren Zielen und Werten überzeugen. Dies geschieht heute in Wahlkämpfen vor allem über Bilder und Inszenierungen[79] – aber natürlich auch über die Sprache. Dazu bedienen sie sich aller möglichen Kanäle: vom persönlichen Kontakt über die klassischen Medien bis zu den sozialen Netzwerken im Internet.

Die modernen Kommunikationswissenschaften haben seit ihren Anfängen vor etwa hundert Jahren[80] die grundlegenden Erkenntnisse der Antike über das Wesen und die Wirkung der Sprache erweitert[81] und durch die jüngeren Forschungen der Neuropsychologie, wie beispielsweise über die Bedeutung der Spiegelneuronen für unser Einfühlungsvermögen,[82] noch vertieft. In unserer Zeit stehen den Menschen viele unterschiedliche Denkstile und Sprechweisen zur Verfügung. Wir setzen sie nach unseren persönlichen Vorlieben ein und lernen aufgrund von beruflichen und privaten Anforderungen neue dazu. Dies geschieht meistens ohne bewusste Entscheidung und man ist sich auch der Vielfalt der nebeneinander existierenden anderen Varianten selten bewusst.

So weit ist alles nachvollziehbar. Seit einiger Zeit klagen jedoch sowohl Fachleute als auch Laien über den Verfall der Kommunikation in der Politik wie auch in der Wirtschaft, weil die Grenze zwischen *Information* und *Manipulation* verschwimmt.[83] Die Aufgabe von Werbung und politischer Propaganda besteht nicht mehr darin, Kunden und Wähler durch die besseren Argumente zu überzeugen, sondern die Botschaften auf eine Weise anzubringen, dass die Empfänger diese gar nicht als solche wahrnehmen (Subliminal Messages[84]), aber dennoch die erwünschte Reaktion zeigen: Sie sollen dieses Produkt kaufen, jene Partei wählen, ihre Überzeugung ändern – oder einfach nur verunsichert werden. Wenn er oder sie nicht mehr den alten Gewohnheiten folgt und an sich selbst zweifelt, wird er/sie beim nächsten Mal offener für verborgene Botschaften sein.

Nun könnte man einwenden, dass daran nichts neu wäre, weil Machteliten das Volk immer schon zu einem Verhalten gebracht haben, das ihren Machterhalt absicherte. Das stimmt natürlich, nur unterscheiden sich eben die Methoden: In autoritären oder totalitären Systemen geschieht die Einflussnahme durch Einschränkung der Freiheit, durch eine Reduzierung der Wahlmöglichkeiten auf jedem Gebiet – und durch mehr oder weniger Gewalt. In demokratischen Gesellschaften leben wir hingegen unter der Prämisse der Freiheit – die sich jedoch bei näherer Betrachtung als Illusion erweist: An die Stelle des *Machtworts* tritt die Manipulation. Wenn man jemanden nicht direkt zwingen kann, wählt man die indirekten Methoden der Durchsetzung von Interessen: Man bringt die Menschen dazu, „freiwillig" das zu tun, was man von ihnen möchte.

Lange Zeit konnten wir diese Mechanismen noch durchschauen, doch jetzt scheint die Technik unkontrollierbar zu werden. Wir beobachten uns dabei, wie wir gegen unsere eigenen Interessen handeln, indem wir beispielsweise freiwillig unsere Daten bei der Nutzung von Apps, Facebook oder Online-Shopping aus der Hand geben. Obwohl wir um die Gefahren wissen, unternehmen wir nichts dagegen. Es gelingt uns auch immer weniger, eindringende Botschaften zu identifizieren, bevor sie unser *mental-emotionales System* wie ein *Krankheitserreger* befallen. Wenn sie erst einmal ihre verheerende Wirkung entfaltet haben, werden wir „denkfaul" und unsere Widerstandskraft erlahmt. Die bisher praktizierten Abwehrstrategien, wie Hintergrundinformationen beschaffen und kritisch hinterfragen, helfen nicht mehr gegen die neuen Bedrohungen, weil das *mentale Immunsystem* durch die Dauerbelastung geschwächt ist und die *Erreger* gegen die Heilmittel resistent sind.

Wir schützen zwar unseren Computer gegen Viren und Malware, nicht jedoch unser Gehirn gegen unerwünscht eindringende Informationen. Daher benötigen wir dringend ein *Mind-Security-System,* um unser Denken vor Schaden zu bewahren und unsere Urteilsfähigkeit aufrechtzuerhalten. Wir sollten die Symptome rasch erkennen und wirksame Maßnahmen zur Abwehr der Gefahr oder zur Beseitigung der Störung unseres *mental-emotionalen Systems* ergreifen. Um das entsprechende Gegenmittel zu finden, müssen wir zunächst den *Erreger* identifizieren und in weiterer Folge unsere *mentalen Abwehrkräfte* stärken.

Dialektik: Werkzeug und Waffe

In den Werken vieler Philosophen finden wir den „Widerspruch als Weg zur Erkenntnis" oder „die Behauptung des Gegenteils" als Methode für die Suche nach der Wahrheit. Diese Denkweise wird im Gegensatz zur Logik (manchmal auch als eigener Bereich der Logik) allgemein als Dialektik bezeichnet.[85] Abgesehen von unterschiedlichen Details der einzelnen Schulen kann man dieses Prinzip so verstehen: Anstelle des weitverbreiteten dualistischen Denkens befasst sich das dialektische Denken mit der „Beziehung", die *zwischen den Gegensätzen* besteht. Man spaltet nicht eine Seite ab, sondern bezieht die Gegenposition in den Erkenntnisprozess mit ein. Man argumentiert dann nicht *für oder gegen* den Verstand oder das Gefühl", sondern: In welcher Beziehung stehen diese beiden Gegensätze zueinander, wie wirken sie aufeinander[86] (vgl. „Kipp-Effekt" und „Wertequadrat"). Rupert Lay[87] schreibt: „Bei Platon war sie die ‚Wahrheitsfindungs-Dialektik' – wir würden heute von *Problemlösungs-Dialektik* sprechen."

Formalisiert wurde diese Art zu denken im 18. Jahrhundert unter anderem von Georg Friedrich Wilhelm Hegel und auch von Karl Marx. Wenn man eine Behauptung aufgestellt hat (These), nimmt man die entgegengesetzte Position ein – also jene, die der Gegner vertreten könnte (Antithese). Auf diese Weise kann man prüfen, ob seine Annahme nicht ebenso richtig sein könnte wie die eigene und ob die beiden Standpunkte möglicherweise sogar Berührungspunkte aufweisen.

Daraus ergeben sich Kombinationen oder neue Sichtweisen der Ausgangslage (Synthese).[88]

In der Dialektik geht es nicht um die Festlegungen, ob etwas richtig oder falsch, gut oder böse ist, sondern um die Fähigkeit, gegensätzliche Positionen logisch zu durchdenken. In weiterer Folge werden die Beziehungen zwischen den vorerst unvereinbar erscheinenden Standpunkten hergestellt, mit dem Ziel, Probleme zu lösen oder Erkenntnisse zu gewinnen. Die Methode bietet die Chance, den Gegner besser zu verstehen und Gemeinsamkeiten zu finden. Dadurch werden verbindlichere Vereinbarungen und Kompromisse möglich. „In der Jesuiten-Schulung gliedert sich die ‚ars dialectica' in zwei Bereiche: die Frieddialektik und die Kampfdialektik", schreibt der Rhetorik-Trainer Albert Thiele.[89] Die Wirkungsweise der Frieddialektik beruht auf der Gleichrangigkeit der Gesprächspartner und auf der Verfolgung eines Sachziels. Sie gleicht damit einem Werkzeug, mit dem man Altes reparieren und Neues schaffen kann.

Die Anwendungsgebiete der Dialektik sind seit Jahrhunderten bekannt, die Methode wurde von Philosophie und Rhetorik sowie den modernen Kommunikationswissenschaften laufend weiterentwickelt – allerdings immer weniger für friedliche Überzeugungsarbeit und Erkenntnisgewinn genutzt. Sie ermöglicht ebenso die elegante Durchsetzung der eigenen Interessen gegenüber einem Gegner sowie die subtile Beeinflussung der Allgemeinheit. Rupert Lay bezeichnet diese Form als „Überzeugungstransfer-Dialektik". Sie bildet die methodische Grundlage für das Streitgespräch, die dialektische Eristik[90] oder Kampfrhetorik[91] oder eben Kampf-Dialektik[92]. Mit ihrer Hilfe kann man jemanden von seinen eigenen „Gewissheiten" überzeugen – selbst wenn die Sache, um die es geht, bei genauer Betrachtung der Faktenlage „falsch" wäre.

Wie die klassische Kampf-Dialektik funktioniert, kann man anschaulich bei Rhetorik-Wettbewerben sehen: Die Teilnehmer müssen im ersten Durchgang zu einem Thema eine bestimmte Meinung vertreten. In der zweiten Runde sind sie angehalten, mit demselben Engagement und guten Argumenten genau das Gegenteil zu behaupten. Ein gut geschulter Redner kann auf diese Weise den Wettkampf mit jeder der beiden Positionen gewinnen, weil er sich nicht mit einer Position identifiziert und diese durchzusetzen versucht, sondern weil seine Aufgabe darin besteht, jede Position getrennt zu behandeln und sich so genau wie nur möglich am Gegner zu orientieren (nach Platon: alterozentriert sein) – ohne sich dabei von dessen Gegenargumenten irritieren zu lassen. Es gewinnt also nicht derjenige, der sachlich recht hat, sondern jener, dessen Darstellung *glaubwürdiger* ist, der seine eigene Überzeugung auf den Gesprächspartner übertragen kann.

Dass so etwas möglich ist, wirkt für logisch denkende Menschen auf den ersten Blick sehr verwirrend: Wie kann denn eine Behauptung richtig sein und zugleich auch das Gegenteil? Im Rahmen der formalen Logik stimmt dieser Einwand auch. In der Kampf-Dialektik kann so gut wie alles glaubwürdig dargestellt, bewiesen oder widerlegt werden, unter dem Motto: „Wahr ist immer auch das Gegenteil." Eine Anekdote illustriert die Denkweise: Ein junger Mönch geht mit einem Anliegen zu seinem Abt und fragt ihn: „Das Rosenkranzgebet dauert so lange, dürfte ich beim Beten rauchen?" Entrüstet lehnt der Abt ab: „Natürlich nicht, da sollst du dich doch ganz auf Gott konzentrieren." Ein Mitbruder hat dasselbe Bedürfnis, geht aber anders an die Sache heran, er fragt den Abt: „Wäre es eine Sünde, wenn ich beim Rauchen bete?" Milde meint der Abt: „Natürlich nicht, Beten kann und soll man bei allen Tätigkeiten des Alltags!"

Die Kampf-Dialektik zählt zu den wichtigen Verhandlungs- und Führungstechniken und sie wird bei Gericht sowohl von der Anklage als auch von der Verteidigung für den Aufbau der Plädoyers verwendet, um die Geschworenen oder den Richter von der jeweiligen Position zu überzeugen – unabhängig davon, ob der Angeklagte schuldig ist oder nicht. Das gleiche Prinzip gilt auch für politische Konfrontationen und Beeinflussung der öffentlichen Meinung. Sie funktioniert unabhängig von Fakten und eignet sich als scharfe Waffe im Kampf um die Zustimmung des Gegenübers.

Dieses Streitgespräch zählt zu den hohen Künsten der Rhetorik – im besten Fall soll sich der Gegner durch seine eigenen Fehler in die Niederlage manövrieren. Wenn die Teilnehmer einer Debatte diese Kunst beherrschen, erfreuen sie das Publikum, selbst wenn es die Technik nicht kennt. Die Zuseher verfolgen einen solchen rhetorischen Schlagabtausch mit großer Spannung – wie einen Boxkampf –, weil sie wissen wollen, wer gewinnt und wer welche Taktiken einsetzt. Die Inhalte scheinen dabei Nebensache zu sein. Doch man sollte sich nicht darüber hinwegtäuschen, dass man unbewusst den Botschaften des Siegers eher glaubt als jenen des Verlierers. Der Überlegene gewinnt auf diese Weise seine treuen Anhänger.

Die klassische Kampf-Dialektik blieb die längste Zeit vor allem Gelehrten, Staatsmännern, Predigern und Juristen vorbehalten. Diese waren durch ihre humanistische Bildung mit der Anwendung vertraut, kannten die Mechanismen sowie die Verpflichtung zur moralischen Entscheidung über die Verwendung – und damit auch den Unterschied zwischen Gebrauch und Missbrauch.

Virale Dialektik als „Infektionsherd"

Bei genauerer Beobachtung der aktuellen Debatten wird man feststellen, dass heute nur noch wenige Personen des öffentlichen Lebens in der Lage sind, die Methode der Kampf-Dialektik elegant anzuwenden. Nicht jeder, der einen anderen beleidigt oder unterbricht, ist deshalb schon ein Meister dieses Faches. Überwiegend sehen wir Dilettanten am Werk, die sich selbst und ihrer Sache mit ihrer Rhetorik schaden. Es sind neue Varianten der Dialektik entstanden, die ihren ursprünglichen Zweck, der professionellen Redeführung zu dienen, verloren haben und zusätzlich auch noch den Händen der geistigen und politischen Eliten entglitten sind. Als Folge davon findet seit einigen Jahren auf breiter Basis eine Vernebelung der Urteilsbildung durch öffentliche wie auch private Kommunikation statt. Diesen Vorgang kann man bei Freunden und Kollegen sowie in den Medien wie auch bei sich selbst feststellen. Ob Entscheidungsträger einfach unprofessionell agieren oder ob sie diese Techniken der Verunsicherung bewusst und strategisch einsetzen, ist oft schwer zu unterscheiden.

Als Quelle für die Beschädigung des klaren Denkens und Redens kann man eine Mutation der Kampf-Dialektik ausmachen. Diese werden wir als *virale Dialektik* bezeichnen, weil sie sich in den letzten Jahren nahezu epidemisch ausgebreitet hat, vergleichbar mit einer Virus-Infektion, die man nur schwer wieder loswird.

Es bietet sich dafür auch die Assoziation mit dem „viralen Marketing" an, weil dieses den Begriff des „Virus" verwendet, um zu beschreiben, wie offene, aber auch versteckte Botschaften für Produkte oder politische Kampagnen „wie bei einer Epidemie" weitergetragen werden. Dafür organisiert man beispielsweise Flashmobs oder verpackt den eigentlichen Inhalt mit originellen Fotos und harmlosen Videos – bevorzugt von Katzen und anderen Tieren. Wenn die User der sozialen Netzwerke diese mit ihren „Freunden" teilen, erledigen sie kostenlos die Arbeit der Verbreitung. Der Antrieb dafür sind meist unreflektierte Begeisterung und spontane Zustimmung. Aber auch negative Gefühle wie Schadenfreude, Angst, Wut oder Hass fördern die Weitergabe von Inhalten, ohne dass diese erkannt oder gar kritisch hinterfragt werden.

Was immer sich Steve Jurvetson und Tim Draper, denen die Erfindung des „viralen Marketings" zugeschrieben wird, dabei gedacht haben, uns zeigt der Begriff sehr anschaulich, was wir hier mit *viraler Dialektik* bezeichnen: Ein an sich negatives Ereignis – was eine Virusinfektion im realen Leben ja ist – wird in einen nützlichen Zusammenhang gesetzt, nämlich die kostengünstige Verbreitung von Werbebotschaften. Der Begriff „viral" verliert so seinen Schrecken und erscheint den Menschen einfach als praktisch, schnell und preiswert. Paradox daran ist, dass die Wortschöpfung ein Erfolgsmodell wurde, obwohl man sie bei klaren Sinnen eigentlich abstoßend finden und als moralisch bedenklich einstufen müsste. Ähnlich verwundert kann man auch über politische Slogans sein: Als etwa die Österreichische Volkspartei vor einigen Jahren das Motto „Speed kills!" ausgab, fragten sich viele, wer wohl damit gemeint sein könnte. Zuerst traf es den Parteiobmann und nun „sterben" auch die Wählerinnen und Wähler.

Bei solchen Praktiken geht jedenfalls mit der Zeit die Fähigkeit zur Begriffsanalyse verloren, die eine der wichtigsten Grundlagen für Urteilsbildung und Kritikfähigkeit darstellt. Es wird immer schwieriger, solche Manipulationen zu erkennen, und daher wahrscheinlicher, dass wir uns instrumentalisieren oder zumindest verwirren lassen.

Die Symptome erkennen

Als einen Beitrag zur Klarheit verwenden wir hier eindeutige Begriffe. Wir bezeichnen die *virale Dialektik* als etwas, das man bekämpfen muss, um gesund zu werden und zu bleiben. In dieser Mutation stiftet die Dialektik keinen Nutzen mehr, sondern führt zu einer besorgniserregenden Veränderung der geistigen Kapazitäten sowie zu einer ängstlichen Grundstimmung. Da man sich mit diesem *Virus* irgendwann einmal „angesteckt" hat, kann man die Krankheit auch wieder heilen. Man muss daher – um ein anderes Bild zu verwenden – den Computer nach einem Befall mit Viren gründlich „debuggen", also säubern, um ihn wieder funktionstüchtig zu machen. Die *virale Dialektik* zu entdecken und zu bekämpfen, ist allerdings mindestens so schwierig, wie einen hartnäckigen Hautausschlag loszuwerden oder einen Trojaner zu identifizieren. Der Aufwand lohnt sich dennoch, denn die *virale Dialektik* ist nicht etwa nur eine unangenehme Marotte, sie zieht schwere Folgeschäden nach sich: Individuen werden depressiv und handlungsunfähig, weil sich ihr *mental-emotionales System* in ständiger Alarmbereitschaft befindet. Die Arbeit wird für sie dann ebenso zur Belastung wie auch ihre Beziehungen. Mit der *viralen Dialektik* infizierte Gesellschaften verlieren ihren Zusammenhalt, ihr Vertrauen und ihre Produktivität, weil ihre Mitglieder erschöpft und ohne Perspektive unter dem Motto leben, dass „ohnehin alles keinen Sinn hat".

Wir müssen daher die Symptome, die auf diese *Denk- und Sprechstörung* hinweisen könnten, möglichst rasch erkennen:

- Man schaltet bei einer politischen Talkshow nach zehn Minuten genervt auf einen anderen Sender.
- Man kann den Ansprachen von Politikern oder seinen Vorgesetzten nicht mehr zuhören und findet, dass sie alle unfähig sind.
- Man möchte am liebsten auf Nachrichten jeglicher Art verzichten – man sieht nicht mehr fern, liest keine Zeitungen, meidet Firmenfeste.
- Falls man es doch wieder versucht, fühlt man sich verwirrt, ängstlich und deprimiert oder zweifelt an der eigenen Intelligenz.
- Man kann kaum noch Entscheidungen treffen, nicht herausfinden, was besser wäre oder was man lieber möchte, weil Argument und Gegenargument sich die Waage halten: Ob man beispielsweise seinen

gut bezahlten und sicheren Job behalten soll, obwohl er langweilig ist, oder ob man eine neue Herausforderung suchen soll, auch wenn diese riskant ist. Denkt man daran, zu bleiben, sieht man sich an der Unterforderung leiden; stellt man sich vor, zu gehen, bricht wegen der Unsicherheit Panik aus. Bei jeder Bewegung in die eine Richtung kommen einem sofort alle Nachteile in den Sinn, die diese Entscheidung mit sich bringen würde. Und wenn man die andere Variante überlegt, signalisiert das *mental-emotionale System* auch hier sofort wieder Gefahr.

- Man kehrt jedes positive Argument umgehend in sein negatives Gegenteil, wodurch automatisch eine ausweglose Situation entsteht. Man fühlt sich wie bei einem „Patt" im Schach oder einer „Doppelmühle" beim Mühle-Spiel, wo man bei jedem Zug, den man machen möchte, mit Sicherheit eine Figur verlieren wird. Jede Entscheidung mobilisiert die Angst vor der endgültigen Niederlage.
- Man kann bei Diskussionen mit Freunden und Kollegen weder deren Meinung ertragen, weil sie ständig dasselbe sagen und ihre Grundstimmung gereizt ist, noch seine eigenen Standpunkte klarmachen, weil jedes Argument aggressiv bekämpft wird, noch bevor man es ausführen konnte.
- Man kann die daraus folgenden ernsten Zerwürfnisse nicht mehr ertragen.
- Mit der Zeit traut man dann der eigenen Urteilsfähigkeit nicht mehr und hat keine Kraft für Protest oder Widerspruch.
- Daher zieht man sich mental aus den Meinungsbildungsprozessen und real von seinen sozialen Kontakten immer mehr zurück.
- Man kommt zu dem Schluss: Es hat alles keinen Sinn. Wie man es auch macht, macht man es falsch.

Würde man in einer Diskussion den Gegner mit Absicht in die Verzweiflung der Ausweglosigkeit treiben, dann wäre das die hohe Schule der Kampf-Rhetorik. Geht man jedoch mit sich selbst, mit Freunden oder mit Kollegen derart um, so sollte man prüfen, ob man selbst an einer manifesten *Denkstörung* leidet, die durch eine Infektion mit der *viralen Dialektik* ausgelöst wurde. Solange diese Symptome nur fallweise auftreten, kann es auch an einem uninteressanten Thema oder an schlechten Argumenten liegen. Hält der Zustand jedoch an, sollte man ernsthaft nach dem entsprechenden Impfstoff gegen den *Erreger* suchen. Und falls dieses krankhafte Verhalten nicht nur einige entscheidungsschwache Personen zeigen, sondern es der Ausdruck einer Gemütslage weiter Teile der Bevölkerung ist, dann sollte man die Möglichkeit einer groß angelegten *mentalen Cyber-Attacke* in Erwägung ziehen – und umso dringender den Selbstschutz aktivieren.

Wurde jedoch in einem Spätstadium zusätzlich auch die Selbstreflexion lahmgelegt, können die Menschen die Symptome nicht mehr von sich aus wahrnehmen. Sie halten die Infektion mit der *viralen Dialektik* für das normale und gesunde Leben, betrachten sich als frei und kritisch, obwohl sie nur noch die vorgegebenen Meinungen nachvollziehen und andere reflexhaft verurteilen. Sie lassen sich davon auch nicht abbringen, selbst wenn man ihnen mit Fakten beweisen kann, dass ihre Annahmen falsch sind. Auch daran kann man das dialektische Prinzip erkennen, denn wie wir wissen, geht es dabei nicht um falsch oder richtig, sondern nur darum, dass die Aussage durch häufiges Wiederholen schließlich für die Wahrheit gehalten wird. Entsteht durch dieses Verhalten eine Selbstschädigung, so zeigt die Infektion bereits massive Auswirkungen. Um dann das Denken wieder klarzukriegen, bedarf es meist eines Spezialisten und auch der wird oft erst nach einem Totalabsturz des Systems aufgesucht.

Beispiele für die *virale Dialektik* können wir zurzeit ständig in den Medien sehen: Nur so lässt sich die Titelseite der Wochenzeitung „Die Zeit“[93] nach dem Brexit (dem Referendum für den Austritt Großbritanniens aus der EU) erklären: „Was tun, wenn die Falschen gewinnen?“ Nun entsteht Verwirrung: Die Demokratie, in der die Macht vom Volk ausgeht, ist zwar das oberste Prinzip moderner Gesellschaften. Bringt die Mehrheit allerdings die herrschenden Eliten in Gefahr, wird sie umgehend infrage gestellt. Publikationen, die nicht mit der *viralen Dialektik* arbeiten, würden andere Fragestellungen aufwerfen: „Kann es in einer Demokratie richtige und falsche Wählerinnen und Wähler geben?“ Oder auch: „Ein Volk kann so ‚dumm‘ sein, wie es will – die Regierungen wurden gewählt, um seinen Willen umzusetzen.“ Oder: „Wer hat in den westlichen Demokratien eigentlich die Macht?“ Solche und ähnliche Fragen findet man bei mutigen Autoren wie Daniele Ganser[94] oder in alternativen Medien, die sich bis jetzt von den Infektionsquellen der *viralen Dialektik* fernhalten konnten, auch wenn sie vielleicht etwas seltsam anmuten,[95] und auch wenn ihre politische Ausrichtung einseitig ist.[96] Man muss keineswegs deren Ansichten teilen, doch sie erfüllen ihre Aufgabe, Hintergrundinformationen derart aufzubereiten, dass man sich selbst eine Meinung bilden kann – sofern man dazu noch in der Lage ist.

Den „Erreger" identifizieren

Um festzustellen, in welcher Weise die *virale Dialektik* ihre zerstörerische Wirkung entfaltet, starten wir am besten einen Vergleich aus den „gesunden" Zeiten der Informationsmedien. Dazu ziehen wir beispielsweise TV-Formate von politischen Diskussionen aus den 1980er-Jahren heran und können Folgendes feststellen: Die Abläufe waren zwangsläufig langsamer – unter anderem auch deshalb, weil die Digitalisierung von Informationen noch in ihren Kinderschuhen steckte. Man musste dem anderen zumindest so lange zuhören, bis er seine Aussagen angebracht hatte. Dann erst konnte man die Gegenargumente vorbringen, denn der Gesprächspartner war ja der Träger der Information, auf die man sich beziehen wollte.

Heute sind wesentlich größere Mengen an Information digital erfasst, wodurch so gut wie alle Behauptungen zeitgleich im Internet überprüft werden können. Schon bei der Vorbereitung kann man aus dem World Wide Web, dem digitalen Gedächtnis unserer Zivilisation, jede vergangene Rede des Gegners studieren, seine Schwachstellen analysieren und sich auf seine Aussagen einstellen. Musste man sich dafür früher in die Archive der Nationalbibliotheken oder der Sender begeben – eine Mühe, die nur wenige Menschen auf sich genommen haben –, so stehen heute sämtliche Informationen jederzeit für jedermann zur Verfügung. Ebenso müssen aber auch alle damit rechnen, dass jedes ihrer Worte, ihre Gestik und Mimik sowie ihre Stilsünden und „Hoppalas" für „immer" gespeichert und daher wieder einsetzbar sind. Diese Gefahr macht die meisten Diskussionsteilnehmer vorsichtig und glatt – doch oft wirken sie gerade deshalb nichtssagend oder lächerlich. Die Zuseher sind erfreut, wenn einmal jemand frischen Schwung in eine Debatte bringt, selbst wenn er inhaltlich nicht sattelfest ist.

Wir sollten uns aber auch an 25 Jahre zurückliegende Gespräche im eigenen Freundeskreis erinnern – und jene, die zu jung dafür sind, könnten „Zeitzeugen“ befragen. Auch hier galt dasselbe Prinzip: Man musste dem anderen zuhören, denn er hatte seine Argumente erst einmal darzulegen, bevor man ihm zustimmen oder widersprechen konnte – und meist war man auch an anderen Meinungen ernsthaft interessiert. Wir konnten dadurch unseren Horizont erweitern wie auch unseren Verstand und unsere Argumente schärfen. Heute sind die Gesprächsteilnehmer ständig mit ihren Smartphones dabei, alle Aussagen zeitgleich zu überprüfen und mit Argumenten aus dem Internet zu widerlegen, auf die sie selbst niemals gekommen wären. Da man nicht jede hingeworfene These sofort differenziert beantworten kann, erübrigt sich bald jede Diskussion. Recht hat immer derjenige, der am schnellsten aus den digitalen Tiefen eine passende Keule als Totschlagargument hervorholen kann.

Experten oder Politiker sehen sich in öffentlichen Debatten kaum noch in der Lage, einen Gedankengang bis zum Ende auszuführen. Entweder unterbricht ihn umgehend ein anderer Teilnehmer, der mit „ja aber“ die Gegenposition ins Spiel bringt, oder es schlägt jemand mit einem anderen Thema quer – und kann dann aber dieses auch nicht ausführen, weil er sofort wieder unterbrochen wird. Bieten Qualitäts-Formate den Diskussionsteilnehmern die Gelegenheit, länger zu sprechen, sind nur wenige von ihnen in der Lage, ihre Argumente prägnant darzulegen. Viele verlieren sich in einem Wortschwall, der die Zuseher wieder ratlos zurücklässt. Symptomatisch ist auch die Gepflogenheit, in vorauseilender Vorsicht das eben Gesagte selbst zu relativieren, bevor es der Gegner tun kann. Im Sinne der „postmodernen Beliebigkeit“ lässt man sich alle Optionen offen. Diese Art zu sprechen führt jedoch nicht wie in der Problemlösungs-Dialektik zu neuen Erkenntnissen oder Schlussfolgerungen und auch nicht im Sinne der Kampf-Dialektik zur Vereinnahmung des Gegners. Sie ist ein Zeichen der *viralen Dialektik,* die jedoch nur dazu führt, dass sich die Redner selbst aus dem Spiel nehmen: Sie überzeugen weder in der Sache, noch gewinnen sie den Kampf. Als Zuseher kann man keinen Sinn dahinter erkennen.

So formuliert beispielsweise in einem Polit-Talk zum Thema Staatsverschuldung eine Person die Forderung: „Wir müssen heuer das Null-Defizit erreichen und deshalb müssen wir alle noch mehr sparen." Bevor man sich jedoch mit den Gründen dafür oder dagegen auseinandersetzen kann, stellt schon eine andere Person die Behauptung in den Raum: „Der Staat muss investieren, um die Wirtschaft anzukurbeln." Weil auch diese Aussage nicht ausreichend mit Fakten, Erklärungen und Begründungen unterlegt wird, gerät der Zuschauer oder die Zuschauerin an die Grenzen seiner oder ihrer Urteilsfähigkeit und denkt: Also was jetzt? Behauptung trifft einfach auf Behauptung. Es entsteht der Eindruck, dass es nur um „ein Hickhack", um den Showeffekt geht, dass die Beteiligten selbst gar keine Meinung vertreten und dass sie keine Lösungen anbieten können oder wollen. Weil die Grundlagen nicht mitgeliefert werden, können sich auch die Adressaten der Botschaften selbst keine Meinung mehr bilden. Sie schalten ab und machen etwas anderes. Sind die Diskutanten besonders ungeschickt, bleibt den Medienkonsumenten die Schadenfreude, indem sie sich von der Zuschauertribüne aus über die Akteure lustig machen. Darin werden sie meist auch noch bestätigt, weil am nächsten Tag die Kritiken in den anderen Medien auch dementsprechend vernichtend oder zynisch ausfallen.

Das Leitsymptom dieser krankhaften Denk- und Sprechweise ist die Selbstschädigung der Person sowie die nachhaltige Zerstörung von Errungenschaften der Kultur: Kernwerte wie Respekt, Höflichkeit, Gemeinschaftsdenken, Solidarität und verbale Konfliktlösung gehen wegen der geschwächten Triebkontrolle verloren. Das *Reflexsystem* mit seinen unüberlegten Reaktionen gewinnt die Oberhand: Anstelle von Verhandlungen mit dem Ziel, gute Lösungen für möglichst viele Beteiligte zu finden, treten Manipulation und auch physische Gewalt zur Maximierung des eigenen Nutzens.

Über die Entstehung der *viralen Dialektik* kann man zurzeit nur Vermutungen anstellen. Ein Grund ist wahrscheinlich die leichte Verfügbarkeit von Informationen aus dem Internet. Jeder, der beispielsweise während des Studiums oder bei privaten Recherchen nach einem Thema sucht, erhält dazu beinahe automatisch auch eine *gegensätzliche* Aussage, die genauso mit Statistiken unterlegt ist. Also etwa auf die Frage „Ist Kaffee gesund?" folgt Aussage eins: Kaffee steht im Verdacht, krebserregend zu sein; dann die Aussage zwei: Experten erklären, täglich bis zu vier Tassen

Kaffee seien unbedenklich, und empfehlen diese sogar als Vorbeugung gegen Darmkrebs – und schon ist man verwirrt.

Mittlerweile funktioniert auch wissenschaftliches Arbeiten nach dem Prinzip der *viralen Dialektik*, denn für welche Quellen man sich auch entscheidet, es könnten auch die gegenteiligen passend sein. Für jede These gibt es ernst zu nehmende Forschungsergebnisse, die sie stützen, und solche, die sie widerlegen. Das wäre ja noch im Sinne eines Erkenntnisgewinns durch eine dialektische Vorgangsweise erklärbar, doch heute fehlt oft die grundlegende Information, wie die Studien zu den unterschiedlichen Ergebnissen gelangt sind, und die Zeit, die Fülle der Informationen in die Tiefe zu verfolgen. Bei der Verteidigung der Masterarbeit muss man damit rechnen, dass die Prüfer – egal wofür man sich entschieden hat – in jedem Fall die Gegenthese vehement abfragen werden. Legt sich der Studierende dann fest, kann es sein, dass er mit einem Professor in ein Patt gerät und vielleicht auch deshalb negativ beurteilt wird, weil „Wahrheit gegen Wahrheit" steht.

Aber auch bei dramatischen Ereignissen wird eine „Wahrheit" durch eine andere aufgehoben, wie beispielsweise bei der Rolle Großbritanniens im Irakkrieg, über die Anfang Juli 2016 in allen Medien berichtet wurde. Dieses Zitat entstammt dem „Spiegel Online":[97] „Gemeinsam mit den Amerikanern hatten die Briten den Irak 2003 angegriffen – obwohl es dafür kein Mandat des UNO-Sicherheitsrates gab. Beide Regierungen beriefen sich auf Geheimdienstinformationen über angebliche Massenvernichtungswaffen des damaligen Diktators Saddam Hussein, die jedoch nie gefunden wurden." Dann wird über eine Untersuchungskommission berichtet, die unter der Leitung von John Chilcot auf mehreren Tausend Seiten nachweist, dass die Gründe für den Kriegseintritt nicht stichhaltig waren und dieser nicht legitimiert war. Solche Erfahrungen erschüttern das Vertrauen aller Beteiligten: derjenigen, die den damaligen Argumenten geglaubt und den Kriegseintritt mitgetragen haben, genauso wie derjenigen, die von Anfang an dagegen protestiert hatten, aber erst jetzt die Bestätigung erhalten. Und alle sind betroffen, weil die öffentliche Entschuldigung des damaligen britischen Premiers Tony Blair die Toten auf beiden Seiten nicht mehr lebendig macht – und weil trotz der neuen Fakten keine Änderung der derzeitigen Politik erfolgt.

Ein weiterer Grund für die Ausbreitung der *viralen Dialektik* ist der Konkurrenzdruck der Medien, die ihre Auflagen und Einschaltquoten nicht mehr mit „normalen“ Informationen und Kommentaren sichern können. Nicht nur der Boulevard erzeugt einen Alarmismus, auch Qualitätsmedien müssen bei jedem Ereignis immer noch weitere Hypothesen und Gegenthesen aufwerfen, damit ein Thema so lange in den Schlagzeilen bleibt, bis sich die nächste Sensation anbietet.

Mit diesem Wettbewerbsdruck eng verknüpft ist die Professionalisierung von Journalisten. Doch bezieht die moderne Interviewtechnik ihre Spannung nicht mehr aus der klassischen Dialektik, in der man mit den Mitteln von Behauptung und Widerspruch der Wahrheit näherkommen oder neue Einsichten gewinnen wollte, sondern aus der *viralen Dialektik*: Der Interviewpartner – meist ein Politiker oder eine Politikerin – wird wie ein „Gegner“ behandelt, der in die Enge getrieben werden soll, damit er oder sie sich möglichst drastisch blamiert. Diese Technik könnte man durchaus der klassischen Kampf-Dialektik zuordnen. Warum wir sie dennoch als *viral infiziert* bezeichnen, liegt daran, dass der Journalist ja eigentlich kein Gegner des Politikers sein sollte und er sich daher von seinem Sieg auch keinen Vorteil erwarten dürfte. Vom Journalismus erwarten die Konsumenten, dass er sie informiert und Sachverhalte erklärt, und nicht, dass sich ein Nachrichtensprecher plötzlich zum Gladiator ernennt und in die Arena springt. Darauf wird gerne entgegnet, dass auf der Seite der Interviewpartner ein Heer von Pressesprechern und Medientrainern steht, deren Aufgabe es ist, die Wahrheitsfindung zu verhindern. Das ist natürlich richtig. Ein Journalist, der der *viralen Dialektik* erlegen ist, meint, *er* wäre der würdige Gegner, und nimmt persönlich den Kampf auf. Man kann an seiner Körpersprache erkennen, was er von seinen Gesprächspartnern hält, oder er macht sie mit zynischen Bemerkungen und Angriffen auf die Person lächerlich. Möglicherweise wird er dafür von Gesinnungsfreunden als ganz besonders kompetent und cool gefeiert. Einer, dessen Denksystem nicht von der *viralen Dialektik* eingetrübt ist, würde den Zusehern hingegen bewusst machen, mit welchen Mitteln ihr Urteilsvermögen vernebelt werden soll, und den „gepanzerten“ Politiker mit gut recherchierten Informationen knacken. Zugleich würde er sich gegen die zu erwartenden *viralen* Nebelgranaten und persönlichen Angriffe gut wappnen, um nicht selbst zu Schaden zu kommen.

Man könnte die Auswirkungen der *viralen Dialektik* für das Problem einiger weniger Intellektueller halten. Doch es ist eine Tatsache, dass der Großteil der Bevölkerung – wie wir alle – Massenmedien konsumiert und dadurch ständig mit dieser Art zu denken und zu reden „berieselt" wird. Auf diese Weise verbreitet sich der *Erreger* ganz unbemerkt, vergleichbar mit einem Computervirus, der in das System eindringt, während wir User einfach unserer Arbeit nachgehen. Wer kein *mentales Anti-Virenprogramm* installiert hat, übernimmt die *virale Dialektik* ganz nebenbei, ohne dass ihm die schleichende Veränderung auffallen würde, die sie auf der *mentalen Festplatte* bewirkt: die langsame Zerstörung des Denkvermögens, die Beeinträchtigung der Urteilsfähigkeit und eine Schwächung des Widerstandsgeistes. In klaren Momenten ergeht es einem oft wie dem kleinen Jungen in dem Märchen „Des Kaisers neue Kleider": Während der Hofstaat einhellig die neue Ausstattung des Herrschers bewundert, sieht nur der Junge, dass der Kaiser eigentlich nackt ist.

Mit der Zeit trauen wir jedoch unseren eigenen Überlegungen nicht mehr und können unsere Interessen nicht mehr vertreten. Am gefährlichsten sind jene *dialektische Viren*, die wie ein Trojaner am Computer als normales Programm getarnt auftreten. In unserem *mental-emotionalen System* erleben wir dann ein False-Flag-Phänomen: Die *virale Dialektik* verbirgt sich unter der Fahne namens „Vernunft" – so bleibt ihre zerstörerische Wirkung lange Zeit unerkannt.

Wenn man allerdings einmal unter dem „Mikroskop der bewussten Wahrnehmung" die unterschiedlichen Formen des *Dialektik-Virus* beobachtet hat, wird man dieses ohne Mühe überall entdecken: in den Aktionen der politischen Parteien, in den Medien, im Agieren der Führungskräfte, in privaten Beziehungen und – wenn der Verfall nicht schon zu weit fortgeschritten ist – natürlich auch bei sich selbst.

Allergische Reaktionen vermeiden

Zurzeit können wir erste Gegenreaktionen beobachten: Sowohl Einzelpersonen als auch politische Bewegungen versuchen aus Verzweiflung und Ohnmacht, die *virale Dialektik* mit radikalen Mitteln zu bekämpfen. Diese gleichen jedoch den Methoden aus den Urzeiten der Medizin: isolieren und vernichten. Lepra-, Pest- und Cholerakranke durften sich nur in ausgewiesenen Bereichen bewegen, waren weitgehend sich selbst überlassen und damit meist dem Tod geweiht – man verbrannte ihr Hab und Gut und wahrscheinlich wurden Erkrankte auch umgebracht. Erst als die entsprechenden Medikamente zur Vorbeugung und Heilung entwickelt waren, konnten sie auch menschlicher behandelt werden.

Heute versuchen viele, den krankhaften Umgang mit der Vielfalt dadurch zu durchbrechen, dass sie ein *Machtwort* zu sich selbst oder zu anderen sprechen: Sie beenden die Beschäftigung sowohl mit differenzierten Abstufungen und mit der Vereinbarkeit von Widersprüchen als auch der Suche nach Gemeinsamkeiten. Sie reduzieren die Bereitschaft, Kompromisse zu schließen und auf Ansprüche zu verzichten. Das *Machtwort* soll das mühsame Wählen zwischen den Möglichkeiten beenden. Damit verspricht man sich eine rasch wirksame Abwehr der *viralen Dialektik.* Aus der Sicht der *Meta-Vernunft* handelt es sich dabei jedoch nicht um eine Heilung der Störung, sondern um eine starke *allergische Reaktion* – und eine solche kann bekanntlich zu einem tödlichen Schock führen.

Diese *allergische Abwehr* findet derzeit sowohl bei einzelnen Menschen als auch in politischen Bewegungen statt. Die Reduzierung auf eindimensionale Sichtweisen wird auch als „Rückfall hinter die Aufklärung", als „Untergang des Abendlandes", als „Welt, die aus den Fugen gerät", als „Tugendfuror" oder kurz und unspezifisch als „Radikalisierung" bezeichnet: Man nimmt eine unverrückbare Position ein und legt damit sein *mental-emotionales System* lahm – ohne es selbst zu merken. Jeglicher Dialog sowie alle weiteren Diskussionen werden abgelehnt und andere Meinungen oder Argumente prallen an dieser Barriere ab. Indem man ein *Machtwort* spricht, kann die Angst scheinbar gezügelt und aller Zweifel beseitigt werden.

Dadurch werden Individuen fanatisch und Systeme autokratisch. Populisten und autoritäre Führer erhalten unerwartet viel Zustimmung, weil demokratische Wahlen und Volksentscheide zunehmend nach dem Prinzip der *viralen Dialektik* funktionieren: Die Werbekampagnen und die Spitzenkandidaten überbieten sich in Widersprüchen, bis die Wählerinnen und Wähler nicht mehr durchschauen, wie und von wem sie manipuliert werden. Totalitäre Regime kommen unter anderem deshalb an die Macht, weil sie der Bevölkerung eine Befreiung vom „teuflischen“ *dialektischen Virus* in Aussicht stellen, indem sie eindeutige Positionen einnehmen und jegliche Debatte darüber gewaltsam unterbinden. Sie vermitteln die Hoffnung, ein rasch wirksames Medikament anbieten zu können und für alle Probleme einfache Lösungen zu haben.

Nun könnte man vorschnell diese *allergische* Reaktion nur den politisch rechten Parteien oder islamistischen Strömungen zuordnen. Doch (leider) wird man täglich eines Besseren belehrt: Auch politisch links, grün und liberal denkende Menschen reagieren zunehmend reflexhaft, indem sie jede andere Meinung verurteilen, die dahinterstehenden Personen persönlich diffamieren und jeglichen Respekt vermissen lassen. Links-grüne Idealisten liefern sich verbale Gefechte mit autoritären Wut-Bürgern.

Allergische Reaktionen lassen sich auf allen Ebenen beobachten: im Bekanntenkreis, bei Politikerinnen und Politikern, bei öffentlichen Auseinandersetzungen zwischen Geisteswissenschaftlern und „Krisen-Interpreten“ unterschiedlicher Weltanschauung. Sichtbar wird dies beispielsweise am Konflikt zwischen dem Philosophen Peter Sloterdijk und dem Politikwissenschaftler Herfried Münkler, über den die meisten deutschen Qualitätsmedien im Frühjahr 2016 berichteten; hier entnommen aus „Die Zeit“ mit dem Titel „Primitive Reflexe“[98]: Nachdem Sloterdijk Bedenken gegen die „Flutung“ Deutschlands mit „unkontrollierbaren Flüchtlingswellen“ geäußert hatte, bezeichnete Münkler diese als „unbedarftes Dahergerede“. In einer Gegendarstellung nannte Sloterdijk daraufhin Münkler einen „Imperium-Versteher“ und ließ weitere Angriffe folgen. Er machte also genau das, was er dem Gegner vorwarf. Wären es Schuljungen, könnte man ihnen diese „Hahnenkämpfe“ verzeihen. Wenn führende Köpfe unserer Gesellschaft aber nicht mehr auf die Argumente des Gegners eingehen, sondern nur noch die Person angreifen, ist „der *allergische* Ausschlag“ nicht zu übersehen, auch wenn er geschickt mit einer Fülle von interessanten Informationen und einem launigen Tonfall überschminkt wird.

Merkmale der viralen Dialektik

- *Virale Dialektik* ist eine Denk- und Sprechweise, die zu einer Beeinträchtigung des kritischen Denkens und der Urteilsfähigkeit führt und dadurch negative Gefühle wie Angst und Wut verstärkt.
- Sie verbreitet sich epidemisch wie ein Computer-Virus oder wie ein Krankheitskeim, indem wir diese Verhaltensweisen unbewusst von anderen übernehmen und weitergeben.
- Ihre Symptome sind unter anderem: Überforderung bei der Verarbeitung von Informationen, Schwierigkeiten bei der Meinungsbildung, Rückzug aus Diskussionen und von Sozialkontakten, Entscheidungsunfähigkeit in persönlichen Angelegenheiten, Gefühle der Ohnmacht und der Sinnlosigkeit, Verdrehung von Fakten, Über- oder Unterbewertung von Ereignissen, Scheinobjektivität.
- *Allergische* Reaktionen auf die *virale Dialektik:* Dogmatismus, Radikalisierung, Kampf gegen Differenziertheit, Verlust der Kompromissfähigkeit, Respektlosigkeit.
- Entstehung der *viralen Dialektik:* Eine Mutation der klassischen Kampf-Dialektik verbreitet sich seit den 1990er-Jahren in den meisten modernen Gesellschaften, in öffentlichen Debatten, in der Politik, den Medien und in der weiteren Folge auch in der persönlichen Kommunikation im Beruf und in privaten Beziehungen.
- Mögliche Ursachen: Allgemeine Verfügbarkeit von jeglichen Informationen für jedermann und scheinbare Kontrollmöglichkeit von Fakten führen zu Überinformation und Desinformation. Schnelligkeit der Verbreitung und Menge der Information verhindern die Meinungsbildung. Konkurrenzdruck der Medien und Professionalisierung der Journalisten im Kampf um Aufmerksamkeit erhöhen den Einsatz von gegensätzlichen Positionen, die nebeneinander stehen bleiben. Die Verschränkung von Politik und Wirtschaft mit den Medien schränkt die Freiheit der Journalisten ein.
- Gegenmaßnahmen: Verbesserung unserer *mentalen* Sicherheitssysteme und eine Stärkung unserer *Widerstandskräfte.*

Mind-Security – das kritische Denken absichern

Spätestens an dieser Stelle erhebt sich die Frage, welche Maßnahmen sowohl gegen die *Denkstörung* als auch gegen die *Allergie* helfen. Wie muss ein *mental-emotionales System*, das mit der *viralen Dialektik* infiziert ist, behandelt werden, damit es seine gesunde Urteilskraft zurückgewinnen kann? Und welchen Schutz vor einer Ansteckung gibt es überhaupt?

Wenn eine neue Krankheit auftritt, erforscht die Medizin umgehend mit großem Aufwand den Erreger und entwickelt Medikamente zur Heilung sowie einen Impfstoff zum Schutz. Wenn in einen Computer Viren oder Malware eingedrungen sind, muss er gesäubert und oft auch neu aufgesetzt werden. Die meisten von uns sind schon durch Schaden klug geworden und haben Maßnahmen zur Sicherung ihrer wichtigen Daten ergriffen.[99] Will man das System effektiv schützen, gibt man sich auch nicht mit einem einfachen Virenschutzprogramm zur Selbstinstallation zufrieden, sondern engagiert einen Spezialisten für Internet- und Netzwerk-Security. Dieser installiert zusätzliche Hard- und Software-Komponenten, um die Absicherung gegen Fremdeinwirkung auf den höchsten Stand zu bringen. Diese Investition lohnt sich jedoch nur, wenn die Nutzung des Systems danach sehr bewusst erfolgt – und man nicht etwa jede Datei, die man per E-Mail erhält, automatisch öffnet und damit sensible Daten einer Phishing-Aktion zum Opfer fallen. Zudem muss man konsequent für die regelmäßige Sicherung der Daten sowie für die laufende Aktualisierung der Sicherheitssysteme sorgen.

Auch wenn ein *mental-emotionales System* mehr ist als ein noch so intelligenter Computer, so bedeutet das im übertragenen Sinne, dass wir dringend ein professionelles *Mind-Security-System* einrichten müssen, das unser Denken vor den negativen Auswirkungen der *viralen Dialektik* schützt.

1. Aktion: Das *mentale Betriebssystem* neu aufsetzen

Sollten wir zu der Erkenntnis gelangen, dass unser Denken durch die *virale Dialektik* blockiert ist und dass wir daher der Manipulation schutzlos ausgeliefert sind, müssen wir uns deshalb nicht von *negativen Gefühlen* überfluten lassen. Genau das würde den Zustand nur noch verschlechtern. Stattdessen erinnern wir uns an unser eigenes – nicht von anderen „Herstellern" manipuliertes – *mentales Betriebssystem*, die *Meta-Vernunft*. Dieses steht uns völlig kostenlos zu Verfügung, es muss nur auf den letzten Stand gebracht und anstelle des beschädigten Systems installiert werden. Sobald dies geschehen ist, wird sich umgehend unser *mental-emotionales System* stabilisieren: Wir lassen uns von Informationen nicht mehr irritieren, ängstigen oder in Wut versetzen, sondern können die Botschaft dieser *negativen Gefühle* für uns nutzbar machen. Jede noch so schreckliche Nachricht nehmen wir unvoreingenommen zur Kenntnis, wir analysieren ihre Hintergründe und Widersprüche sowie die verwendeten Begriffe und suchen erst dann mithilfe aller unserer *etablierten Denk-Systeme* nach Lösungen und Gegenstrategien.

Die Person aus unserem Beispiel, die keine Entscheidung zwischen einem langweiligen Job und einem riskanten Neubeginn treffen konnte, entdeckt nach der Befreiung vom *dialektischen Virus,* dass sie in einer *Entweder-oder-Falle* festgesessen ist: Auf der einen Seite stand das Sicherheitsbedürfnis, das bei Übersteigerung in die Langeweile kippt. Auf der anderen Seite gab es Veränderungswünsche, die bei Übersteigerung in die Unsicherheit kippen und Angst machen. Die beiden positiven Werte sind also *Sicherheit* und *Veränderung*, die beiden Unwerte sind *Erstarrung* und *Unsicherheit*. Damit wäre ihr nur die Wahl zwischen „Pest und Cholera" geblieben oder sie hätte einen Aspekt abspalten müssen.

Anstatt nun in *sinnloses Leiden* zu verfallen, von Angst gelähmt zu werden oder unkontrollierte Wutanfälle zu ertragen, ist mit dem „sauberen" Betriebssystem der *Meta-Vernunft* eine gute Entscheidung möglich, indem man zuerst nach dem übergeordneten *Ziel* sucht: Für den einen ist dies vielleicht die Versorgung der Familie, weil die Kinder noch klein sind und die Partnerin, der Partner in Teilzeit arbeitet. Für den anderen kann es die Karriere sein, weil er oder sie alleinstehend ist. Die Person ist in der Lage, die Fragen nun anders zu stellen: *Wofür – wovon – wie viel – um welchen Preis?* „Wie viel *Sicherheit* ist für die Erreichung dieses *Ziels* zurzeit angemessen? Worauf will ich lieber verzichten, welchen *Preis* bin ich bereit zu zahlen?" Mit den Antworten darauf würden sich die passenden Kombinationen finden lassen: Sie könnte vielleicht im sicheren Job die Arbeitszeit reduzieren und zugleich eine selbstständige Tätigkeit vorbereiten oder aber die Lust auf Herausforderungen im bestehenden Job durch neue Projekte befriedigen. Es wäre auch zu überprüfen, ob die Vorstellung eines Neubeginns eventuell zu viele alte Ängste aktiviert, dann wäre beispielsweise eine Psychotherapie angebracht, um dieses Problem grundsätzlich zu behandeln. Auch die Vorstellung von Extremen, wie beispielsweise alles zu verkaufen und gänzlich aus dem beruflichen Trott auszusteigen, kann neue Erkenntnisse bringen. So läuft ein qualitativ hochwertiger Entscheidungsprozess eines gesunden *Denk-Systems* ab: Er definiert ein Ziel, berücksichtigt alle Aspekte, setzt sich mit den inneren und äußeren Widerständen auseinander und vergisst nicht, den *Preis* zu bezahlen.

2. Aktion: Ein *mentales* Viren-Schutzprogramm installieren

Ein weiterer Schritt zur Optimierung unseres *Mind-Security-Systems* besteht darin, sich gezielt mit der Kampf-Dialektik zu befassen – auch wenn man vielleicht Vorbehalte dagegen hat. Nicht nur Eliten kennen und nutzen die Macht der Sprache und die Möglichkeiten der Manipulation. Wir alle müssen unsere Interessen möglichst gut vertreten können – und das wollen auch unsere Partner und unsere Gegner. Daher ist es sehr wahrscheinlich, dass wir den Techniken der unbewussten Einflussnahme bereits stärker ausgesetzt sind, als wir glauben – und ebenso wahrscheinlich ist es, dass wir diese auch selbst anwenden.

Die umfangreiche Fachliteratur ermöglicht uns Einblicke in moralisch bedenkliche Methoden sowie in jegliche Gemeinheit und Grausamkeiten, die im Laufe der Geschichte begangen wurden, wie beispielsweise „Die 48 Gesetze der Macht“ oder die Werke von Machiavelli[100]. Die Ratgeber beschreiben Strategien, wie man im Alltag seine eigenen Ziele erreicht und den Gegnern schaden kann. Dazu gehören etwa die Anwendung der Kampf-Rhetorik und der Einsatz von Intrigen, List und Manipulation.[101] Viele Menschen wollen von solchen Machenschaften gar nichts wissen, weil sie diese als unmoralisch und unfair ablehnen. Doch wenn man keine Ahnung hat, dass andere keine Scheu davor haben, und die Merkmale dieser Kampf-Techniken nicht kennt, ist man besonders gefährdet, ihnen zum Opfer zu fallen. Die Frage, ob und was man davon selbst anwendet, muss man ohnedies sowohl mit dem Gesetz als auch mit dem eigenen

Gewissen abstimmen (vgl. dazu: Die äußere und innere Legitimation der Macht[102]). Auch wenn wir starke Widerstände verspüren, sollten wir uns mit der Kampf-Dialektik, der „bösen Rhetorik" beschäftigen, denn nur dann wird unser *mentales Viren- und Malware-Schutzprogramm* diese Gefahr rechtzeitig erkennen und abwehren können.

Es genügt allerdings nicht, sich nur einmal damit zu befassen. Die „Programmierer der mentalen Viren" sind schnell und kreativ. Kaum hat man gedacht, das System wäre sicher, kommt schon eine Mutation in Umlauf, gegen die wir sofort wieder neue Abwehrmaßnahmen entwickeln müssen.

Mentale Quarantäne und Sandbox

Personen, die mit ansteckenden Krankheiten infiziert sind, werden von anderen isoliert – ähnlich verfährt auch ein Antiviren-Programm: Hat es eine Datei als schädlich eingestuft, markiert es sie oder verschiebt sie in die „Quarantäne". Man kann dann selbst noch einmal überprüfen, ob es sich um eine Gefährdung handelt, bevor die Dateien geöffnet werden, erweisen sie sich als gutartig, verschiebt man sie wieder in das normale System zurück. Damit diese Sicherheitsstufe funktioniert, muss das Schutzprogramm allerdings immer auf dem letzten Stand sein.

Auch in unserem *Mind-Security-System* sollten potenziell schädliche Informationen automatisch in die *mentale Quarantäne* verschoben werden: Wenn man bei einer Nachricht oder einem Argument ein „komisches Gefühl" hat, ist es angebracht, dieses nicht zu übergehen, sondern die Ursachen zu prüfen. Dazu zieht man sich kurz zurück, um sich von einer möglichen Manipulation nicht am Denken hindern zu lassen, denn die Klärung bedarf einer größeren Anstrengung und braucht mehr Zeit als vor dem Ausbruch der *viralen Dialektik.* Man muss sich die Mühe machen, Fakten von Interpretation zu unterscheiden, und selbst die *Herkunft* der Information hinterfragen sowie alternative Quellen suchen. Auch *virale Kampfbegriffe* sollte man rasch erkennen, wie beispielsweise, wenn etwas „alternativlos" ist oder durchdachte Kritik an Systemen sofort als anti-amerikanisch, anti-demokratisch oder islamfeindlich abgestempelt wird. Meist lohnt sich der Aufwand für die Analysen, weil man seiner eigenen Wahrnehmung wieder trauen kann. Wenn sich zeigt, dass die Nachricht infiziert ist, wird sie nicht mehr beachtet; wenn sie sich als „clean“ erweist, kann man sich damit beschäftigen und sie auch an andere weitergeben.

Manchmal müsste die *mentale Quarantäne* jedoch sehr lange dauern, um die Prüfung vornehmen zu können – und das ist wohl nicht praktikabel. Dann bleibt es uns nicht erspart, dass wir nach Jahren erst entdecken, welche schädlichen Informationen wir als „sauber“ zugelassen haben, wie etwa die Berichte über den Libyen- und Syrienkonflikt. Hätten wir damals schon ein gut funktionierendes *Mind-Security-System* in Verwendung gehabt, müssten wir uns heute nicht über ein Enthüllungsbuch der Journalistin und ehemaligen Pressesprecherin der Grünen im Europa-Parlament, Diana Johnston, wundern, in dem die Fakten der Beteiligung der USA an den kriegerischen Auseinandersetzungen der letzten 30 Jahre zusammenfasst und die frühere Außenministerin Hillary Clinton als „kalte Kriegerin“[103] demaskiert werden.

Wenn man bei einem Computer noch nicht weiß, welcher Virus oder welche Malware eingedrungen ist, kann man diese auch in eine sogenannte „Sandbox“ verschieben. Dort können potenziell gefährliche Programme keinen Schaden anrichten, weil sie in einer komplett isolierten Umgebung laufen, von allen anderen Systemen abgekoppelt sind, wodurch ein Übergreifen auf andere Computer oder Dateien unmöglich ist. Eingesetzt wird die Sandbox einerseits in der Virenbekämpfung und andererseits, um neue Programme zu testen, weil man gefahrlos beobachten kann, was passiert, wenn man den Virus einfach arbeiten lässt. Dann erst lassen sich die geeigneten Gegenmaßnahmen ergreifen. So kann das Programm beispielsweise „kontrolliert gesprengt“ oder modifiziert werden.

Wir können eine *mentale Sandbox* nutzen, um ungefährdet einen Testlauf mit einer infizierten Information zu machen, indem wir mit unserem kritischen Geist alle Aspekte – auch die verborgenen – beachten und konsequent zu Ende denken, BEVOR wir uns eine Meinung bilden – und BEVOR wir diese mit anderen teilen. Dann würde beispielsweise eine kontrollierte Analyse so ablaufen: Wir lesen die Erklärung der EU-Außenbeauftragten Federica Mogherini, die sie anlässlich der Verhaftungswelle nach dem gescheiterten Putschversuch in der Türkei abgegeben hat: „Kein Land kann EU-Mitglied werden, wenn es die Todesstrafe einführt."[104] Ergebnis des Tests: „check" – die Aussage stimmt mit den Grundsätzen der EU überein. Dann lesen wir jedoch in einem Nebensatz, dass diese Erklärung in einer gemeinsamen Pressekonferenz mit dem Außenminister der USA John Kerry getätigt wurde, und sehen im Fernsehen die beiden nebeneinander stehen und von gemeinsamen Werten der EU und den USA sprechen. Dann meldet der Test in der *mentalen Sandbox*: „fail" – „Wie war das doch gleich mit der Todesstrafe in den USA?" Die kurzfristige Isolation bewahrt uns davor, dass wir selbst Meinungen und Informationen an andere weitergeben, bevor wir sie überprüft haben und damit zur Verbreitung der *viralen Dialektik* beitragen.

Weiters können wir auch mit Freunden eine *mentale Sandbox* errichten, in der wir unsere eigenen Ideen und Argumente oder Verhandlungsstrategien gefahrlos testen, bevor wir uns damit ins „Netz" begeben und uns fremden Einflüssen aussetzen.

3. Aktion: Eine *mentale Firewall* errichten

Die Firewall schützt eine IP-Adresse oder einen Computer vor unbefugten Zugriffen (Hackern), indem bestimmte Kommunikationsprotokolle nur für einzelne spezielle „Ports", also Einfallspforten, zugelassen sind, die dadurch besser überwacht werden können. Die „Wächter" sind zwar nicht befähigt, zwischen „guter" und „böser" Kommunikation zu unterscheiden, aber sie können aufzeigen, über welche Kanäle gerade jemand versucht, in das System einzudringen und ob er dafür eine Berechtigung besitzt. So fällt es einem leichter, Angriffe zu erkennen und weitere Schutzmaßnahmen einzuleiten.

Für unsere mentale Sicherheit sollten wir *infizierte Personen* gänzlich sperren. Das bedeutet, dass wir ihren Worten keinerlei Beachtung mehr schenken oder jeglichen Kontakt abbrechen. Wenn sie dennoch versuchen, Einfluss zu nehmen, sollte eine gut gewartete *mentale Firewall* umgehend Alarm schlagen. Als sanftere Variante wählen wir für die Begegnung mit Menschen, die uns nicht guttun, einen *mentalen Schutzanzug*. Wir werden gar nicht erst versuchen, sie zu verstehen, und wollen auch nicht verstanden werden. Wenn man den Kontakt nicht abbrechen möchte, konzentriert man sich auf jene Bereiche, die noch intakt sind: also beispielsweise gemeinsam Sport betreiben oder ins Kino gehen – ohne jedoch danach den Schutz aufzugeben und in eine *viral*e Grundsatzdiskussion zu verfallen. Auch *infizierte Informationen* aus den Medien sollte man nur noch in guter Verfassung und mit einem starken Immunsystem konsumieren oder in der *mentalen Sandbox* zu Forschungszwecken isolieren – und bei Gefährdung gezielt unschädlich machen.

4. Aktion: *Mentale User-Rechte* vergeben

Für die Netzwerksicherheit vergibt ein Administrator, der man auch selbst sein kann, für Alltagsbenutzer eingeschränkte Rechte, damit nicht jeder einfach Programme installieren oder löschen kann. Um bei der Ausführung ebendieser komplexen Aufgaben nicht von mangelnder Kompetenz oder auch Unachtsamkeit abhängig zu sein, ist ein Umstieg auf ein höheres User-Level, nämlich das Admin-Konto, notwendig.

Wenn wir unser *mental-emotionales System* gut absichern und auch Energie sparen wollen, sollten wir uns selbst für die Kommunikation im Alltag nur „eingeschränkte Rechte" erteilen. Das bedeutet, Gewohnheiten zu etablieren und Routinen zu nutzen sowie mit den wichtigsten Gesprächspartnern Vereinbarungen zu treffen, an die sich alle halten, bis sie wieder geändert werden. Auf diese Weise müssen wir nicht jede Kleinigkeit aufwendig besprechen, wir können uns darauf verlassen, dass ein Großteil der Aufgaben automatisch abläuft.

Geht es jedoch um heiklere Themen oder komplexe Zusammenhänge, kommen neue „User" oder Aufgaben dazu, sollte man allerdings unverzüglich auf die Ebene des „Administrators" umsteigen. Man verlässt die eingeschliffenen Bahnen und greift auf Elemente der *Meta-Vernunft* zu. Hat man sich einen Überblick verschafft und entsprechende Maßnahmen gesetzt, kann man wieder auf den einfachen Modus schalten.

Das Prinzip der *Mind-Security* lässt sich nicht nur mit der Analogie aus der Welt der biologischen und digitalen Viren erklären, auch ein Vergleich mit dem *bewussten Essen* zeigt, worum es gehen sollte: Viele von uns haben nicht nur mit körperlichem Übergewicht zu kämpfen, sondern auch mit geistigem. Statt also weiterhin unkontrolliert Unmengen von Informationen in uns hineinzustopfen, sollten wir unser *Brainfood* bewusster auswählen: Als Erstes schränken wir die Menge des willkürlichen Medienkonsums deutlich ein – Zeitungen, Fernsehen, Internet werden nur noch in Maßen konsumiert. Als „Nahrungsergänzungsmittel" wählen wir ein kritisches, möglichst „alternatives" Medium, um über ein breites Spektrum der Meinungen informiert zu bleiben. Unser Hauptlebensmittel sind gute persönliche Gespräche mit lieben Menschen. Zu den gesunden Beilagen unserer verbalen Gehirnnahrung zählen Publikationen, die nicht die aktuelle Lage zum Thema haben, sondern uns als ganzen Menschen ansprechen: Romane und Theaterstücke, Opern und Filme über soziale Beziehungen, Biografien interessanter Persönlichkeiten und die damit verbundenen Gefühle und Gedanken zum Leben und Sterben. Und als Dessert kann man in Maßen Fachliteratur über Beruf oder Hobbys konsumieren. Wir fragen uns, wann wir das letzte Mal Zeit und Geduld gefunden haben, einen Roman bis zum Ende zu lesen oder der Melodie von Gedichten nachzuspüren. Bei der Auswahl der *Gehirnnahrung* kommt es nicht auf das Genre an, es ist egal, ob wir Rosamunde Pilcher, Krimis, klassische Werke oder angesagte zeitgenössische Literatur mögen – wichtiger ist die emotionale Beteiligung, die wir dabei empfinden, denn diese hält uns lebendig und stärkt unsere Widerstandskräfte.

Wachsamkeit erhöhen

Ein geflügeltes Wort aus der IT-Branche besagt: „Die größte Gefahr befindet sich nicht IM Computer, sondern DAVOR." Dieser Spruch wird sinngemäß auch für Hunde und deren Herrchen oder Frauchen verwendet: Das Risiko befindet sich am anderen Ende der Leine. Alle Sicherheitsmaßnahmen sind letztlich wirkungslos, wenn der Mensch, der die Verantwortung trägt, nicht aufmerksam bei der Sache ist. Das gilt im Übrigen für alle Lebensbereiche, nicht nur für Herzchirurgen und Flugzeugpiloten, sondern auch für sogenannte einfache Tätigkeiten. Wir alle hätten ein angenehmeres Leben, würde etwa die Mehrheit unserer Gesprächspartnerinnen und -partner aufmerksamer zuhören und praktikable Lösungen anbieten.

Wenn wir uns selbst dazu verpflichteten, im Alltag wachsamer zu sein, würden wir viele Gefahren rechtzeitig erkennen und hätten dadurch mehr Zeit für angemessene Reaktionen. Denn Krankheiten, Konflikte, Geldsorgen und politische Umwälzungen, aber auch Wetterumschwünge und Motorschäden kündigen sich meist frühzeitig mit leisen Tönen an. Da wir diese allerdings oft überhören, werden wir von Katastrophen regelmäßig überrascht: Dann hat die Frau von einem Tag auf den anderen die gemeinsame Wohnung verlassen, und ihr Mann hat keine Ahnung, warum; dann steht der Gerichtsvollzieher unerwartet vor der Türe und der persönliche oder politische Zusammenbruch kam aus heiterem Himmel.

Wachsamkeit gilt auch und ganz besonders für unsere Kommunikation, denn sie ist der Auslöser für Kooperation oder Kampf. Sprache durchzieht unser ganzes Leben: Wir drücken mit Worten unsere Gefühle aus – von der Liebe bis zum Hass. Wir klären unsere Gedanken – vom technischen Problem bis zu philosophischen Überlegungen. Wir verhandeln unsere Wünsche und Forderungen – mit sachlichen Argumenten oder persönlichen Angriffen. Dies geschieht den ganzen Tag, vom „Guten Morgen" bis zum „Schlaf gut", und wenn wir die Aktivitäten in unseren Träumen noch dazuzählen, auch in der Nacht. Die Fähigkeit, „das rechte Wort zur rechten Zeit" zu sprechen oder zu schreiben, zählt heute zu den wichtigsten Voraussetzungen für zufriedenstellende private Beziehungen und für Erfolge im Beruf. Unsere Wachsamkeit ist nicht nur als Empfänger von Sprache gefordert, sondern auch als Sender. Über Informationen, die wir selbst abgeben, können und müssten wir auch die volle Verantwortung übernehmen.

Seit der Einführung von Internet und Smartphones geht es in privaten und beruflichen Situationen jedoch nicht nur um das gesprochene Wort, sondern auch um das geschriebene. Hat man früher „zum Hörer gegriffen" oder sich persönlich getroffen, um etwas zu besprechen, so schreibt man heute eine SMS, eine WhatsApp-Nachricht oder eine E-Mail – meist ohne zu überlegen, ob es sich dabei um belanglose oder brisante Inhalte handelt. War lange Zeit die mündliche Vereinbarung, die per Handschlag besiegelt wurde, rechtsverbindlich, so benötigt man heute für beinahe alles eine Niederschrift oder einen mehrfach geprüften Vertrag.

Es wird wahrscheinlich nicht weniger geredet als früher, wenn man an all die Meetings, Telefonkonferenzen und Talkrunden denkt, jedoch hat sich die Verbindlichkeit geändert. Heute gilt mehr denn je der Ausspruch, der Konrad Adenauer zugeschrieben wird: „Was interessiert mich mein Geschwätz von gestern." Ständig wird etwas gesagt, es hat jedoch kaum noch eine über den Moment hinausgehende Bedeutung. Ein Vorteil des geschriebenen Wortes ist, dass die Sicherheit erhöht wird, weil man jederzeit überprüfen kann, wer was und wann gesagt hat. Allerdings bringt die Verlagerung zur Schriftlichkeit auf der Beziehungsebene viele Missverständnisse mit sich, weil Gefühle in der Schriftform heute nur noch schwer zu transportieren sind – auch wenn man versucht, mit Smileys und anderen Emoticons die Stimmungslage wiederzugeben.

Genau deshalb muss man noch viel wachsamer kommunizieren, denn der wichtigste Aspekt dieser Verlagerung vom Reden zum Schreiben wird einem oft erst nach leidvollen Erfahrungen bewusst: Jede Äußerung kann gegen mich verwendet werden. Was immer wir einmal gedankenlos nur so dahingeschrieben haben, kann uns gleich oder zu einem späteren Zeitpunkt ernsthaft schaden. Das reicht von einer unvermuteten Bloßstellung bis zum Cyber-Mobbing, von der unkontrollierten Verbreitung firmeninterner Informationen bis zur Sammlung von Beweismitteln für Gerichtsverfahren. Das betrifft sowohl die Einträge in den Sozialen Medien als auch alle anderen elektronischen Mitteilungen, aber auch Papierdokumente, weil diese jederzeit eingescannt und mit einem Klick weitergegeben werden können – die Speichermedien und das Internet vergessen nichts. Durch öffentliche Gerichtsverfahren wurde inzwischen für jedermann ersichtlich, dass IT-Spezialisten alle E-Mails auf dem Firmenserver wiederfinden können, selbst wenn man sie eigenhändig gelöscht hat. Und wer einmal versucht hat, die Sünden seiner Facebook-Einträge auszumerzen, der weiß, dass das nahezu unmöglich ist.

Wir sollten es uns daher zur Gewohnheit machen, jedes Mal kurz innezuhalten, BEVOR wir uns äußern, und genauer überlegen: Warum schreibe ich jetzt genau diese Sätze an diese Person, warum an diesen Verteiler oder an diese Gruppe? Und was würde passieren, wenn die Nachricht an andere Personen weitergegeben wird? Darüber hinaus sollte man auch Vorsichtsmaßnahmen bei Gesprächen ergreifen. Selbst wenn es etwas paranoid klingen mag, müssen wir uns darüber im Klaren sein, dass diese von privaten und beruflichen Partnern heimlich mit dem Smartphone aufgezeichnet werden können. Wir haben dann keine Kontrolle mehr darüber, was damit geschieht. Die Möglichkeiten der staatlichen Überwachung wollen wir hier nur erwähnen, jedoch nicht vertiefen.

Wir leben in Zeiten, in denen wir uns nicht mehr darauf verlassen können, dass das Verhalten der meisten Menschen vorhersehbar ist und wir dem Vertrauensgrundsatz folgen dürfen. Wir können uns auch nicht damit beruhigen, dass bei uns „schon nichts passieren wird", weil die Behörden für Sicherheit sorgen. Die staatlichen Organe können diese Leistung nicht mehr ausreichend erbringen – und nicht deshalb, weil sie inkompetent wären, sondern weil die neuen Bedrohungen mit traditionellen Mitteln nicht mehr in den Griff zu bekommen sind. Daher greifen immer mehr Bürgerinnen und Bürger zum Selbstschutz, indem sie sich bewaffnen oder Selbstverteidigung erlernen. Wie sinnvoll diese Maßnahmen sind, muss jeder selbst beurteilen angesichts der Tatsache, dass dadurch die Sicherheit nicht unbedingt erhöht wird, wie man an Beispielen in den USA sehen kann.

Nachvollziehbar ist auch, dass viele Menschen angesichts der Komplexität die Verantwortung abgeben wollen. Sie wünschen sich einfache Antworten und überschaubare Strukturen, sie sehnen sich nach einem starken Mann oder einer starken Frau, der oder die ein *Machtwort* spricht und damit die Überforderung beendet. Wenn dieser Trend noch stärker wird, könnten autoritäre Regime an die Macht kommen und die mühsam erkämpften Freiheiten wieder einschränken – es wäre nicht das erste Mal in der Geschichte.

Bei der Beschäftigung mit all diesen Risiken könnte uns die Angst wieder einholen. Doch wir lassen uns von Schreckensmeldungen nicht mehr irritieren und konzentrieren uns auf die Suche nach den Lösungen. Viktor E. Frankl, Wiener Psychiater und der Begründer der Existenzanalyse, spricht von der „Trotzmacht des Geistes" als der „Fähigkeit des Menschen, trotz widriger äußerer Umstände sein Schicksal in die eigene Hand zu nehmen und über sich hinaus zu wachsen."[105]

Da die aktuelle Bedrohung in unserer Gesellschaft mittlerweile die Ebene der Sprache verlassen hat und wir neben unseren Existenzängsten auch die Angst vor Terroranschlägen zu bewältigen haben, ist es durchaus sinnvoll, die *Wachsamkeit* ganz allgemein deutlich anzuheben: Beispielsweise hinterfragen wir kritisch die Empfehlungen von Experten und Politikern, die uns eindringlich auffordern, auch nach den Anschlägen unser Leben genauso weiterzuführen wie davor; wir sollen uns vom Terror nicht einschränken lassen, denn genau das würden die Täter beabsichtigen. So plausibel diese Appelle vordergründig auch wirken, bei genauerer Betrachtung wird umgehend klar, dass diese Empfehlung die Gefährdung erst erhöht, denn Ignoranz hilft niemals gegen Terror. Offensichtlich befolgen jedoch viele Menschen diesen Rat: Eine Umfrage des „ARD-Deutschlandtrends“[106] weist eine deutlich gestiegene Angst vor Terroranschlägen aus. Zugleich aber gibt die Mehrheit der Befragten an, ihre Aufmerksamkeit im öffentlichen Raum nicht erhöht zu haben, also nicht mehr auf verdächtige Personen oder Gegenstände zu achten als früher. Das ist wohl die unvernünftige Folge von unvernünftigen Empfehlungen.

Menschen, die gelernt haben, ihre Vernunft zu gebrauchen, erkennen sofort, dass geänderte Umstände selbstverständlich auch eine Veränderung des Verhaltens erfordern, und werden gar nicht erst versuchen, ihre Angst mit Wegschauen zu beruhigen. Vielmehr werden wir in allen Gefahrensituationen eine Loslösung von eingefahrenen Gewohnheiten und eine rasche Adaptierung an die jeweiligen Bedingungen anstreben. Das bedeutet erstens, zu akzeptieren, dass wir nicht mehr mit demselben Sicherheitsgefühl leben können wie in den letzten Jahrzehnten, zweitens, dass wir die Wachsamkeit bei unseren alltäglichen Bewegungen im öffentlichen Raum deutlich erhöhen, und drittens, dass wir auch den Umgang mit anderen Menschen bewusster gestalten müssen.

Anstatt in den öffentlichen Verkehrsmitteln die Augen auf das Smartphone oder die Zeitung zu richten und die Ohren mit Headphones zu verschließen, sollten wir mehr auf unsere Umgebung achten – und dies keineswegs in einem Modus der Ängstlichkeit, sondern mit den geschärften Sinnen eines Leistungssportlers, der bei jeder kleinsten Veränderung der Schneelage oder der Felsbeschaffenheit sofort sein Verhalten anpasst. Wachsame Menschen haben es sich zur Gewohnheit gemacht, sich in Bahnhöfen, Flughäfen und bei Veranstaltungen die Notausgänge einzuprägen, und viele haben ihre Erste-Hilfe-Kenntnisse aufgefrischt. Es ist falsch zu meinen, solche Aktionen würden die Angst erst hervorrufen, die Entscheidung für sinnvolle Handlungen ist ein wirksames Gegenmittel gegen unkontrollierte Gefühlsausbrüche.

Ebenso notwendig ist eine Überprüfung unserer Fähigkeit, mit verbaler oder körperlicher Gewalt richtig umzugehen. Experten für Anti-Aggressionstrainings haben ausgezeichnete Leitlinien entwickelt, wie man auf subjektive Gefühle der Gefährdung reagieren sollte, wie man konkrete Situationen deeskaliert oder sich unauffällig aus der Risikozone begibt. Da die Medien darüber nur wenig berichten, müssen wir uns selbst die entsprechenden Informationen besorgen. So könnte die Angst vor dem Terror sinnvollerweise eine aufmerksamere Lebensweise wieder aktivieren.

Auch die weitverbreitete Vorstellung, dass sich alle Menschen an eine fiktive europäische Leitkultur anpassen, wir uns aber nicht ändern müssen, können vernünftige Menschen nicht teilen: Das Einzige, woran sich alle zu halten haben, sind die Gesetze, die aus der Verfassung (dem Grundgesetz) abgeleitet sind. Alle anderen Einschränkungen des persönlichen Verhaltens widersprechen der garantierten Freiheit und dem Schutz von Minderheiten. Es mag jemanden nicht gefallen, wie sich Menschen kleiden, wie sie grüßen, welche politische Einstellung sie haben oder welchen Gott sie anbeten – diese Differenzen mussten wir auch schon vor der Flüchtlingswelle durch unser Sozialverhalten klären und haben nicht erwartet, dass unliebsame Personen zu einem „Wertekurs" verpflichtet werden. Der Respekt, den wir für uns einfordern, müssen wir auch den Menschen aus „Andersland" erweisen – egal, ob dieses geografisch oder ideologisch auf einem anderen Kontinent liegt.

Mit erhöhter Wachsamkeit können wir auch mithelfen, Aggression und Abwertung in der Politik und in den Medien zu verringern, indem wir keine Parteien, Bewegungen und Medien unterstützen, die sich – aus Hilflosigkeit oder mit Absicht – immer weiter in eine Kriegsrhetorik versteigen, die uns täglich ausrichten, mit wem „wir uns im Krieg" befinden, die gewählte Staatsoberhäupter mutwillig provozieren und bei jeglichem Konfliktpotenzial mit einem empörten Aufschrei reagieren, anstatt professionelle Verhandlungen zu führen.

Mit politischer Wachsamkeit ist jedoch nicht gemeint, mit einigen Gleichgesinnten im Café die Lage zu bejammern oder sich auf Twitter aus sicherem Abstand an einem Shitstorm zu beteiligen. Wer eine andere Gesellschaft will, muss sich ernsthaft dafür engagieren. Aber nicht am Arbeitsplatz, wo die Entscheidungsträger denselben Sachzwängen unterworfen sind, sondern in politischen oder sozialen Bewegungen.

Ausblick

Der Mensch kann starke Belastungen nur für eine begrenzte Zeit ertragen. Sieht er auf Dauer keine Chancen auf Besserung, wird er physisch und/oder psychisch krank. Um das zu vermeiden, hat er die Wahl, sich entweder anzupassen oder neue Verhaltensweisen zu entwickeln. Diese können mehr oder weniger hilfreich sein. Manche dienen nur einer möglichst raschen Bekämpfung der Symptome, während andere, wie die Weiterentwicklung unseres Fühlens und Denkens, zu einer höheren Ebene der Vernunft führen. Damit können wir nachhaltig unsere privaten Beziehungen verbessern, berufliche Erfolge erzielen und die Gesellschaftsordnung mitgestalten.

Wenn eine größere Anzahl von Menschen sich von Angst und Ohnmacht befreit und ihre Vernunft einsetzt, dann muss eine „Welt, die aus den Fugen gerät" nicht auf die Ebene des *Machtworts* zurückfallen – ein Quantensprung zu einem Leben mit mehr Freiheit, Gleichheit und Solidarität ist durchaus möglich. Jedenfalls sollten wir uns selbst versprechen, dass wir uns auch bei großen Herausforderungen *gesund und bei Laune* halten, bis die Zeiten wieder besser werden. Wir brauchen dringend Menschen mit bewussten Gefühlen und klarem Verstand.

Anmerkungen

1 Bauer-Jelinek, Christine: Die helle und die dunkle Seite der Macht – Wie Sie Ihre Ziele durchsetzen, ohne Ihre Werte zu verraten, Ecowin, 2009
2 Bauer-Jelinek, Christine: Die geheimen Spielregeln der Macht – und die Illusionen der Gutmenschen, Ecowin, 2007
3 Bauer-Jelinek, Christine: Business-Krieger. Überleben in Zeiten der Globalisierung, C. H. Beck, 2003
4 Bernays, Edwards: Propaganda – Die Kunst der Public Relations, orange press, 2011
5 Wiese, Heike: Kiezdeutsch – Ein neuer Dialekt entsteht, C. H. Beck, 2012; Marossek, Diana: Kommst du Bahnhof oder hast du Auto?, Hanser, 2015
6 Leibovici-Mühlberger, Martina: Wenn die Tyrannenkinder erwachsen werden, edition a, 2016; Müller, Christine: Dein Kind will dich – Echte Wahlfreiheit durch Erziehungsgehalt, St. Ulrich Verlag, 2007; Bauer-Jelinek, Christine: Der falsche Feind – Schuld sind nicht die Männer, Ecowin, 2012
7 Oppermann, Thomas: Rede zur Regierungserklärung zum Europäischen Rat, 20.03.2014, http://www.thomasoppermann.de/details.php?ID=1461, abgerufen am 24.06.2016
8 Jongen, Marc: Man macht sich zum Knecht, Die Zeit Nr. 23/2016, vom 09.06.2016, http://www.zeit.de/2016/23/marc-jongen-afd-karlsruhe-philosophie-asylpolitik, abgerufen am 02.08.2016
9 Linsinger, Eva und Kramar-Schmid, Ulla: Politikverdrossenheit – Unbegründetes Misstrauen gefährdet die Demokratie, 27.08.2014, http://www.profil.at/oesterreich/politikverdrossenheit-unbegruendetes-misstrauen-demokratie-377577, abgerufen am 04.06.2016
10 Kern, Christian: Der Bundeskanzler im Pressefoyer nach dem Ministerrat, 24.05.2016, Bundeskanzleramt https://www.bka.gv.at/site/cob__63085/currentpage__0/7792/default.aspx, abgerufen am 02.08.2016
11 Häupl, Michael: Mieselsüchtige Grantler wählen die FPÖ, am Parteitag der SPÖ, 16.04.2016 http://diepresse.com/home/politik/innenpolitik/4968791/Haeupl_Mieselsuchtige-Grantler-waehlen-die-FPO, abgerufen am 02.08.2016
12 Fukuyama, Francis: Das Ende der Geschichte, Francke, 2007; Huntington, P. Samuel: The Clash of Civilizations, Simon und Schuster, 2011
13 Fischer, Konrad: Deutschlands Mittelschicht schwindet in Richtung amerikanischer Verhältnisse, Wirtschaftswoche, 06.05.2016, http://www.wiwo.de/politik/deutschland/deutschlands-mittelschicht-schwindet-in-richtung-amerikanischer-verhaeltnisse/13551592.html, abgerufen am 02.07.2016
14 Kittlitz, Alard: Ihr macht uns arm, DIE ZEIT Nr. 21/2016, 12. 05. 2016, S. 52
15 APA: Armutsrisiko in der EU steigt, 03.07.2016, http://diepresse.com/home/wirtschaft/international/5042292/Armutsrisiko-in-der-EU-steigt, abgerufen am 03.07.2016
16 Fletcher's Visionen, Warner Bros., 1997, DVD
17 Tiki Küstenmacher, Werner und Seiwert, J. Lothar: Simplify your life – Einfacher und glücklicher leben, Campus, 2004
18 Bauer-Jelinek, Christine: Business-Krieger. Überleben in Zeiten der Globalisierung, C. H. Beck, 2003
19 Bauer-Jelinek, Christine: Die helle und die dunkle Seite der Macht – Wie Sie Ihre Ziele durchsetzen, ohne Ihre Werte zu verraten, Ecowin, 2009
20 Elsberg, Marc: Blackout – Morgen ist es zu spät, Blanvalet, 2013
21 Hessel, Stéphane: Empört Euch!, Ullstein, 2011
22 www.KenFM.de
23 Birkenbihl, Vera: Stroh im Kopf? Vom Gehirn-Besitzer zum Gehirn-Benutzer, mvg, 2013
24 Reich, Wilhelm: Charakteranalyse, Anaconda, 2010
25 Watts, Alan: Weisheit des ungesicherten Lebens, Knaur Mens Sana TB, 2014
26 Bühler, Charlotte und Allen, Melanie: Einführung in die humanistische Psychologie, Ullstein, 1987
27 Goleman, Daniel: EQ. Emotionale Intelligenz, dtv, 1997

28 Vgl. Erken, Rebecca: Neue Bürgerlichkeit bei Studenten – Die Neo-Spießer, 07.01.2015 http://www.spiegel.de/stil/spiesser-studenten-entdecken-die-neue-buergerlichkeit-a-1011683.html, abgerufen am 24.06.2016
29 Scholz, Christian: Generation Z – Wie sie tickt, was sie verändert und warum sie uns alle ansteckt, Wiley-VCH, 2014
30 Suzuki, Daisetz Teitaro: Der Westliche und der östliche Weg, Ullstein, 1991
31 Geshe Kelsang, Gyatso: Wie wir unsere Probleme lösen – Die Vier Edlen Wahrheiten, Tharpa, 2005
32 APA: Erste Weiterbildung für das „Schulfach Glück startet, 03.01.2014, http://diepresse.com/home/bildung/schule/1512642/Erste-Weiterbildung-fur-das-Schulfach-Gluck-startet, abgerufen am 29.06.2016
33 Tho, Vinh Ha: Grundrecht auf Glück – Bhutans Vorbild für ein gelingendes Miteinander, Nymphenburger, 2014
34 Zitiert nach Wikipedia: https://de.wikipedia.org/wiki/Opium_des_Volkes, abgerufen am 03.07.2016
35 Bissinger, Manfred: Interview mit Günther Anders: Von „Notstand und Notwehr", Natur 12/86, https://rdl.de/images/2012/03/ba-arbeit_fin.pdf, abgerufen am 03.09.2016
36 Reich, Wilhelm: Die emotionale Pest der Menschheit – Bd. 2: Menschen im Staat, Nexus, 1990
37 Reich, Wilhelm: Charakteranalyse, Kiwi, 1933, Neuauflage, Anaconda, 2010
38 Cohn, C. Ruth: Von der Psychoanalyse zur themenzentrierten Interaktion, Klett-Cotta, 1975
39 Schulz von Thun, Friedemann: Klärungen und Störungen, Rowohlt, 1981
40 Keyserling, Arnold: Geschichte der Denkstile, Palme Wien, 1968
41 Wiseman, Richard: Machen, nicht denken! Die radikal einfache Idee, die Ihr Leben verändert, Fischer, 2013
42 Schmid, Norman: Nicht immer denken: Die Kraft von Achtsamkeit, Stille und Konzentration, Facultas/Maudrich, 2014
43 Nolte, Dorothee: Wie Computer das Gehirn beeinflussen, Die Zeit.de, 17.04.2009, http://www.zeit.de/online/2009/17/reiz-zu-reiz, abgerufen am 02.08.2016
44 Gershon, Michael: Der kluge Bauch – Die Entdeckung des zweiten Gehirns, Goldmann, 2001
45 Sheldrake, Rupert: Denken am Rande des Undenkbaren, Piper, 1993
46 Elf führende Neurowissenschaftler über Gegenwart und Zukunft der Hirnforschung: Das Manifest, Gehirn & Geist, 6/2004, http://www.spektrum.de/thema/das-manifest/852357, abgerufen am 02.08.2016
47 Springer P. Sally und Deutsch, Georg: Linkes – rechtes Gehirn, Spektrum Akademischer Verlag, 1998
48 Borck, Cornelius: Hirnströme: Eine Kulturgeschichte der Elektroenzephalographie, Wallstein, 2005
49 Diem-Wille, Gertraud: Latenz – Das „goldene Zeitalter" der Kindheit. Psychoanalytische Entwicklungstheorie nach Freud, Klein und Bion, Kohlhammer, 2015
50 Hempel, Hans-Peter: Heidegger und Zen, Philo Verlagsgesellschaft, 2002, S. 8
51 In Science and Ultimate Reality zum 90. Geburtstag von John A. Wheeler. Zitiert aus: von Baeyer, Hans Christian, Das informative Universum – Das neue Weltbild der Physik, C. H. Beck, 2005
52 Naica-Loebell, Andrea: Interview mit Prof. Dr. Anton Zeilinger: „Es stellt sich letztlich heraus, dass Information ein wesentlicher Grundbaustein der Welt ist", Telepolis, 07.05.2001 http://www.heise.de/tp/artikel/7/7550/1.html, abgerufen am 04.07.2016; Zeilinger, Anton: Einsteins Spuk – Teleportation und weitere Mysterien der Quantenphysik, C. Bertelsmann, 2005
53 Krishnamurti, Jiddu und Bohm, David: Vom Werden zum Sein, Goldmann Wilhelm GmbH, 1993
54 Weber, Renée: Wissenschaftler und Weise, S. 76, Rowohlt, 1992
55 Singer, Wolf und Ricard, Matthieu: Hirnforschung und Medidation – ein Dialog, Suhrkamp, 2008
56 Ricard, Matthieu und Thuan, Trinh Xuan: Quantum und Lotus – Vom Urknall zur Erleuchtung, Goldmann, 2008
57 Dalai Lama: Die Welt in einem einzigen Atom – Meine Reise durch Wissenschaft und Buddhismus, Theseus, 2005

58 Carnegie, Dale: Sorge dich nicht – lebe!, Fischer, 1948, letzte Auflage 2014
59 Murphy, Joseph: Die Macht des positiven Denkens, Ariston, 2007
60 Das 12-Schritte Experiment – Wie Sie in einem Jahr zum besseren Menschen werden, Woman Nr. 10/2016, 10.05.2016
61 Scheich, Günter: Positives Denken macht krank?! Vom Schwindel mit gefährlichen Erfolgsversprechen, Erstausgabe 1997, Neuauflage 2013
62 Piepgras, Ilka: Die Kraft der Gedanken, Magazin der ZEIT Nr. 22/2016
63 Zitiert nach Wikipedia: Fromm, Erich, https://de.wikipedia.org/wiki/Erich_Fromm#Werk_und_Wirkung, abgerufen am 01.07.2016; Fromm, Erich: Anatomie der menschlichen Destruktivität, Rowohlt, 1974 und Haben oder Sein, dtv, 1976
64 Zitiert nach Wikipedia: Satir, Virginia, https://de.wikipedia.org/wiki/Virginia_Satir#Der_Ansatz_von_Satir_-_Selbstwert_und_Nutzen_des_Grundpotentials, abgerufen am 01.07.2016; Satir, Virginia und Englander-Golden, Paula: Sei direkt: Der Weg zu freien Entscheidungen, Jungfernman, 1994
65 Bauer-Jelinek, Christine: Die geheimen Spielregeln der Macht und die Illusion der Gutmenschen, Ecowin, 2007
66 Foucault, Michel: Überwachen und Strafen, Suhrkamp, Erstausgabe 1975, Neuauflage 2013
67 Sennett, Richard: Der flexible Mensch – Die Kultur des neuen Kapitalismus, Berlin Verlag, 1998
68 Bauer-Jelinek, Christine: Die helle und die dunkle Seite der Macht – Wie Sie Ihre Ziele durchsetzen, ohne Ihre Werte zu verraten, Ecowin, 2009
69 Kant, Immanuel: Die drei Kritiken – Kritik der reinen Vernunft, 1781; Kritik der praktischen Vernunft, 1788; Kritik der Urteilskraft, 1790; Anaconda, Neuauflage 2004
70 Watzlawick, Paul: Vom Schlechten des Guten oder Hekates Lösungen, Piper, 2005; Wie wirklich ist die Wirklichkeit? Wahn, Täuschung, Verstehen, Piper, 2005
71 Watzlawick, Paul: Anleitung zum Unglücklichsein, Piper, 2005
72 Kohr, Leopold: Das Ende der Großen – Zurück zum menschlichen Maß, Orac, 1986
73 Schulz von Thun, Friedemann: Klärungen und Störungen, Rowohlt, 1981
74 Bauer-Jelinek, Christine: Die helle und die dunkle Seite der Macht – Wie Sie Ihre Ziele durchsetzen, ohne Ihre Werte zu verraten, Ecowin, 2009, S. 99
75 Carnegie, Dale: Wie man Freunde gewinnt – Die Kunst beliebt und einflussreich zu werden, Fischer, 2011; Keller, Sebastian: Charisma: Die Kunst, anziehend zu sein – Wie Sie Menschen in Ihren Bann ziehen und einen bleibenden Eindruck hinterlassen, CreateSpace Independent Publishing Platform, 2015; Winkler, Maximilian: Erstes Date: Perfekt vorbereitet ins erste Treffen, CreateSpace Independent Publishing Platform, 2015
76 Gordon, Thomas: Familienkonferenz – Die Lösung von Konflikten zwischen Eltern und Kind, Heyne, 2012
77 Wieseneder, Susanna: Reputationsmanagement – Erfolgreich, weil Ihr persönliches Image stimmt, Carl Hanser, 2006
78 Schranner, Matthias: Verhandeln im Grenzbereich – Strategien und Taktiken für schwierige Fälle, Econ, 2001
79 Wag the Dog – Wenn der Schwanz mit dem Hund wedelt, DVD, Concorde Video, 1999; The Good Wife, DVD, Paramount (Universal Pictures), 2013; House of Cards, DVD, Sony Pictures Home Entertainment, 2015; Borgen – Gefährliche Seilschaften, DVD, WVG Medien GmbH, 2010
80 Bernays, Edward: Propaganda – Die Kunst der Public Relations, Orange-Press, 2013
81 Chomsky, Noam: Sprache und Geist, Suhrkamp Taschenbuch Wissenschaft, 1973
82 Kempmann, Michael: Warum ich fühle, was du fühlst: Intuitive Kommunikation und das Geheimnis der Spiegelneurone, Heyne, 2006
83 Thaler, Richard H.: Nudge: Wie man kluge Entscheidungen anstößt, Ullstein, 2010
84 Eldon, Taylor: Wer kontrolliert unser Bewusstsein: Von Fremdbeeinflussung zur Selbstbestimmung, Goldmann, 2010
85 Fuhrmann, Manfred: Die antike Rhetorik: Eine Einführung, Artemis & Winkler, 2011
86 Israel, Joachim: Der Begriff Dialektik. Erkenntnistheorie, Sprache und dialektische Gesellschaftswissenschaft, Rowohlt, 1985

87 Lay, Rupert: Dialektik für Manager – Methoden des erfolgreichen Angriffs und der Abwehr, Ullstein, 2003, S. 177
88 Klaus, Georg und Buhr, Manfred (Hrsg.): Marxistisch-Leninistisches Wörterbuch der Philosophie, Rowohlt, 1972
89 Thiele, Albert: Die Kunst zu überzeugen, Springer, 2006, S. 15 ff.
90 Schopenhauer, Arthur: Eristische Dialektik oder die Kunst, Recht zu behalten, Kein & Aber, 2009
91 Cicero, Antonia und Kuderna, Julia: Die Kunst der „Kampfrhetorik": PowerTalking in Aktion, Junfermann, 1999
92 Gruber, Peter: Gewinnen können statt siegen müssen – Die Kunst herrschaftsfreier Problemlösung, Signum, 2003
93 Di Lorenzo, Giovanni: Was tun, wenn die Falschen gewinnen? Die Zeit Nr. 28/2016, 30.06.2016 www.onleihe.de/static/content/**zeit**_de.../v28_20160630_ZD_P.pdf, abgerufen am 29.07.2016
94 Ganser, Daniele: Nato-Geheimarmeen in Europa: Inszenierter Terror und verdeckte Kriegsführung, Orell Fuessli, 2009
95 www.egon-w-kreutzer.de
96 Telepolis, ein Online-Magazin des Heise Zeitschriften Verlags www.heise.de
97 Hagen, Kevin: Blairs Rolle im Irakkrieg: Vertrauensunselig, Spiegel.de, 06.07.2016 http://www.spiegel.de/politik/ausland/tony-blair-und-der-bericht-zum-irakkrieg-ende-mit-schrecken-a-1101700.html, abgerufen 29.07.2016
98 Sloterdijk, Peter: Primitive Reflexe, Die Zeit Nr. 11/2016, 03.03.2016, http://www.zeit.de/2016/11/fluechtlingsdebatte-willkommenskultur-peter-slotedijk, abgerufen am 02.08.2016
99 Kappes, Martin: Netzwerk- und Datensicherheit: Eine praktische Einführung, Springer-Vieweg, 2013
100 Greene, Robert: Power: Die 48 Gesetze der Macht, dtv, 2016; Machiavelli, Niccolò: Der Fürst, Insel, 2001
101 Ruede-Wissmann, Wolf: Bullfighting: Die härteste Kampf-Rhetorik. So besiegen Sie Ihre Feinde, Signum, 2007; Lay, Rupert: Dialektik für Manager: Methoden des erfolgreichen Angriffs und der Abwehr, Ullstein, 2003; Schopenhauer, Arthur: Eristische Dialektik – Die Kunst, Recht zu behalten, Haffmans, 2000; Michalik, Regina: Intrige: Machtspiele – wie sie funktionieren – wie man sie durchschaut – was man dagegen tun kann, Econ 2011; Von Senger, Harro: Die Kunst der List: Strategeme durchschauen und anwenden, C. H. Beck, 2016; Burck, Eskil: Neue Psychologie der Beeinflussung: Die Erforschung der Manipulation, Books on Demand, 2016
102 Bauer-Jelinek, Christine: Die helle und die dunkle Seite der Macht – Wie Sie Ihre Ziele durchsetzen, ohne Ihre Werte zu verraten, Ecowin, 2009, S. 62
103 Johnstone, Diana: Die Chaos-Königin: Hillary Clinton und die Außenpolitik der selbsternannten Weltmacht, Westend, 2016
104 Wienerzeitung.at: Deutsche Bundesregierung: Todesstrafe wäre Aus für EU-Beitritt, 18.07.2016, http://www.wienerzeitung.at/nachrichten/europa/europastaaten/832328_Neue-Verhaftungswelle-nach-gescheitertem-Putschversuch.html, abgerufen am 29.07.2016
105 Lukas, Elisabeth: Von der Trotzmacht des Geistes, Herder, 1986
106 www.tagesschau.de vom 4. August 2016, abgerufen am 5.08.2016